Vera F. Birkenbihl

Die Birkenbihl-Methode Fremdsprachen zu lernen

Gelbe Reihe

Gehirn und Lernen GABAL BAND 21

Herausgeber: Prof. Dr. Hardy Wagner

VERA F. BIRKENBIHL

Die Birkenbihl-Methode Fremdsprachen zu lernen

GABAL

Die Reihe für Ihre erfolgreiche Zukunft

Die Deutsche Bibliothek - CIP-Einheitsaufnahme

Birkenbihl, Vera F.:
Die Birkenbihl-Methode, Fremdsprachen zu lernen: [gehirngerecht, deshalb kein Vokabel-Pauken] / Vera F. Birkenbihl. [Im Auftr. der Gesellschaft zur Förderung Anwendungsorientierter Betriebswirtschaft und Aktiver Lehrmethoden in Fachhochschule und Praxis e. V.] – 5. Aufl. – Speyer: GABAL, 1992
(GABAL; Bd. 21)
ISBN 3-923984-21-9

NE: Gesellschaft zur Förderung Anwendungsorientierter Betriebswirtschaft und Aktiver Lehrmethoden in Fachhochschule und Praxis: GABAL

1. Auflage	1. - 2. Tausend,	März	1987
2. Auflage	3. - 5. Tausend,	April	1988
3. Auflage	6. - 8. Tausend,	Oktober	1989
4. Auflage	9. - 11. Tausend,	Oktober	1990
5. Auflage	12. - 15. Tausend,	Juli	1992

2. deutsche TB-Auflage (mvg) 11. - 16. Tsd., München 1991

Druck: Druckerei Fortmann KG, 6720 Speyer

Herausgeber: Prof. Dr. Hardy R. Wagner im Auftrag der

Gesellschaft zur Förderung
Anwendungsorientierter
Betriebswirtschaft und
Aktiver
Lehrmethoden in Fachhochschule und Praxis e. V., Speyer

Dudenhofer Straße 46, 6720 Speyer
Tel. (06232) 9666, Fax (06232) 98609

Inhaltsverzeichnis

Mein Vorschlag zum Lesen dieses Buches:

Lesen Sie zunächst einmal *alles* durch, aber mit einem farbigen Leuchtstift: Markieren Sie bitte alle Textstellen, die Ihnen besonders "einleuchten" oder die Sie besonders "ansprechen"; damit filtern Sie nämlich bereits diejenigen Aspekte heraus, die *für Sie* von speziellem Interesse sein werden. Anschließend entwickeln Sie Ihren persönlichen "Schlachtplan". Jetzt erst treffen Sie endgültige Entscheidungen, z.B. darüber, ob Sie einen bereits vorhandenen Kurs verwenden oder einen neuen kaufen wollen etc. Dann können Sie anfangen!

Danksagung:

Es ist mir ein echtes Bedürfnis, einigen Menschen zu danken, die bei den Vorbereitungen zu diesem Buch geholfen haben; in chronologischer Reihenfolge :

- **allen Seminar-Teilnehmern**, deren Erfahrungen in dieses Buch einflossen;
- **all jenen treuen Birkenbihl-Fans**, die das Buch voller Vertrauen schon vor Erscheinen bestellt hatten.
- **Herrn Prof. Dr. WAGNER**, weil die Zusammenarbeit mit ihm immer erfrischend unbürokratisch sein darf;
- **Herrn Dr. MAHRLA** für die Durchsicht des Manuskriptes; als Polyglott konnte er sogar die arabischen Fallbeispiele mitprüfen;
- **Frau Gabriele TIETZE**, weil sie wieder einmal ihr Bestes gegeben hat, was bei einem Manuskript, welches wir kamerafertig erstellen, immer extreme Sorgfalt erfordert, und, last not least,
- **Frl. Anita BRANDMAIR** für die Bereitschaft, ein ganzes Wochenende für das Lektorat zu opfern, als es eilte.

Ihnen allen meinen Dank! Vera F. Birkenbihl, Januar 1987

Hinweis zur dritten Auflage

Abgesehen davon, daß diese Auflage überarbeitet wurde, gibt es jetzt zwei zusätzliche "Kapitelchen"; erstens: *Schlüsselsätze zur Birkenbihl-Methode* (ab Seite 149). Diese Schlüsselsätze können sowohl vorab als auch am Ende gelesen werden. Das zweite neue "Kapitelchen" (ab S. 159) enthält die Reaktion *eines* Arabisch-Lehrers; sie soll hier stellvertretend für diejenigen flexiblen Lehrer stehen, die früher im "alten Stil" gelehrt haben und nun doch bereit sind, völlig "umzupolen"...

Im übrigen freut es mich außerordentlich, daß das Buch jetzt so "abhebt", nicht zuletzt, weil inzwischen sogar Sprachschulen es empfehlen. Das spricht für die Instruktoren dieser (meist privaten) Institutionen, denn für viele Lehrer in "*normalen*" Schulen ist eine leichte Methode leider nach wie vor Anathema! Na ja.

Ich wünsche Ihnen viel Erfolg! Und vergessen Sie nicht: *Wenn* dieses Buch auch Ihnen helfen kann — bitte weitersagen!

Vera F. Birkenbihl, Oktober 1989

Geleitwort der Herausgeber

Unser vorliegendes Birkenbihl-Buch stellt eine echte Innovation dar und ist in der nunmehr 5. Auflage, Gesamtauflage 30.000, mehr denn je "bestseller-verdächtig". Viele Leser haben die Methode - dies gilt nicht zuletzt für die Seminar-Teilnehmer von Vera F. Birkenbihl - sofort, und zwar erfolgreich, angewendet. Ein Beispiel mit "Zeitzünder" ist auf S. 159 - *P.S. zur 3. Auflage* - abgedruckt. Deshalb haben wir mit Bd. 21 eine "Monographie" zu dieser Methode vorgelegt.

Die Herausgeber freuen sich besonders, nach wenigen Jahren bereits die 5., Auflage als Nachdruck der völlig überarbeiteten und erweiterten 3. Auflage dieses GABAL-Bandes veröffentlichen zu "müssen". Wie die Recherche einer bekannten Management-Zeitschrift bestätigt hat, stellt für den Manager von Morgen - die Führungskraft im Jahr 2001, im Zeitalter zunehmender Integration - das Beherrschen einer oder mehrerer Fremdsprachen keine Sonder-Qualifikation, sondern eine Notwendigkeit dar. Europa 1993 ist inzwischen Realität.

Lernen sollte schlechthin - und damit zugleich auch das Sprachen-Lernen - nicht zuletzt auch Spaß machen. Und dies ist möglich! Diese Erkenntnis zu verbreiten und zu ihrer Durchsetzung beizutragen, ist ein erklärtes und satzungsgemäßes Ziel der gemeinnützigen GABAL. Hierzu wollen wir auch mit dem vorliegenden Band 21 einen Beitrag leisten; die Schrift stellt zugleich eine Ergänzung zu GABAL-Band 13 - Suggestopädie (Superlearning) - dar, einer wichtigen Methode, bei der der Lehrer eine besonders herausragende Rolle spielt. Demgegenüber zeichnet sich die Birkenbihl-Methode des Sprachen-Lernens dadurch aus, daß sie Autodidakten eine besonders effiziente - wirksame und kostensparende - Chance bietet.

Möge deshalb auch die 5. Auflage unseres Bandes 21 weiterhin diesen unseren Anliegen dienen. Vor allem hoffen wir, daß unser Buch den vielen Lesern, aber auch den "Schon-Anwendern" der Birkenbihl-Sprachenlern-Methode, sowie den von der Autorin nachstehend bzw. auf der letzten Umschlag-Seite erwähnten vier Zielgruppen einen hohen Nutzen bietet.

Speyer, im Sommer 1992

Für die Herausgeber

Hardy Wagner

Kann diese Schrift I h n e n helfen?

Diese Anleitung zum gehirn-gerechten Sprachenlernen wendet sich an folgende Zielgruppen. Bitte prüfen Sie, ob Sie "dabei" sind:

1. Selbstlerner (erwachsene* Autodidakten)
Sie wollen eine (oder mehrere) Sprache(n) erlernen, wobei es egal ist, ob Sie bereits Vorkenntnisse besitzen oder nicht. *Auf alle Fälle wissen Sie, daß und welche Sprache(n) Sie lernen wollen!* Aber warum sollten Sie mehr Zeit und Energie investieren als unbedingt nötig? Wenn Sie einen effizienten (der Arbeitsweise des menschlichen Gehirns optimal angepaßten) Weg suchen, der Ihnen schnell Erfolgserlebnisse und damit Lernfreude verschafft, dann finden Sie hier Ihren "Wegweiser"!

2. Helfer (Eltern oder Nachhilfelehrer)
Jemand, dem Sie helfen wollen, will (oder muß) in einer Institution (z.B. Schule) Sprachenunterricht absolvieren. Sie wollen diesem Menschen helfen, das so "schmerzlos" wie möglich zu erreichen, damit er (sie), wenn schon nicht *wegen*, dann doch *trotz* dieser Institution erfolgreich lernen kann!

3. Sprachlehrer
Sie sind Sprachlehrer und suchen einen optimalen Weg für Ihre Schüler. Sie wagen es, herkömmliche Auffassungen über Sprachunterricht zu bezweifeln. Bitte betrachten Sie diese Schrift als "Supermarkt", aus dem Sie Anregungen für Ihren eigenen Unterricht "einkaufen" können...

4. Andere
Falls Sie bisher nicht "erfaßt" wurden, gibt es zwei Möglichkeiten: Entweder diese Schrift ist trotzdem interessant für Sie oder aber nicht. Sollte dies der Fall sein - vielleicht kennen Sie jemanden, dem sie helfen könnte.

---

* Mit "erwachsene Selbstlerner" sind Menschen gemeint, die **selbständig** eine Sprache lernen **wollen**, das können natürlich auch **motivierte Jugendliche** sein!

Kapitel 1
Sprachenlernen, aber wie nicht?

Die meisten Menschen glauben, eine Fremdsprache zu erlernen sei schwierig. Diese irrige Annahme beruht auf der Tatsache, daß der traditionelle Unterricht diesen Eindruck erweckt. Allerdings gibt es einige wenige Menschen, für die Sprachenlernen wirklich schwer sein könnte; aber das kann man schnell herausfinden. Es folgt ein Mini-Quiz.

Hinweis: Bitte beantworten Sie die vier Fragen (die sich alle auf Ihre Muttersprache beziehen), *wobei die Antworten der Person gelten, an die Sie gerade denken.* Also testen Sie entweder Ihre *eigene* Fähigkeit oder die eines anderen (Kind, Partner, Schüler), indem Sie die Antworten bezüglich dieser Person geben.

Mini-Quiz:

1. Können Sie im allgemeinen gut verstehen, was Menschen sagen (Radio, Fernsehen, Gespräche)? **[] ja** **[] jein** **[] nein**

2. Können Sie fließend lesen (Zeitung, Zeitschriften, Bücher)? **[] ja** **[] jein** **[] nein**

3. Können Sie sich mündlich klar und präzise ausdrücken? (Achtung: Jeder sucht ab und zu nach Worten, aber können Sie im allgemeinen sagen, was Sie wollen?) **[] ja** **[] jein** **[] nein**

4. Können Sie sich schriftlich ausdrücken (z.B. Briefe schreiben)? **[] ja** **[] jein** **[] nein**

Wichtig: Nur wenn die Antwort bei *allen* vier Fragen"jein" bzw. "nein" lautet, hat diese Person möglicherweise wirklich kein Sprachentalent. Das trifft aber nur auf extrem wenige Menschen zu!

Die Grundfertigkeiten:
Sicher haben Sie es bereits gemerkt: Die Fragen des Quiz beziehen sich auf zwei grundsätzliche Fertigkeiten, die das erfolgreiche "Benutzen" einer jeden Sprache ausmachen: **Verständnis** und **Ausdruck**. Diese wiederum zerfallen in je zwei Unterkategorien, so daß sich insgesamt vier Fertigkeiten ergeben, die erworben werden können:

- **HÖREN** (=verstehen)
- **LESEN** (=verstehen)
- **SPRECHEN** (=sich aktiv ausdrücken)
- **SCHREIBEN** (=sich aktiv ausdrücken)

Es ist klar, daß jede dieser Grundfertigkeiten von anderen Voraussetzungen ausgeht; so müssen Sie, wenn Sie aktiv sprechen (schreiben) wollen, nur *ein* Wort wissen (z.B. Essen), während Sie beim Verstehen (hören oder lesen) auch Synonyme begreifen müssen (Speise, Nahrung, Mahlzeit, Mittag- oder Abendessen, etc). Das heißt: Wir müssen zwischen *aktivem* und *passivem* Wissen unterscheiden, ersteres können Sie selbst aktiv einsetzen, letzteres hingegen "nur" verstehen. In Ihrer Muttersprache entspricht das passive Vokabular in der Regel ungefähr dem Fünffachen Ihres aktiven Wortschatzes!

Nun kommt es auf Ihre Zielsetzung für die zu lernende Sprache an: Wollen Sie sich später überwiegend "unterhalten" können, dann brauchen Sie ja nicht unbedingt schreiben oder lesen zu lernen, aber Sie müssen sich ein gutes aktives Grundvokabular aneignen, welches alle Situationen, über die Sie sprechen wollen, einigermaßen abdeckt. Wenn Sie jedoch alle vier Fertigkeiten erwerben wollen, dann ist die Grundvoraussetzung dafür natürlich, daß Sie diese in Ihrer Muttersprache einigermaßen beherrschen! Denn: Wer schon in seiner Muttersprache ungern liest, wird selten (und kaum besonders flüssig) lesen. Damit aber wird das Lesen von fremden Texten ungleich schwieriger (was Sprachlehrer in der Regel nicht berücksichtigen, wenn sie ihre Schüler zum Lesen zwingen wollen). Aber vor allem ist das Gegenteil wichtig:

> **Wenn jemand sich in seiner Muttersprache fließend ausdrücken kann, dann gibt es überhaupt keinen Grund dafür, daß er dies nicht auch in einer (oder gar mehreren) Fremdsprache(n) tun könnte!**

Warum aber haben Millionen von Menschen solche Probleme, daß sie glauben, sie hätten "kein Sprachentalent"? Warum kann ein Schüler nach fünf Jahren Französisch-Unterricht nicht fließend französisch denken, sprechen, lesen? Die Antwort liegt nicht beim Lernenden, sondern im System, welches gewisse Vorurteile bei den Lernenden auslöst. Diese Vorurteile aber blockieren später den Erfolg, weil sie, per "selbst-erfüllende Prophezeiung", immer wieder verwirklicht werden, was sie natürlich verstärkt! Dieser Prozeß der Selbst-Blockade ist sehr wichtig (vgl. meine Einführung in gehirn-gerechtes Lernen: *Stroh im Kopf? - Gebrauchsanweisung fürs Gehirn*, ebenfalls bei GABAL. Denn wir schaffen unsere Welt, in der wir leben, aufgrund bestimmter Annahmen (Vorurteile) über diese Welt selbst, und zwar in weit größerem Maße, als uns dies normalerweise bewußt ist. Lassen Sie uns deshalb die *fünf häufigsten* Vorurteile meiner Seminar-Teilnehmer über das Sprachenlernen etwas näher betrachten.

Fünf herkömmliche Vorurteile über das Sprachenlernen:

Bitte überprüfen Sie, welche der folgenden fünf Aussagen Ihnen bekannt vorkommen bzw. richtig erscheinen:

<u>Um eine Fremdsprache zu lernen,</u>
[] ... braucht man einen Lehrer.
[] ... muß man viel lesen und schreiben.
[] ... muß man Grammatikregeln pauken.
[] ... muß man Vokabeln lernen.
[] ... muß man viel Zeit investieren.

Man braucht einen Lehrer

Nein. Was man braucht, sind *Vorbilder*, nicht aber Leute, die glauben, einem alles "erklären" zu müssen. Das gilt für alle Lebensbereiche! Eltern, die selbst viel lesen, brauchen sich nicht "den Mund fusselig zu reden", weil ihre Kinder lesefaul sind! Eltern, die miteinander oft streiten, werden auch mit tausend Erklärungen über richtiges Verhalten keine friedfertigen Kinder erziehen.

Das heißt: Das meiste Lernen von Verhalten beruht auf Imitation. Das gilt auch für unser Sprach-Verhalten! Deshalb kommunizieren wir genau so aggressiv wie unsere Vorbilder. Wir sprechen genau so korrekt oder inkorrekt wie unsere Umwelt. Unsere (Ab-)Neigungen zum Lesen, Schreiben, Diskutieren etc. werden sehr stark von unserer Umgebung (mit-)geprägt! Auf das Sprachenlernen bezogen, heißt das:

Vorbilder (auch Schallplatten, Radio, Ton- und Videokassetten) helfen uns ohne Lehrer, also "alleine", zu lernen. Dies ist sogar weit leichter, als Unterricht im herkömmlichen Sinne zu "genießen"!

Wenn Sie sich einmal mit den hervorragenden Gedankengängen Maria MONTESSORIs befaßt haben; sie hat es sehr deutlich zum Ausdruck gebracht: "Am besten hilft man dem Kind, *wenn man ihm hilft, es selber zu tun!*" Dies gilt natürlich auch für Jugendliche oder Erwachsene, die sich selbst unterweisen wollen! Deshalb ist diese Schrift eine Anleitung zum Selberlernen, damit Sie sich die "Umwelt des Sprachenlernens" selber schaffen können! Schließlich haben Sie das größte Sprachlern-Problem im Kleinkinderalter *souverän* gelöst! Also können Sie ja eine Sprache lernen! Und die erste ist weit schwieriger, als alle späteren es je sein könnten!

Fragen wir uns: Wie bringen Kinder diese phänomenale Lern-Leistung denn zustande? Einfach! Sie hören ihre Vorbilder tagtäglich und ahmen diese nach. Im Gegensatz zum üblichen Sprachunterricht mit erzwungenem Pauken von isolierten Wörtern (=Vokabeln) steht das, was Kinder hören, immer in einem Sinn-Zusammenhang:

- Sieh mal, eine Katze!
- Willst du noch Milch?
- Komm, wir geh'n jetzt einkaufen.
- Faß das nicht an, das ist heiß!

Beim Nachahmen sind Kinder absolute Meister! In extrem kurzer Zeit ahmen sie nicht nur die Worte selbst (den Inhalt sozusagen) nach, sondern auch den Tonfall, die Sprachmelodie, den Sprechrhythmus ihrer Vorbilder. Spricht die Umgebung Dialekt oder Hochsprache? Spricht man grammatikalisch korrekt? Diese Aspekte werden alle vollautomatisch mitgelernt! In diesem Zusammenhang eine kleine Geschichte: Ein Engländer, ein Franzose und ein Bayer unterhalten sich über die Schwierigkeiten ihrer drei Muttersprachen:

Es ist sinnvoll, sich einmal über einen wichtigen Tatbestand klarzuwerden: Man muß Kinder überhaupt nicht korrigieren! Sie lernen sogar besser, wenn man ihnen nicht zu erklären versucht, was sie tun sollen! *Denn sie korrigieren*

ihre Fehler alleine! So kann es sein, daß ein Kind einige Tage lang *gehte* sagt, aber schon kurz darauf wird *gehte* gegen *ging* ausgetauscht, und zwar ohne daß irgend jemand das Kind auf seinen Fehler hingewiesen hätte! Im Gegenteil. Wenn die Umgebung tausendmal fordert, das Kind solle *wie bitte?* sagen: Jedesmal wenn die Großen mit *häh* reagieren, verstärken sie *eben dieses* Verhalten beim Kind, unabhängig davon, was sie verbal verlangen!!

Dasselbe gilt für einen älteren Lernenden: Wenn das korrekte Vorbild immer wieder gehört wird, korrigiert er sich selbst weit besser, als wenn ein Lehrer meint, er müsse bei jedem Fehlerchen "eingreifen". Dieses Eingreifen drückt höchstens auf das Selbstwertgefühl! Daher sind bestimmte Aspekte meiner Methode so angelegt, daß diese erstaunliche Selbst-Korrektur-Funktion des Gehirns automatisch aktiviert wird! Dies bewirkt eine andere innere Einstellung - sowohl zum Lernen als auch zu sich selbst!

Im übrigen ist festzuhalten: Je mehr wir ein Kind korrigieren, desto "behinderter" wird es im Sprachgebrauch. Zu viele Korrekturen führen zu typischen Störungen, wie Einsilbigkeit, Stottern, Verlust des Wunsches, sich aktiv auszudrücken, sowie Unlust zum Lesen und Schreiben. Wenn das Kind sich aber nicht (mehr) *freudig* durch Sprache ausdrücken kann, dann kann dies später auch zu ernsthaften Lebensproblemen führen. Denn die Sprache bestimmt ja maßgeblich mit, wie wir unsere Wirklichkeit wahrnehmen und meistern! In manchen Fällen aber verkümmern Sprach-Fähigkeiten derart, daß jemand gar nicht (mehr) differenziert über sich und die Welt nachdenken kann, weil ihm hierzu, im wahrsten Sinne des Wortes, die Worte fehlen; solche Menschen sprechen nicht mehr viel, außer: "Gib mal die Butter rüber" oder: "Wir haben keinc Marmelade im Haus!" Bitte fragen Sie sich:

- **Lesen Sie gerne?** Dann lesen Sie zwangsläufig auch oft!
- **Schreiben Sie gerne?** Dann schreiben Sie mehr als nur Einkaufszettel!
- **Sprechen Sie gerne?** Dann sprechen Sie auch flüssig.
- **Hören Sie gerne?** Dann hören Sie auch gut zu!

Falls Sie feststellen sollten, daß Sie in der Muttersprache zu wenig sicher sind, dann könnten Sie dagegen auch jetzt noch etwas unternehmen, wenn Ihnen klar geworden ist, daß diese angebliche "Unfähigkeit" *anerzogen* wurde, und zwar in der Regel durch zu viel Kritik und/oder durch zu wenige gute Vorbilder! Diese kann man sich aber selbst verschaffen! Halten wir also fest:

> **Wenn gute Vorbilder vorhanden sind, kann man sich selbst unterrichten. Wenn dies schon ein Kleinkind kann, das seine erste Sprache lernt, gilt dies für Erwachsene erst recht!**

Falls Sie mit einem absoluten Minimum an Mühe etwas für Ihre Muttersprache tun wollen, dann könnten Sie einmal ...

• ... die Fernsehsendungen kritisch prüfen, die Sie am häufigsten sehen: In einem Krimi werden Sie in der Regel eine andere Sprache hören als in einer Diskussion mit einem Nobelpreisträger. Jede Diskussion mit qualifizierten Partnern ist sprachlich interessanter als die meisten Sendungen, die "für die Masse" gemacht werden.

• ... aufmerksam Radiohören. Wenn Sie öfter mal eine informative Sendung (Berichte, Diskussionen, Interviews) auf Kassette mitschneiden, werden Sie zwangsläufig ab und zu eine "erwischen", die sprachlich besonders interessant ist. Diese können Sie ja jetzt öfter hören, z.B. unterwegs. Wenn Sie sie öfter anhören, werden mehr Wörter aus Ihrem passiven in Ihren aktiven Wortschatz (und das ist ein Schatz!!) "wandern". Auf diese Weise verbessern Sie Ihre Muttersprache, mühelos! Außerdem könnten sie ja einmal ...

• ... über Ihr Lese-Material nachdenken, und zwar Zeitungen (Zeitschriften) und Bücher. Natürlich nur, falls Sie gerne lesen. In jedem Fall sind die ersten beiden Tips (oben) sicher für jeden interessant, der einerseits keine Zeit hat, sich ausführlich mit seiner Muttersprache auseinanderzusetzen, und der andererseits doch wenigstens "etwas" tun möchte.

Man muß viel lesen/schreiben

Dies ist ebenfalls Unsinn. Wie viele Menschen gibt es, die ihre Muttersprache fließend sprechen, ohne häufig zu lesen oder zu schreiben! Das gilt sogar für Analphabeten! Bedenken Sie bitte, daß die sogenannte "klassische Literatur", wie die heiligen Schriften der Inder und der Chinesen, früher jahrtausendelang *mündlich* weitergegeben wurden, ehe der Mensch die Schrift erfunden hatte. Und bedenken Sie bitte auch, daß die dort verwendete Sprache dermaßen ausdrucksstark ist, daß wir sie heute noch bewundern! Wer wollte angesichts dessen noch behaupten, daß Lesen und Schreiben eine notwendige *Grundvoraussetzung* für differenzierten Sprachgebrauch darstellen?!

Man muß Grammatik studieren

Nachdem jedes Kind seine Muttersprache lernte, ohne Grammatik-Regeln auswendig zu lernen, kann dieses Vorurteil nicht stimmen. Wir merken vielmehr, daß *Grammatik-Tun* (also anwenden) und *Grammatik-Analysieren* zwei völlig unterschiedliche Tätigkeiten sind. Bei *Grammatik-Tun* sagen Sie z.B. korrekt *er ging* statt, wie es analog den meisten Verbformen eigentlich heißen müßte, *gehte*, während Sie beim *Analysieren* bewußt registrieren, daß *gehen* ein unregelmäßiges Verb ist. Noch ein Beispiel: Finden Sie bei den Wortfolgen unten diejenige heraus, die *nicht* als richtiger deutscher Satz gelten kann:

```
a) Die Kinder spielen.
b) Hans und Maria.
c) Napoleon war Korse.
```

Im Seminar wissen alle Teilnehmer, daß die Wortfolge (b) nicht als kompletter Satz anzusehen ist, aber nur ungefähr 30% der Teilnehmer wissen, was da fehlt. Wissen Sie es?

Es fehlt das sogenannte Prädikat (= die Satzaussage).

Wenn Sie also fähig sind, Ihre Muttersprache einigermaßen korrekt zu sprechen (schreiben), dann können Sie die Grammatik "tun". Warum sollten Sie dann eine Fremdsprache über den geistigen Umweg des "Grammatik-Analysierens" lernen, wenn Sie dies in Ihrer Muttersprache schon nicht mögen? Daher bietet meine Methode die Möglichkeit, die neue(n) Zielsprache(n) auch *ohne formale Grammatik-Analyse* zu lernen! Das schließt natürlich nicht aus, daß ein Grammatik-Fan sich mit der Grammatik auseinandersetzen darf.

Man muß Vokabeln lernen!

Auch wieder so ein Vorurteil, das dem erfolgreichen Lernen von Fremdsprachen im Wege steht. Denn das isolierte Lernen einzelner Wörter steht im krassen Gegensatz zur Arbeitsweise Ihres Gehirns, wie wir weiter unten noch aufzeigen werden! Daher kann es nur mit einem Riesenaufwand an Zeit, Energie und "Nervenkraft" zu (mittel-)mäßigen Ergebnissen führen, wie jeder, der es schon probiert hat, weiß. (Ausnahmen sind genau so selten wie ausgesprochene Grammatik-Fans; sie bestätigen also die Regel.) Lassen Sie mich an dieser Stelle nur festhalten: Wenn auch Sie in der Vergangenheit das Sprachenlernen "schwer" fanden und wenn auch Sie zu dem Fehlurteil gelangt sind, Sie hätten wahrscheinlich "absolut kein Sprachentalent", dann sind auch Sie höchstwahrscheinlich dem Vokabel-Pauk-Vorurteil zum Opfer gefallen! Das aber wird sich bald ändern, denn bei meiner Methode *gibt es überhaupt kein Vokabel-Lernen*. Das heißt nicht, daß Sie keinen Wortschatz erwerben werden, aber eben *ohne* Vokabel-Pauken!

Man muß furchtbar viel Zeit investieren

Das meinen alle Seminar-Teilnehmer, ohne Ausnahme. Aber genaugenommen stehen hinter dieser Aussage zwei unterschiedliche Gedankengänge:

Erstens: Man braucht *Jahre*, um eine andere Sprache zu lernen.
Zweitens: Man muß *pro Tag* (oder Woche) viele Stunden aufwenden, um vorwärtszukommen.

Wenden wir uns zunächst der ersten Aussage zu: Braucht man wirklich Jahre? Hier gilt ein klares JEIN: Die Aussage stimmt (teilweise) insofern, als man ja zur Beherrschung der ersten Sprache tatsächlich Jahre gebraucht hat. Sie stimmt auch insofern, als man bei jeder Sprache noch hinzulernen kann, und zwar genaugenommen ein Leben lang! Dies gilt auch für Ihre Muttersprache (oder wissen Sie, was ein Rhombencephalon ist?) Aber die Angst vor jahrelangen Anstrengungen, ehe man sinnvoll kommunizieren kann, stimmt auch wieder *nicht*, weil jemand, der bereits eine Sprache kann, auch die *Konzepte* kennt, die hinter den Worten stehen. (Hier sehen wir wieder einmal, wie wenig effizient das schulische Fremdsprachenlernen ist!) Was heißt das? Ein Kind, welches zum erstenmal begreift, was mit dem Wort "ehrlich" wirklich gemeint ist, hat jetzt auch das Konzept (Ehrlichkeit) gelernt. Der Erwachsene aber kennt diese Idee, die hinter diesem Wort steht, bereits, so daß alle Ideen (Begriffe), die auch in seiner Muttersprache vorkommen, weit schneller gelernt werden können als von einem Kind, dem die darunterliegenden Ideen selbst noch fremd sind!

Was nun den Zeitaufwand für das "aktive Lernen" pro Tag oder Woche angeht, so glaubt man meistens, er sei enorm. Deshalb stehen in der Schule mehrere Stunden Sprachunterricht pro Woche auf dem Stundenplan. Dazu vergeben die Lehrer noch jede Menge Hausaufgaben, welche weitere Stunden kosten! Aber das müßte nicht sein! Darum ist der Zeitaufwand des *aktiven* Lernens mit meiner Methode minimal! Natürlich muß man schon etwas leisten, aber im Vergleich zur herkömmlichen Methode braucht man nur ca. ein Viertel der Zeit für *aktives Lernen*, wobei das dann Erreichte aber mit Sicherheit "sitzt". Das geht deshalb, weil ein Großteil der "Lernarbeit" *passiv* bewältigt wird, weil wir ihn nämlich ans Unterbewußtsein "delegieren" werden. (Details folgen später!) Das klingt im ersten Moment sicher unglaublich, aber wenn Sie es probieren, werden Sie sich bald selber überzeugen können!

Geschichtliches...

Die hier vorgestellte Methode wurde in rund 25 Jahren von mir entwickelt. Genaugenommen waren die ersten 15 Jahre ein eher blindes (intuitives) Suchen (mit vielen Umwegen!) nach dem Ideal-Weg, sich eine Fremdsprache anzueignen. Dieser Weg mußte sich vom "normalen", d.h. dem typischen Angebot von Schule und Erwachsenenbildung (z.B. Sprachkurse in Sprach- oder Volkshochschulen sowie Firmen) unterscheiden, denn damit sind Millionen von Leidtragenden nicht gerade erfolgreich gewesen! Interessanterweise sind viele dieser Menschen durchaus gewillt, eine Fremdsprache zu erlernen, aber trotzdem geben sie immer wieder auf, weil sie glauben, sie hätten kein Talent. Diese Annahme aber ist falsch!

Wenn nämlich der Wunsch vorhanden ist, dann ist in der Regel auch das nötige "Talent" da. Dies muß keinesfalls überdimensional sein. Meines ist *nur durchschnittlich* ausgeprägt. Das merke ich daran, daß andere Sprachen-Fans weit schneller von einer Sprache in die andere überwechseln können als ich. Das sind Leute mit einem besonders stark ausgeprägten Talent, was natürlich auch genetisch bedingt ist. Aber: Wenn Sie ein "normales" Sprachen-Talent mit meiner Methode "voll ausreizen", werden Sie weit mehr erreichen als so mancher Mensch mit einem besonderen Talent, der nach herkömmlichen Methoden lernen muß!

Die Grund-Idee, die bereits vor 25 Jahren in mir keimte, war die:

> **Nachdem jedes Kind seine erste (und somit schwierigste!) Sprache im zartesten Alter erlernt, und zwar ohne Vokabel-Pauken, muß es einen Weg geben, der diesen Prozeß weitgehend imitiert!**

Diese gewaltige intellektuelle Leistung des Kindes liegt nämlich in der Tatsache begründet, daß die *Fähigkeit zur Sprache angeboren*, also sozusagen als Hardware fest in unserem biologischen "Computer" verdrahtet ist. Deshalb lernt jedes Kind die Sprache (oder Sprachen), die es umgibt (umgeben). Auf der anderen Seite ist *nur die Voraussetzung für Sprache* angeboren. Das bedingt ja unsere Flexibilität, *jede* Sprache als Muttersprache gleichermaßen leicht zu lernen, sowie die Fähigkeit, uns später auch mit anderen Sprachen auseinandersetzen zu können. Nur ein Kind, das mit Stummen aufwächst, wird nicht sprechen lernen!

Trotzdem liegen gewisse Gefahren darin, den Erwachsenen zu sehr "wie ein Kind" lernen zu lassen, wie es die sogenannte "natürliche Methode" im letzten Jahrhundert versuchte. Denn ein älterer Mensch ist ja aufgrund der Tatsache, daß er bereits mindestens eine Sprache beherrscht, in einer *weitaus besseren Ausgangslage* als das Kleinkind. Also galt es ebenfalls zu beachten:

> **Die "Ideal-Methode" darf sich nicht allzu sklavisch an das frühkindliche Erlernen der Erstsprache "anlehnen"; sie muß nämlich die enormen Vorteile, die ein erwachsener Mensch - mit Muttersprache - mitbringt, voll ausnutzen!**

Diese beiden Grundgedanken waren die ersten beiden Ausgangspunkte. Im Laufe der Jahre kamen weitere Überlegungen hinzu. Zum Beispiel:

• Im "normalen" Unterricht wird der Lernende in der Regel viel zu früh gezwungen, ihm noch unvertraute Laute auszusprechen. Und zwar nicht nur im Unterricht, sondern auch beim Vokabelpauken, wenn man die Worte nämlich vor sich hin murmelt! Dies ist m.E. eine der Hauptursachen für einen starken

Akzent später. (Weitere Gründe sind Lehrkräfte, die nicht ihre Muttersprache unterrichten, also ein Chinese, der Englisch lehrt; sowie falsche Vorbilder durch Mitlernende, s. nächster Punkt).

• Je mehr die Lernenden im Unterricht "selber sprechen" müssen, desto mehr "falsche Vorbilder" schafft diese Gruppe. Hört der Lernwillige seine Mitlerner nämlich häufig falsch sprechen, werden (da ja Lernen weitgehend auf Imitation beruht) hier von Anfang an die Weichen für Fehler in der Zukunft gestellt! Übrigens ging es mir mit Französisch so: Ich hatte diese Sprache in den USA auf der Universität gelernt. Ohne daß mir das damals bewußt wurde, habe ich den amerikanischen *Akzent meiner Kommilitonen* dermaßen stark "übernommen", daß bei meinem ersten Frankreichbesuch jeder Franzose sofort im Brustton der Überzeugung ausrief: "Ah, vous êtes americaine?" (Ah, Sie sind Amerikanerin?)

• Es gibt Menschen, die lernen besser "übers Ohr", während andere lieber lesen und/oder schreiben wollen. Das gilt auch für Lehrer, die den Lernenden nur allzu oft ihren eigenen Stil aufdrängen wollen. Eine Lehrkraft, die *gerne* schreibt, wird zahlreiche Rationalisierungen für das Abschreiben der Texte, für Diktate und für schriftliche Hausaufgaben anbieten, was aber nur denjenigen Lernenden hilft, die ebenfalls gerne schreiben. Eine "ideale Methode" muß dies berücksichtigen, damit sie nicht denselben Fehler macht. Zwar plädiere auch ich dafür, daß jeder, der alle vier Grundfertigkeiten erlangen will, *ein wenig* lesen und schreiben sollte; aber zwischen einem notwendigen Minimum und den Übermengen, die manche Lehrer von *jedem* ihrer Schüler fordern, liegt ein gewaltiger Unterschied!

• Menschen beginnen ihr Fremdsprachen-Studium mit unterschiedlichen Fähigkeiten. Wir erwähnten ja schon: Wer ein ausgesprochener Grammatik-Fan ist, wird sich über jeden grammatikalischen Hinweis freuen. Aber die meisten Menschen sind das nicht! Also muß die "ideale Methode" es möglich machen, ohne formales Grammatik-Studium, insbesondere ohne das Lernen von Grammatikregeln, auszukommen. Schließlich hat jeder Mensch seine erste Sprache lange vor der ersten Konfrontation mit "Sprachlehre" in der Schule gelernt! Daher gehe ich von der Annahme aus, daß *ein Minimum* an "Spielregeln" der Sprache, wie man sie bei meinen ersten beiden Lernschritten automatisch erwirbt (Erklärungen später), dem erwachsenen Lernbegierigen hilft, solche Regeln auch anzuwenden, und zwar ohne formale Grammatik.

Spielregeln und Grammatik-Regeln

Lassen Sie mich den Unterschied zwischen einer "Spielregel" und einer echten Grammatik-Regel aufzeigen: Wenn Sie z.B. lernen sollen, welche *Präpositionen* welchen *Kasus* nach sich ziehen, dann ist das die Art von Regel, die den Grammatik-Fan begeistert, jeden anderen Lerner aber anödet! Denn sie setzt voraus, daß Begriffe wie *Präposition, Kasus, Deklination, Konjugation, transitiv, intransitiv* etc. so geläufig sind, daß man eine Regel, welche diese Begriffe verwendet, sofort begreifen und anwenden kann. Dazu aber gehört jahrelanges Training! Anders ist es bei den "Spielregeln", die ich meine: Wenn Sie durch den ersten Schritt meiner Methode (De-kodierte Texte, s. Kap. 2 und 3) quasi "zufällig" bemerken, daß bei englischen Sätzen nach dem Schema: *Man is basically good* (Der Mensch ist grundsätzlich gut) kein "the" (also kein "der", "die" oder "das") auftaucht, dann begreifen Sie diese "Spielregel" auch ohne eine "offizielle" Grammatik-Regel wie die folgende: "Bei allgemeinen Aussagen werden die Substantive im Nominativ generell nicht determiniert."

Das heißt: Meine Methode nutzt einerseits den Vorteil, daß ein *intelligenter* Mensch mit den Vorkenntnissen seiner Muttersprache bestimmte "Spielregeln" sehr wohl selbständig erkennen und später aktiv anwenden kann, während der Nachteil einer "echten" Grammatik-Analyse, nebst ihrem Spezialvokabular, ausgeschaltet wird. Im übrigen ist noch festzuhalten, daß die Grammatiker oft einen gravierenden Fehler machen, der den Erfolg des Lernwilligen unerhört behindern kann, wie Frederick BODMER in seinem hervorragenden Werk *Die Sprachen der Welt* darstellt.

> Die Schwierigkeiten beim Sprachenlernen ... werden *tausendfach* vermehrt durch eine Lehrpraxis, die noch im *lateinischen* Gelehrtentum ... wurzelt und zum Teil auf den *Griechischunterricht während der Reformation* zurückgeht. Latein und Griechisch besitzen riesige Klassen von Ableitungen, die sich in zwei Typen einteilen lassen, die *Konjugationen* und die *Deklinationen*. Die Regeln ... geben Auskuft darüber, wie man die *klassische Literatur mit Hilfe eines Wörterbuches übersetzen* kann.
>
> Grammatiker, die sich ihr Leben lang in diesen Regeln geübt und sie gebraucht hatten, übertrugen nun dieselbe Methode auf *andere Sprachen, die aber einem anderen strukturellen Typus angehören* ..., und zwar ohne Rücksicht darauf, ob wir (diese Regeln) tatsächlich zu kennen brauchen und unter welchen Umständen. Die Wörter, die keine solchen Ableitungen bilden, wie z.B. die *Partikel*, die doch in den *modernen* Sprachen eine so große Rolle spielen, wurden in den Hintergrund gedrängt ... Die Wirkung war, daß dem Gedächtnis (des Lernenden) *ein ungeheurer, unnötiger Ballast* aufgebürdet wurde, ohne daß man ihm die Aufgabe ... auf irgendeine Weise erleichtert hätte! (Hervorhebungen von mir).

• Die Zielstellungen der Lernenden sind höchst unterschiedlich. Wir müssen doch nicht alle dieselben Fähigkeiten gleich gut beherrschen! Wer in seiner Zielsprache überwiegend verhandeln will, muß sie sowohl gut verstehen als auch flüssig sprechen können. Wer hingegen überwiegend verstehen (hören oder lesen) will, muß doch nicht zum freien Sprechen (Schreiben) gezwungen werden, oder?!

Es folgen noch einmal die vier Grundfähigkeiten, die Ihre Zielstellung berücksichtigen soll, diesmal nach aktivem und passivem Wissen gegliedert:

<u>aktives Vokabular ist nötig für:</u>

• SPRECHEN

• SCHREIBEN

<u>passives Vokabular ist nötig für:</u>

• HÖREN

• LESEN

Es folgen einige der (häufigsten) Ziele, welche meine Seminarteilnehmer erreichen wollten. Bitte denken Sie mit, wie unterschiedlich die Aspekte bezüglich der vier Grundfertigkeiten sind, die erreicht werden sollen:

• Ich muß in USA <u>Verhandlungen für meine Firma führen</u> können. Wenn ich das nicht bald schaffe, wird man einen anderen senden; dann kann ich gleich einpacken. Mit 54 Jahren habe ich wenig Lust, mich noch einmal in den derzeitig katastrophalen Arbeitsmarkt zu werfen...

• <u>Meine Tochter lernt</u> Latein und Englisch in der Schule und hat furchtbare Probleme damit. Ich hatte leider nie die Möglichkeit, eine höhere Schule zu besuchen, möchte ihr aber bei den Hausaufgaben helfen. Außer Vokabel-Abhören konnte ich bisher nichts beitragen, aber gerade das scheint so gut wie nichts zu nützen, obwohl sie wirklich fleißig ist.

• Ich habe bei Verhandlungen im Ausland zwar immer einen Dolmetscher, möchte jedoch so viel wie möglich <u>verstehen</u> lernen. Dann hätte ich mehr Zeit zum Überlegen (bis die Übersetzung erfolgt ist) und könnte mithören, was die Verhandlungspartner zueinander sagen, weil sie ja glauben, ich verstünde sie nicht.

• Ich werde in Spanien regelmäßig <u>Präsentationen</u> geben, d.h., ich muß bestimmte Themenbereiche gut <u>erklären</u> können, brauche aber nicht unbedingt alles zu verstehen, da die Fragen der Hörer schnell übersetzt sind. Wenn aber mein Vortrag ebenfalls simultan übertragen werden muß, dauert er ja doppelt so lange, ganz abgesehen davon, daß die Leute durch die Wartezeiten leicht den Faden verlieren.

• Ich muß demnächst unsere japanische Joint-Venture-Firma in Kyoto betreuen. Zwar will ich die Sprache nicht beherrschen; aber ich möchte zumindest die <u>Begrüßungsformeln, Fragen nach dem Wohlergehen, ein wenig smalltalk</u> meistern können.Ich glaube, daß dies eine wichtige Basis für die Verhandlungen schafft, die natürlich auf englisch oder deutsch abgehalten werden ... Schließlich müssen unsere europäischen Sprachen für die Japaner genau so schwer sein wie japanisch für mich. Warum sollen immer nur die anderen uns entgegenkommen, noch dazu, wo wir doch dort Geschäfte machen wollen?

• Ich muß regelmäßig Fachpublikationen <u>auf Russisch lesen,</u> weil die meisten dieser Beiträge nie ins Deutsche übersetzt werden!

• Ich bin oft in arabischen Ländern und will mich dort teilweise auch allein zurechtfinden, so daß ich nicht immer einen Babysitter brauche, um ein paar Souvenirs einzukaufen oder einen Trip ins Hinterland zu machen. Ich komme mir vor wie ein hilfloses Kind, vor allem wenn ich vergleiche, wie souverän meine Partner sich hier bei uns in Europa bewegen können. Ich möchte wenigstens auf dem Niveau eines Kindes sprechen und lesen können!

• Durch das Satellitenfernsehen bekomme ich jetzt Sendungen in verschiedenen Sprachen "ins Haus". Die würde ich gerne verstehen können, mehr will ich (vorläufig) gar nicht.

Nun gibt es zwei Möglichkeiten: Entweder es interessiert Sie, *wodurch* meine Methode *gehirn-gerecht* wird, oder aber Sie sind ein Praktiker: Sie wollen (zumindest im Augenblick) nur wissen *wie*, nicht aber warum:

• **Ich will wissen, warum:** Lesen Sie gleich weiter.
• **Ich will nur wissen, wie:** Überspringen Sie die folgenden Abschnitte und gehen Sie gleich zu Kapitel 2 (Seite 24) über.

Gehirn-gerechtes Sprachenlernen:

Da ich die Grundgedanken zum erfolgreichen Lernen (das ich *gehirn-gerecht* nenne) an anderer Stelle ausführlich beschrieben habe, will ich hier nur kurz auf einige Aspekte eingehen, die dort noch nicht so genau herausgearbeitet wurden. Wer sich für Hintergrundwissen oder Details interessiert, sei auf das schon erwähnte Buch *Stroh im Kopf?* verwiesen.

Teamwork im Gehirn:
Einerseits ist von Bedeutung, daß wir quasi nicht *ein* Hirn, sondern eine Menge Gehirne im Kopf herumtragen, wobei uns aber hauptsächlich der sogenannte Kortex (der neueste, intelligenteste Teil dieses phänomenalen Instruments) interessiert.

Aber auch dieser Kortex existiert doppelt, so daß man von der rechten und der linken Hirnhälfte (oder *Hemisphäre* wie beim Globus) spricht. Aber auch innerhalb einer solchen Hirnhälfte gibt es Spezial-Abteilungen: So gibt es z.B. *zwei* Sprachzentren (links), wobei eines (WERNICKE) für das *Verstehen* und das zweite (BROCA) für das aktive *Sprechen* zuständig ist. Sie wurden nach den Forschern, die sie entdeckt haben, benannt:

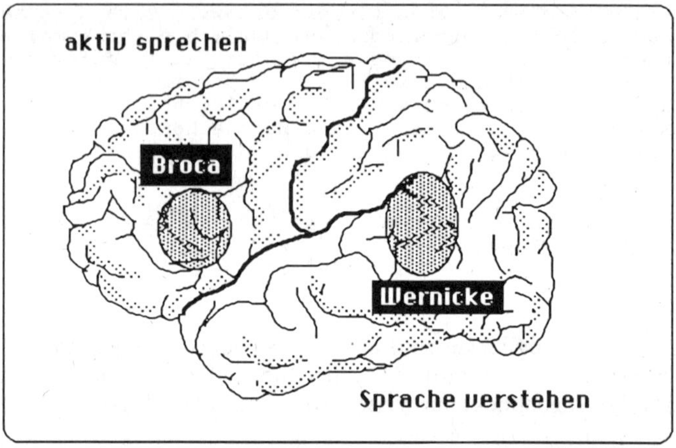

Bei Schlaganfällen kann es vorkommen, daß eines dieser Zentren zerstört wird. Bei Störungen im WERNICKE-Bereich kann der Patient zwar fließend sprechen, aber (fast) nichts mehr verstehen. Ist hingegen das BROCAsche Areal gestört, dann versteht der Patient zwar (und kann durch Nicken und Kopfschütteln Signale senden), aber er kann keinen Satz mehr bilden. Nun müssen diese beiden Zentren erstens miteinander arbeiten und zweitens mit weiteren anderen "Abteilungen" im Hirn kooperieren.

Wenn wir etwas nicht verstehen, sagt der Volksmund: "Ich kann mir kein Bild davon machen." Diese Aussage beschreibt einen sehr wichtigen Zusammenhang: Eine Abteilung in der rechten Hirnhälfte ist nämlich für die "Bilder" zuständig, die wir uns machen. Diese aber sind wieder vom Tastsinn hergeleitet, denn Sehen heißt mit den Augen etwas "abtasten". Wenn wir etwas nicht verstehen, dann sagen wir auch, daß wir es nicht be*greifen* können. Oder denken Sie an das Wort "Vorstellung", es beschreibt etwas, was wir *vor* unser geistiges Auge hin*stellen*, um es zu betrachten – was natürlich nur möglich ist, wenn wir zu dem Begriff, den wir verstehen sollen, bereits ein "Bild" haben:

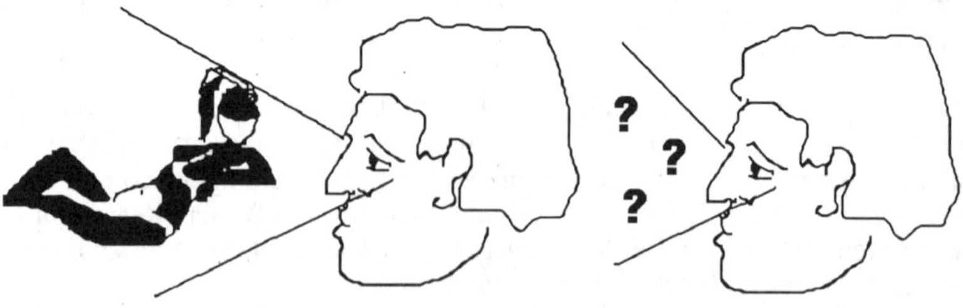

Ich kann mir aber nur eine "Vorstellung" von etwas machen, was ich kenne! Da der Erwachsene die Dinge, deren Namen in der Zielsprache er lernen will, in der Regel gut genug kennt, um sich "Bilder" machen zu können, hat er dem

Kind gegenüber (das seine Muttersprache lernt) einen ungeheuren Vorteil, der jedoch von zahlreichen Sprachlehrern (bzw. Autoren von Sprachkursen) nicht ausgenutzt wird. Diesen Vorteil verliert der Lernende jedoch sofort wieder, wenn er Vokabeln lernen muß. Stellen Sie sich den Prozeß vor! Sie sitzen da und murmeln wiederholt:

```
Anzug      = suit
Kopf       = head
Fenster    = window
```

Dieser Prozeß ist höchst ineffektiv, denn nun bekommt die "Spracherkennungs-Abteilung" im linken Gehirn *zwei Worte* zur Information, während der rechten Hirnhälfte keinerlei bildliche Unterstützung angeboten wird. Wie in *Stroh im Kopf?* schon gezeigt, sollte man zu lernende Informationen selbst innerhalb der Muttersprache möglichst durch Bilder, Fallbeispiele etc. ergänzen. Dies gilt natürlich in besonderem Maß auch für das Sprachenlernen! Aber Vokabel-Pauken bewirkt das Gegenteil (das gilt auch für die meisten Kurse, die unter dem Stichwort "Superlearning" angeboten werden!!) Wir kommen gleich noch einmal hierauf zurück. Außer den (nur teilweise angedeuteten) "Abteilungen" im Gehirn gibt es *Mechanismen*, so z.B. den der Verknüpfung. Was heißt das? Ganz einfach:

Info-Bündel

Einzelne Informationen werden zu sogenannten "Bündeln" (clusters) zusammengefaßt. Wenn Sie z.B. lesen, wie ein Steuerknüppel im Flugzeug funktioniert, dann werden Sie diese Erklärung sofort begreifen, falls Sie bereits andere Steuer-Elemente (wie das Lenkrad im Auto) kennengelernt haben.

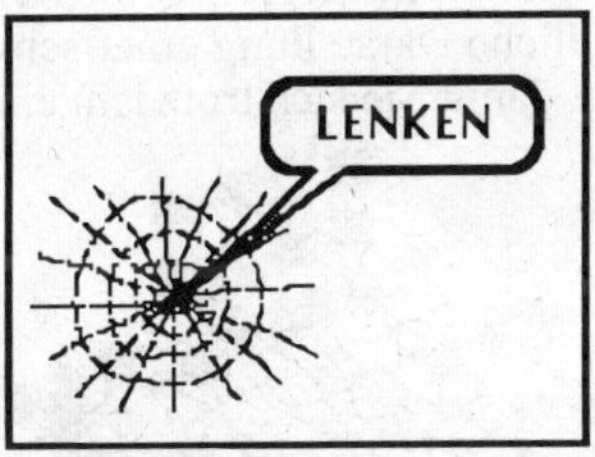

Das ist so, weil das Gehirn mit dem ersten **Lenk**-Wort, das Sie kennenlernen, sofort erstens die Information selbst gespeichert und zweitens ein sogenanntes Informations-Bündel "gestartet" hat. Damit ist der Aspekt des Lenkens oder Steuerns quasi zum "Knotenpunkt" dieses neuen Bündels geworden, wie die Abbildung oben verdeutlicht. Andere Aspekte, die im selben "Bündel" liegen, sind Gedanken, die Ihnen spontan als Assoziation "einfallen", wenn Sie an "Lenken" denken, z.B. der Begriff: "Kontrolle". Also ist das Wort "Kontrolle" eine der vielen möglichen *Assoziationen* zu dem Wort "Lenken":

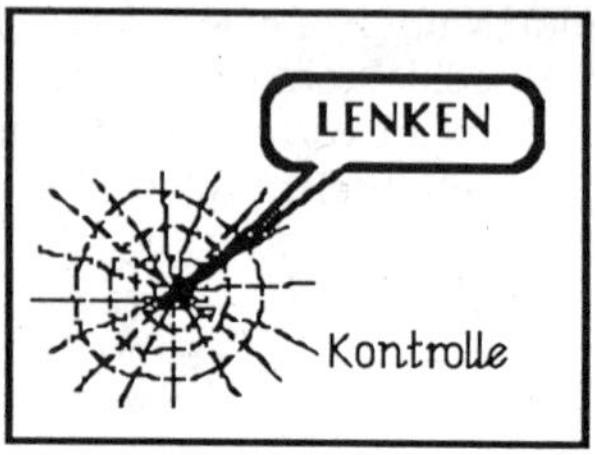

Das ist schon eine phantastische Leistung unseres Hirns, aber dieses phänomenale Instrument in unserem Schädel ist noch weit raffinierter: Informationen werden sowohl "horizontal" als auch "vertikal" abgelegt. Was heißt das? Zunächst werden alle Informationen zu Informations-Netzen verknüpft:

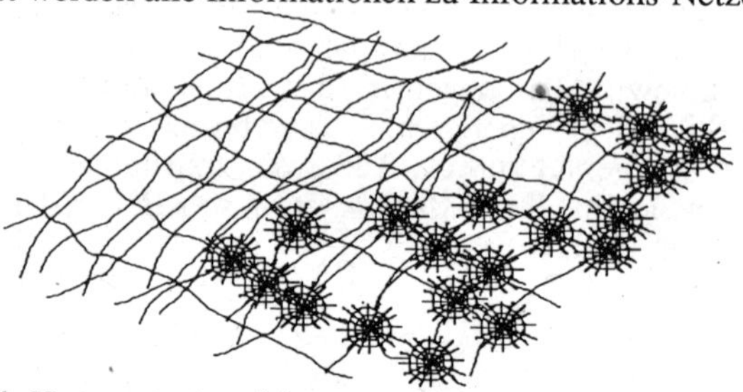

Die Netze (mit Knotenpunkten) können wir uns als horizontale Verknüpfungen vorstellen - wie ein Fischernetz am Strand, wobei die Informations-Bündel wie Seeigel über das Netz verstreut sind. Gleichzeitig sind alle "Bündel" jedoch auch nach "oben" mit anderen verbunden: Diese "senkrechte" Verbindung kann zeichnerisch nicht dargestellt werden, denn die Vernetzung ist so "eng", daß die bildliche Darstellung einer schwarzen Fläche gliche. Hier also nur eine *Andeutung*, damit Sie sich trotzdem ein Bild machen können:

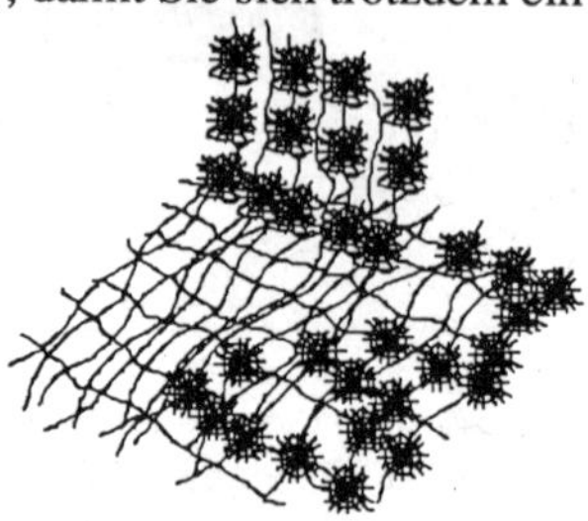

Wenn Sie sich nun eine für Sie neue Information als ein "Etwas-mit-Haken" vorstellen ...

... dann sehen Sie (vor Ihrem geistigen Auge), daß eine neue Information sich in Ihr vorhandenes Informations-Netz einhängen muß, wenn (und nur wenn!) Sie zu diesem Themenbereich oder Wissensgebiet bereits die *ersten "Fäden"* eines Netzes geknüpft haben! Manchmal ist das Netzwerk natürlich bereits gut ausgebildet: so wird z.B. ein Briefmarkensammler sich ein neues Detail, das sein Hobby betrifft, sofort und ohne Wiederholungen merken können. Jemand, der erst zu sammeln beginnt, wird dieselbe Information zunächst noch relativ "schwierig" finden, während sie einem, den Briefmarken nicht interessieren, "wahnsinnig kompliziert" (oder "langweilig") erscheint. Anders ausgedrückt: Je ausgebreiteter Ihr Informations-Netzwerk bereits ist, desto leichter merken Sie sich "neue" Informationen! Deshalb beklagen sich ja auch diejenigen Menschen am lautesten über ihr angeblich "schlechtes Gedächtnis", die sich sowieso für nichts interessieren. Oder, umgekehrt: *je mehr Sie lernen, desto leichter lernen Sie hinzu!*

Diese unglaublich komplexe Art und Weise, Informationen zu "ordnen", wird beim herkömmlichen Sprachenlernen überhaupt nicht berücksichtigt: Bloßes Vokabel-Lernen *kann* keinen Erfolg bringen, denn dieses Vorgehen verstößt *gegen* die Arbeitsweise des Gehirns, wie wir gleich sehen werden.

Warum Vokabel-Lernen nicht funktioniert:

Es dauert sehr lange, bis das neue Wort (*suit*) an das deutsche (*Anzug*) "gehängt" werden kann, da das neue Wort zunächst nur ein sinnloses Klang- und Schriftbild ist. Nun beruht die sogenannte Lernpsychologie auf Grundlagen, die EBBINGHAUS vor über 100 Jahren etablierte, als er anhand von *sinnlosen* Silben "Lernverhalten" wissenschaftlich testete. Unser Gehirn ist aber ein Organ, das uns helfen soll, zu überleben. Es ist phantastisch, wenn es darum geht, *Sinnvolles* zu lernen. Aber es "tut sich schwer", Informationen in sein super-raffiniertes System einzuordnen, deren Sinn nicht erkennbar ist, denn solche Informationen können ins Netzwerk nicht "eingehängt" werden. Aber genau das soll das Gehirn schaffen, wenn wir krampfhaft Vokabeln pauken wollen (sollen). Wenn das neue Wort endlich im Gedächtnis "landet", dann nur, weil das Gehirn es letztendlich das Klangbild <u>Anzug = suit</u> koppeln konnte (deswegen soll man Vokabeln ja auch laut lesen oder zumindest halblaut vor sich hin murmeln!). Nun sind die beiden Wörter quasi untrennbar miteinander verbunden. Was aber bedeutet dies in der täglichen Praxis?

<u>1. Sie werden nie einen *suit* sehen können</u>, wenn er Ihnen im wirklichen Leben begegnet, weil Sie immer denken: "Wie heißt das nochmal...Anzug...Anzug... Anzug..., ach ja, *suit*!"
<u>2. Sie werden gezwungen sein, alles im Kopf zu "übersetzen"</u>; dadurch aber verlieren Sie wertvolle Zeit, wenn Sie jemanden verstehen wollen (bzw. wenn

Sie lesen); ganz zu schweigen von Ihrem Versuch, selbst etwas zu sagen.
3. Durch diese laufende Übersetzerei neigen Sie dazu, Strukturen Ihrer Muttersprache in die Zielsprache übertragen zu wollen. Dann passieren typische Fehler, wie z.B. *he laughed himself a twig* – wiewohl man sich sich im Englischen keinen Ast lachen kann!
4. Weil Sie ja ständig Ihre Muttersprache im Kopf haben, neigen Sie auch zu Tonfall und Sprachmelodie derselben. Damit haben Sie aber einen "dicken Akzent", der es Ihren Gesprächspartnern schwermacht, Sie zu verstehen. Deswegen spricht ein Spanier ein uns weit verständlicheres Deutsch als z.B. ein Pakistani, dessen muttersprachliches Klangbild des Urdu sich von dem der deutschen Sprache weit mehr unterscheidet als das Klangbild des Spanischen.
5. Wegen dieser Schwierigkeiten macht es keinen Spaß! Daher meiden Sie jede Chance, in der Zielsprache aktiv zu werden. Wie aber sollen Sie dann besser werden?

Der Zusammenhang ist der Zusammenhalt!
Wie schon gezeigt, ordnet eine Abteilung in der rechten Hirnhälfte die einzelnen Informationseinheiten zu Bündeln. Deswegen lernt das Kind die Muttersprache relativ leicht, denn jedes Wort erscheint im Zusammenhang. Isoliertes Vokabel-Lernen aber ist auch in diesem Punkt kontra-produktiv, weil es die Arbeitsweise des Gehirns bekämpft. Nicht viel besser sind isolierte einzelne Sätze und Phrasen. Deshalb plädiere ich für "ganze Texte", also kleine Lektionen, Szenen, Dialoge, in denen ein Zusammenhang geschaffen wird, den wir aus unserer Vergangenheit her bereits kennen. Das heißt aber auch, daß Lektionen, welche Sie zum Einkaufen schicken, für Sie ungünstig sind, *wenn Sie nicht gerne* einkaufen. Und daß eine Lektion voller Gemüsenamen für Sie nur interessant ist, wenn Sie die Namen kennen *wollen.*

Der Klang eines Wortes...
Es gibt noch ein Argument gegen das Vokabel-Pauken. Ein isoliertes Wort "klingt" nämlich oft ganz anders als im Satzverband. Ein kleines Beispiel soll dies aufzeigen. Angenommen, Sie hätten die englischen Wörter (s. unten) bereits isoliert gelernt, und angenommen, ein Amerikaner würde diese Worte in der hier gezeigten Reihenfolge tatsächlich sagen, dann hätten Sie gewisse Probleme:

WHAT	was
SHALL	Zukunftspartikel
WE	wir
CALL	rufen, nennen
IT	es

Dieser Ausdruck *What shall we call it?* entspricht in etwa unserem "... na, so ein ...Dingsda...". Aber *hören* würden Sie nicht die einzelnen Worte, so wie Sie sie gebüffelt hatten, sondern in etwa ein: **"What'cha'ma callit?"**

Auch wir sagen ja oft: "Geld hamma keins", selbst wenn wir Hochdeutsch sprechen. Auf diesem Prinzip beruhen Wortspiele wie:

Diekuranntebissifiel und **Blumento Pferde**

oder ähnlich. Falls Sie übrigens diese beiden Beispiele noch nicht (er)kennen sollten, hier ist die Auflösung:

Die Kuh rannte, bis sie fiel. Blumentopf-Erde.

Vorläufiges Fazit:

Wenn wir die Arbeitsweise des Gehirns berücksichtigen, dann wird Sprachenlernen leicht. So haben Teilnehmer meiner Seminare in wenigen Monaten eine Sprache so weit beherrschen gelernt, daß sie im Zielland "klarkommen" konnten, und das, wiewohl sie in dieser Zeit *maximal vier Stunden pro Woche* für *aktives Lernen* opfern mußten! Einer meiner Teilnehmer sagte im Seminar:

> "...Ich habe total verschüttete Kenntnisse in Englisch und Französisch.Ich habe absolut kein Sprachtalent, muß aber für meine Firma schnell Spanisch lernen. Das aber macht mir Angst, denn ich werde es eh nicht schaffen!"

Er entschied sich dann doch, es zu versuchen und dabei meine Methode zu testen. Wiewohl er *sehr skeptisch* war, konnte er innerhalb von *sieben Wochen* die notwendige Basis legen. Bei einem Aufwand von nur ca. 3-4 Stunden aktiven Lernens pro Woche! Dann reiste er nach Spanien, wo er nach weiteren fünf Tagen (Vorbereitungszeit, die er jeden Abend fernsehend im Hotelzimmer verbrachte, weil er sich noch nicht zu sprechen traute) bereits **80%** dieser Fernsehsendungen verstand. Zwar verhandelte er dieses erste Mal noch mit Hilfe eines Dolmetschers, aber bereits zwei Reisen später verzichtete er sogar auf diesen!

Ich selbst habe 1985 für einen Trainings-Auftrag in Holland in zwei Monaten (neben dem Seminarbetrieb, wohlgemerkt) holländisch gelernt. Dann bin ich hingefahren und habe in dieser Sprache Kommunikations-Seminare abgehalten; mit Übungen und Rollenspielen (bei welchen die Teilnehmer schnell und teilweise mundartlich sprechen, wie Sie sich bestimmt lebhaft vorstellen können)!

Na, haben Sie Lust bekommen? Dann lesen Sie gleich weiter!

Kapitel 2
Der Erfolgsplan

Wie schon erwähnt, ist ein Sprach-Lern-System nicht optimal, wenn es alle Lernenden zwingt, *exakt* dieselben Tätigkeiten auszuführen. Der eine möchte mehr schreiben, der andere lieber mehr hören oder lesen. *Ein* Lerner benötigt ein besonders großes *passives* Vokabular, ein anderer ein *aktives*. Manche Lerner *wollen* die Grammatik exakt analysieren, viele nicht. Ungefähr 60% aller Lerner sind gerne bereit, Übungen (mündlich oder schriftlich) zu absolvieren, *wenn* die Auflösung *sofort* angeboten wird, was zu einer Reihe kleiner *Erfolgserlebnisse* führt, u.s.w.

Deshalb ist die hier angebotene Methode als gehirn-gerechter *methodischer Grundansatz* zu verstehen. Darauf aufbauend, gibt es zahlreiche Möglichkeiten für Variationen, so daß der einzelne sich, seinen speziellen Bedürfnissen (und seiner Wesensart!) entsprechend, sein höchst persönliches Individual-Programm zurechtschneidern kann! Dies ist nicht nur wichtig für Sie selbst, sondern auch für Ihre Mitarbeiter, Kollegen, Angehörigen, Freunde, Kinder, denen Sie vielleicht empfehlen wollen, ebenfalls gehirn-gerecht zu arbeiten! Angenommen, Sie finden Ihren persönlichen Stil, dann empfehlen Sie dem anderen bitte nicht, *Ihre Art zu lernen* zu übernehmen, sondern lassen Sie ihn ebenfalls aus diesem Angebot sein persönliches Programm zurechtschneidern.

Was ist eigentlich anders?

Diese Frage taucht im Seminar am häufigsten auf, insbesondere von Teilnehmern, die bereits mehrmals eine Sprache angefangen und dann doch wieder abgebrochen hatten. Es sind dies Menschen, die durchaus genügend Talent haben (darum beginnen sie ja immer wieder), die aber andererseits von der Methode frustriert werden und deshalb enttäuscht wieder aufgeben. Lassen Sie mich deshalb die Hauptunterschiede (zum herkömmlichen Sprachenlernen) kurz zusammenfassen:

• Die Freude beginnt bereits beim Lernen selbst! Unser Gehirn ist ein Lern-Organ par excellence. Solange Lernen gehirn-gerecht angegangen wird, ist das Lernen nicht nur erfolgreich, sondern auch ausgesprochen lustauslösend; eben weil Lernen ein Überlebens-Mechanismus ist. Alle Überlebens-Mechanismen aber sind *biologisch* mit *Lustgefühlen* verbunden. Sie werden also nicht nur Erfolg haben, sondern mit *Freude* und *Faszination* arbeiten können! Damit aber verändert sich eine wesentliche Prämisse: In der Schule hat man meist das Gefühl, daß das Lernen *unlust*ig und mit Frust verbunden sei und daß man die Freuden - wenn überhaupt - dann erst viel später erleben würde, wenn man genug gelitten (z.B. ausreichend viele Wörter und Grammatik-Regeln gepaukt) hätte. Anders ist es bei meiner Methode: Das Lernen macht von Anfang an wirklich Freude!

• Gehirn-gerechte geistige Tätigkeit ist aufregend im wahrsten Sinne des Wortes! Leider haben zu viele Menschen durch Schule und Ausbildung die Freude am "geistigen Abenteuer" verloren, die jedes Kind noch besitzt, wenn es die Welt neu–*gierig* zu erforschen versucht! Diese Freude kann jedoch wiedergewonnen werden! Wenn man nämlich merkt, daß das Sprachen-*Lernen sogar Spaß* macht, wird möglicherweise dadurch auch zu anderen Wissensgebieten ein (neuer) Weg gefunden. In einer Zeit, in der Weiterbildung immer wichtiger ist, wäre dies doch ein angenehmer "Nebeneffekt", oder? Außerdem gilt: Wenn Sie einmal beginnen, sich *aktiv* mit Sprache(n) zu befassen, werden Sie interessante Entdeckungen machen, die auch auf Ihre Muttersprache Einfluß haben. Angenommen, Sie lernen eine Sprache, in der es kein Wort für "haben" gibt, dann beginnen Sie vielleicht darüber nachzudenken, wieso wir für die folgenden Redewendungen immer wieder "haben" gebrauchen:

- ich habe ein Auto
- ich habe einen Freund
- ich habe ein Problem
- ich habe Hunger
- ich habe Angst.

Sie sehen also, daß Sie zwangsläufig so manches über Ihre Muttersprache entdecken werden, was Ihr Sprachbewußtsein ganz allgemein schärft! Deswegen raten uns die Sprachforscher ja auch, uns mit Fremdsprachen zu befassen, wenn wir *unsere eigene Sprache* besser in den Griff bekommen wollen! Und weil unser Sprachgefühl mit der Wahrnehmung unserer sogenannten Wirklichkeit eng verknüpft ist, könnte Ihr Sprachenlernen weitreichende Folgen für *Ihr gesamtes weiteres Leben* haben. [Wer sich für diesen Aspekt interessiert, vgl. *Sprache als Instrument des Denkens*, mvg-Tonkassette (in jeder Buchhandlung).]

• Erfolg ist gut fürs Selbstwertgefühl! Eine Binsenweisheit, sagen Sie vielleicht. Richtig. Aber vielleicht ist Ihnen noch nicht klar, daß auch Ihr demnächst zu erwartender *Erfolg beim Sprachenlernen* einer der Erfolge sein wird, der Ihr Selbstwertgefühl stärken kann. Denn: Jede Fähigkeit, die man beherrscht, verbessert unser Selbstvertrauen! Sie lernen ja demnächst zwei Dinge gleichzeitig: Auf der einen Ebene lernen Sie die Zielsprache (z.B. Spanisch), während Sie *gleichzeitig* lernen, *wie man eine Sprache leicht lernt*!

Übergeordnete META-EBENE	DAS LERNEN
¿ Habla Ud. español?	ZIELSPRACHE
 gute Gefühle kein Frust Erfolg 	EMOTIONELLER BEREICH positiv!

Das heißt, daß Sie später auch noch *weitere Sprachen* lernen können, eben weil Sie das Sprachenlernen als solches inzwischen gelernt haben. Sie wissen ja: Die allererste Sprache (Muttersprache) ist auch die schwerste, und die erste Fremdsprache ist noch relativ schwer, aber die *sechste Fremdsprache ist ungleich leichter als die erste!* War Ihnen das eigentlich schon bekannt?

Ein wenig Technik

Wie schon angedeutet, werden Sie einen Großteil der Lernarbeit quasi an Ihr Unbewußtes *delegieren*. Da man aber in der Regel nicht unbewußt lesen oder schreiben kann, wird dieses passive Lernen überwiegend über das Ohr gehen, also mittels *Kassetten* vollzogen. Damit simulieren Sie sozusagen jedesmal einen Mini-Aufenthalt im Zielland, und zwar tun Sie dies in Ihrer eigenen Wohnung, im Garten, bei Reisen etc.

Über die Details sprechen wir noch, zuerst jedoch zur Technik einige Worte: Sie benötigen unbedingt einen *Kassettenrecorder*. Falls ein *Videogerät* zur Verfügung stünde, wäre das optimal, insbesondere wenn Sie *so schnell wie möglich ein großes passives Vokabular* erwerben wollen! Aber ein normales (Audio-)Kassettengerät ist Minimum! Optimal wären *zwei* Geräte: Eines mit zwei Laufwerken, so daß Sie mit Leichtigkeit Kassetten oder Teile davon kopieren können (warum und wie wird später erklärt), und ein Mini-Gerät im Walkman-Format (bzw. ein Diktiergerät), das Sie leicht mitnehmen können! Lassen Sie mich an dieser Stelle festhalten: Sie sollen nicht nur mit Kassetten arbeiten, weil Sie dann Ihre "Lehrer" zu jedem Zeitpunkt (Ort) hören können, wie die Werbung für Fernlehrgänge immer betont, sondern es gibt noch einen zweiten, ebenso wichtigen Grund:

> **Sie benötigen ein Kassettengerät, um eine Tätigkeit auszuführen, welche den Hauptvorteil meiner Methode nutzt**
> (s. unten: eine neue Synthese).

Falls Sie noch kein Videogerät besitzen, so sollten Sie die Video-Tips trotzdem lesen, denn erstens gibt es meist Freunde (die eins haben) oder Leihgeräte, und zweitens kann man den *Ton* einer Videokassette auch auf eine normale Audio-Kassette überspielen und nach mehrmaligem Anschauen des

Videobandes mit dem Ton alleine weiterarbeiten! Außerdem ist das Videogerät für bestimmte Lerntricks dermaßen hilfreich, daß es sich sogar lohnen würde, eines anzuschaffen.

Grundsätzliches zum Hören:
Einer der Gründe, warum Kinder ihre Muttersprache so unglaublich effizient lernen, ist natürlich der, daß sie andauernd von ihr umgeben sind. *Da sind Menschen*, die zum Kind oder miteinander sprechen, *da ist Radio, da ist Fernsehen* etc. Wenn Kinder ins Ausland fahren, lernen sie die dortige Landessprache wesentlich schneller als Erwachsene; nicht etwa, weil Erwachsene zu einer ähnlichen Lernleistung unfähig wären, sondern *weil Kinder sich weit konsequenter mit den Klängen der Zielsprache umgeben*. Sie spielen dort mit einheimischen Kindern, lauschen dem Radio, sehen fern etc., während die Erwachsenen sich diesen fremden Lauten kaum aussetzen, miteinander (sowie in ihren Gedanken) in der Regel die Muttersprache benutzen und kaum fernsehen oder Radio hören. Dabei behaupten sie meist, Radio und Fernsehen hätte für sie (noch) keinen Sinn, weil sie den Sendungen sowieso nicht folgen könnten. Kinder stören solche "Kleinigkeiten" nicht; eben darum beginnen sie ja sehr bald zu verstehen...

Nun können wir die *Zielland-Atmosphäre* auch bei uns zuhause imitieren, wenn wir Kassetten benutzen! Dabei ist es überhaupt nicht nötig, daß Sie immer bewußt zuhören. Wie Sie noch sehen werden, besteht der Schritt 3 (Hören/Passiv) meiner Methode ja *gerade* darin, daß Sie *nicht* bewußt zuhören sollen!

Nehmen wir zum Beispiel an, Sie besäßen eine Radiosendung in Ihrer Zielsprache, die Sie (ohne Vorkenntnisse) gerade erst lernen wollen. Lassen Sie diese Kassette so oft wie möglich im *Hintergrund* laufen, während Sie aufräumen oder Essen zubereiten, beim Spazierengehen (Walkman macht's möglich), auf Reisen, beim Baden, u.s.w. Während die Klänge für Sie natürlich anfänglich nur "Hintergrund" darstellen, gewöhnt sich doch Ihre rechte Hirnhälfte (oder, wenn Sie so wollen, Ihr Unterbewußtsein) sehr bald an sie. Auf diese Weise wird Ihnen die *Tonalität der Zielsprache immer vertrauter*! Außerdem beginnen Sie bereits nach kurzer Zeit, erste Worte zu verstehen. Sie erkennen plötzlich Begrüßungsformeln (As-salaam aleikum) und "kleine Worte" (ja, nein, aber, wieso?, nicht wahr, etc.) und ahnen, wann diese eingesetzt werden. Dieses eher *intuitive Wissen der rechten Hinhälfte* wird später dazu führen, daß Sie "spontan" und "ganz natürlich" mit solchen Sprach-Fragmenten reagieren werden, wenn Sie selbst zu sprechen beginnen. Wer mit seiner Zeit knapp kalkulieren muß, kann sich ausrechnen, wie vorteilhaft das *passive* Lernen ist! Aber die Kassetten-Arbeit hat noch weitere Vorteile:

• Kassetten erlauben Ihnen, bestimmte Inhalte immer und immer wieder zu hören. Während ein menschlicher Sprecher ungeduldig werden würde, kann dieselbe Textstelle auf Band so oft wiederholt werden, wie Sie es wünschen.

• Die Kassette kann jederzeit gestoppt werden. Ein Mensch würde es Ihnen sicher verübeln, wenn Sie ihn laufend bitten würden, seinen Redefluß zu unterbrechen, damit Sie "Zeit" haben, sich "ein Bild zu machen".

• Auf der Kassette klingt der Text immer gleich! Ein menschlicher Sprecher würde denselben Satz zwar jedesmal ähnlich, aber eben nicht identisch wiederholen, so daß ein Ton-Training vom Band letztlich sogar effizienter ist!

• Die Kassette ist Ihnen nicht böse, wenn Sie *nicht* zuhören! Dies ist wichtig, wenn Sie "passives Hören" durchführen wollen! Und "passives Hören" können Sie normalerweise nur im Lande selbst erleben.

• Mit der Kassette können "tote Zeiten" genutzt werden. Ob Sie auf einen Bus warten oder in einer Straßenbahn fahren, ob Sie mit dem Hund "gassi gehen" oder reisen... Ein Mini-Kassettengerät kann immer eingesetzt werden, insbesondere für passives Hören (leise, mit der schon erwähnten *Hintergrund*-Wirkung. Übrigens: Wie Sie das für manche Menschen lästige Problem mit den *Kopfhörern* lösen können, wird in Kap. 6 erklärt.) Damit aber vermehren Sie die Zeiträume, in denen Sie den Landaufenthalt simulieren!

Überblick: Die Birkenbihl-Methode

Es folgt ein kurzer Abriß, damit Ihre rechte Hirnhälfte einen ersten Überblick bekommt. Dann können Sie später die detaillierteren Informationen der Kapitel 3-6 sowie die Zusatzinformationen der Kapitel 7-9 in das neue Informationsnetz "einhängen":

Der erste Schritt: De-Kodierung des Textes

Im allgemeinen wurden wir in der Schule dazu angehalten, entweder eine sogenannte "gute Übersetzung" des Lektions-Textes anzufertigen oder aber gar keine. Diese Forderung ist ein Überbleibsel der sogenannten "natürlichen Methode" aus den achtziger und neunziger Jahren des letzten Jahrhunderts. Sie sollte den Erwachsenen zwingen, wieder *genau*so wie das Kind zu lernen. Stattdessen plädiere ich für das wort-wörtliche Entschlüsseln (das De-Kodieren) eines Textes, und zwar aus drei Gründen:

1. Ihre rechte Hirnhälfte ist für Muster und Strukturen zuständig. Dort werden nämlich die (in Kap.1) erwähnten Informations-Netze aufgebaut. Die rechte Hirnhälfte ermöglicht es uns, unsere Muttersprache grammatikalisch (weitgehend, je nach der Qualität der Vorbilder, mit denen man aufwächst) richtig anzuwenden, auch wenn wir keine einzige Grammatik-Regel in Worte fassen können! Diese Fertigkeit nutzt der De-Kodierungs-Prozeß aus!

Wiewohl das De-Kodieren selbst (als geistige Disziplin) demjenigen, dem es Freude macht, zu einem tieferen Verständnis verhilft, liegt der Haupt-Vorteil des De-Kodierens in dem de-kodierten TEXT, der dabei entsteht!

2. Je absurder die wort-wörtliche "Übersetzung" ist, desto leichter erkennen Sie die Art und Weise, wie diese Fremdsprache Dinge anders ausdrückt als Ihre Muttersprache. Damit fällt aber auch die weitverbreitete Angst vor Idioms (unübersetzbare Wortfolgen) weg! Beispiel: Eine *Entscheidung* wird im Deutschen *gefällt* oder *getroffen*, im Englischen hingegen *gemacht*, im Französischen wird sie jedoch *genommen...*

3. Wenn Sie später im zweiten Lernschritt (Hören/Aktiv) den de-kodierten Text mitlesen, während Sie *gleichzeitig* den Zielsprache-Text von der Kassette hören, bewirken sie im Gehirn *die ganz besondere Synthese* (s. unten).

4. Wenn Sie einen Großteil der Lernarbeit passiv bewältigen wollen, wozu der de-kodierte Text die Grundvoraussetzung schafft, lohnt sich die kleine Mühe bestimmt. Im Notfall können Sie ja de-kodieren lassen...

Zum vierten Punkt oben: Das De-Kodieren ist nicht Selbstzweck, sondern es ist der *erste* Schritt einer Vier-Schritt-Methode! Das bedeutet natürlich auch, daß wir später mit diesem de-kodierten Text weiterarbeiten werden. Das heißt: Wenn Sie das De-Kodieren nicht selber vornehmen wollen, dann müssen Sie dies nicht! Sie können es entweder delegieren oder aber (in Zukunft) sogar de-kodierte Texte fertig kaufen. (Siehe S. 33) Diese speziellen Texte brauchen Sie für die *ganz besondere Synthese*, auf die ich Sie jetzt aufmerksam machen möchte.

Eine ganz besondere Synthese

Wenn Sie später zu Schritt 2 (Hören/Aktiv) weitergehen, dann werden Sie einerseits den Originaltext hören (z.B. eine Englisch-Lektion), während Sie *gleichzeitig* den de-kodierten Text mitlesen:

Jetzt hört Ihre rechte Hirnhälfte das Klangbild des englischen Wortes, während die linke Hirnhälfte *gleichzeitig* das deutsche Wort liest! Das Schlüsselwort ist *gleichzeitig*!

Bei diesem zweiten Schritt vollzieht sich *einer der wesentlichen Aspekte meiner Methode*, er ist sozusagen der "Kasus Knaxus"! Denn jetzt kommt die Tatsache, daß Sie die Ausgangssprache (meistens Ihre Muttersprache) bereits *beherrschen*, voll zum Tragen. Überlegen Sie bitte: Ursprünglich lernten Sie die erste Sprache in Sinn-Zusammenhängen, z. B. weil jemand auf einen Baum deutete und "Baum" sagte. Daher ist es Ihnen heute absolut *unmöglich*, einen Baum zu sehen, ohne das Wort "Baum" zu wissen. Das ver-bild-licht die folgende Zeichnung:

Dieser Prozeß hat dermaßen früh in Ihrem Leben stattgefunden, daß Sie sich normalerweise bewußt nicht mehr daran erinnern. Er ist ein Teil dessen, was Carlos CASTANEDA meint, wenn er sagt, daß alle Erwachsenen, mit denen ein Kind in Berührung kommt, genaugenommen Lehrer seien, denn sie liefern uns durch solche Erklärungen die *Beschreibung der Welt*, auf der wir später unser gesamtes Weltbild aufbauen. Die Art und Weise, wie unsere muttersprachliche Beschreibung der Welt stukturiert ist, bestimmt jedoch später, wie einfach/komplex, simpel/differenziert, objektiv/subjektiv etc. wir die Welt wahrnehmen werden! Wenn wir später ein Objekt sehen, dessen Name uns bekannt ist, denken wir dann je daran, *woher* wir diesen Namen eigentlich kennen?

Auf diesem Wissen kann man aufbauen. Dabei darf man die wesentliche Tatsache nicht vergessen, daß Sie für alle abstrakten Begriffe (Werbung, Mut, Intelligenz, Liebe), die Sie *begreifen* können, ebenfalls klare *Vorstellungen* in Ihrer rechten Hirnhälfte entwickelt haben, wiewohl diese nicht unbedingt bildlich sein müssen. So, jetzt stellen Sie sich bitte vor, daß Sie *diesen* Text hören, während Sie die De-Kodierung mitlesen:

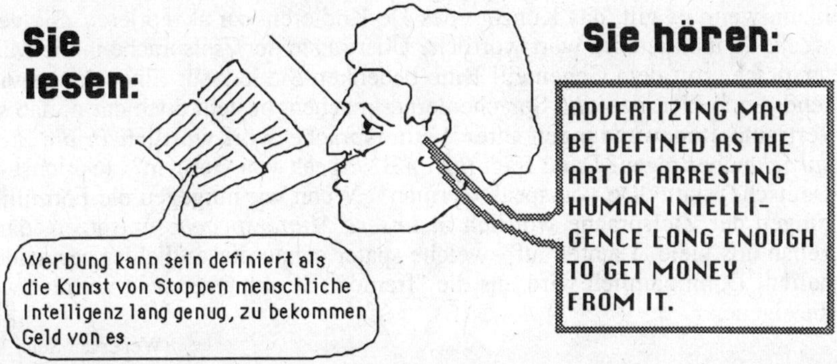

Sie sehen: Es ist genauso leicht, einen "abstrakten" Text zu verstehen wie einen "leicht vorstellbaren" – vorausgesetzt, wir können den Inhalt der Botschaft auch in der Muttersprache begreifen!

Übrigens ist es gar nicht so wichtig, ob Sie dabei *auch* auf den englischen Text achten. Versuche haben gezeigt, daß der Erfolg genauso einschlagend ist, wenn jemand, der nicht lesen/schreiben, sondern *nur sprechen* lernen will, während der Phase Hören/Aktiv *nur* den de-kodierten Text liest (ohne das Englische zu sehen).

> **Denn durch diesen Lernschritt wird eine völlig neuartige, einmalige Synthese im Gehirn bewirkt, bei welcher der deutsche Begriff mit seinem fremdsprachlichen Pendant quasi zu einer Einheit verschmolzen wird.**

Somit aber wird das Wort *table* zu einem Synonym für *Tisch*, genauso, wie Sie statt des deutschen Ausdrucks *Reiz* auch *Stimulus* verwenden können, wenn dieses sogenannte Fremdwort Ihnen geläufig ist! Lassen Sie mich bitte diesen wichtigen Tatbestand noch einmal betonen:

> **Durch das Hören der Zielsprache bei *gleichzeitigem* Lesen des de-kodierten Textes werden die Begriffe *untrennbar* miteinander verbunden! Während Sie beim üblichen Vokabel-Lernen (TISCH *gefolgt von* TABLE) die gleichbedeutenden Begriffe immer in einem gewissen *Zeitabstand* verarbeiten, werden Begriffe bei unserer Methode dem Gehirn *simultan* angeboten. Und genau das ist der kleine, aber wesentliche Unterschied zum herkömmlichen Lernen!**

Über-Kreuz-Denken:
Wie aus den Diskussionen in meinen Seminaren immer wieder hervorgeht, haben einige Teilnehmer aufgrund uralter Vorurteile ein besonderes Problem, wenn es gilt, das Konzept des De-Kodierens zu akzeptieren. Sie verwechseln nämlich das wort-wörtliche Übertragen der Zielsprache in die Muttersprache mit dem Gegenteil! Bitte bedenken Sie jedoch: Einer der gravierendsten Fehler, den *alle* Sprachenlerner machen, besteht doch darin, daß sie vertraute Redewendungen ihrer Muttersprache wort-wörtlich *in die Zielsprache* übertragen! Dann fragt man z.B. "Speak you German?" (Sprichst du Deutsch?) statt: "Do you speak German?" Wenn wir hingegen die Formulierungen der Zielsprache wörtlich *in unsere Muttersprache* umsetzen, dann gehen uns viele "Lichter auf", welche später genau diesen Fehler vermeiden helfen! Dann nämlich wird uns die "fremde" Struktur genauso vertraut wie die eigene.

(Weiter auf Seite 34)

Übrigens: Falls Sie sich mit dem Gedanken tragen, eine "besonders schwere" Sprache zu lernen (vielleicht weil Sie dies aus beruflichem Interesse heraus müssen), dann nehmen Sie bitte zur Kenntnis: Mit meiner Methode ist dies ebenfalls sehr leicht! So absurd, wie Sie vielleicht meinen, ist dieser Gedankengang gar nicht. Denn wenn Sprachenlernen *Freude* macht und *erfolgreich* verläuft, bekommt man oft Lust zum Weiterlernen. Ferner gilt:

Nachdem deutsche Firmen sich zwangsläufig mehr und mehr darum bemühen, auch im Nahen und Fernen Osten Handel zu treiben, werden sich mehr und mehr Menschen in der Zukunft, zumindest einige wenige, Kenntnisse in diesen Sprachen aneignen müssen! Außerdem wissen Araber, Chinesen oder Japaner, auch wenn sie durchaus bereit sind, mit uns auf Englisch oder Französisch zu verhandeln, es ungemein zu schätzen, wenn Sie wenigstens ein paar "Brocken" ihrer Sprachen verstehen. Auch der Partner, der *gerne* englisch oder französisch mit Ihnen spricht, wird Ihnen das hoch anrechnen, was Ihnen automatisch einen Verhandlungs-Vorsprung Ihren Wettbewerbern gegenüber gibt, die sich die Mühe oft (noch) nicht machen! {Aber Ihre Wettbewerber kennen ja in der Regel die Birkenbihl-Methode nicht, ha!}

Weiterhin möchte ich zu bedenken geben: Gerade Sprachen, die nicht zur indoeuropäischen Sprachfamilie gehören, liefern faszinierende Einsichten in die Struktur unserer eigenen Sprache. Sie sind also unerhört ergiebig im Hinblick auf "Sprache als Instrument des Denkens". Je mehr "andere" mögliche Arten des Ausdrucks für alltägliche Redewendungen Sie kennenlernen, desto mehr weitet sich Ihr geistiger Horizont, und zwar auch in der Muttersprache!

Fallbeispiel 1: Haatha kitaab^{un}

Das folgende Fallbeispiel zeigt uns drei Dinge (wobei nebenbei bemerkt sein soll, daß Arabisch von rechts nach links geschrieben und gelesen wird):

1. Es gibt kein Wort für "sein": Der Araber sagt nicht "dies *ist*" sondern nur: "dies". Für den Araber ist *ich in München* völlig ausreichend, nur wenn er ausdrücken will, daß jemand sein *wird* oder daß jemand dort *war* (bzw. *nicht* ist), hat er spezielle Begriffe dafür. *Wenn Sie das beim zweiten Lernschritt bewußt hören, dann werden Sie später, wenn Sie selbst etwas sagen (schreiben) wollen, nie krampfhaft versuchen zu sagen*:"Ich *bin* aus Deutschland", *weil Ihre rechte Hirnhälfte bereits weiß, daß es ein "bin" nicht gibt.*

2. Es gibt kein Wort für "ein", außer man meint ein *einziges*. Somit sagt der Araber nicht "*ein* Buch", sondern er drückt das unbestimmte "ein" durch eine Endung aus, was sich bei der De-Kodierung deutlich zeigt. Wenn Sie dies durch das Entschlüsseln des Textes bereits festgestellt haben, werden Sie später nie dastehen und verzweifelt das Wort für "ein" suchen, wenn Sie sich aktiv ausdrücken wollen!

3. Das De-Kodieren ist eine äußerst kreative Angelegenheit. Es gleicht ein wenig dem Entschlüsseln einer Geheimsprache. Also ist das De-Kodieren wie ein *Kriminalrätsel*, bei dem Sie der *Sprach-Detektiv* sind. Es ist aber auch spannend, welches System Sie für die Schreibweise selbst entwickeln werden, um die Aspekte, um die es geht (die von der Ausgangs-Sprache besonders abweichen), auszudrücken. So setze ich z.B. Wörter, die in der Ausgangs-Sprache überhaupt nicht vorkommen, in eckige Klammern: "ich [bin] in Kairo", während ich eine Endung, die einem eigenen Wort in der Ausgangs--Sprache entspricht, klein schreibe und hoch setze (Buch^{ein}), u.s.w. Falls Sie denken, das sei ja eine Menge Arbeit, lassen Sie mich bitte entgegnen:

• Bei den meisten Kursen müssen Sie sowieso "herausbekommen", was die Lektions-Sätze bedeuten! Theoretisch sollten Sie ja zuerst die Vokabeln lernen und anschließend den Text entschlüsseln; da können Sie auch gleich gehirngerecht vorgehen, indem Sie richtig de-kodieren!

• Diese Arbeit ist geistig anregend, also mit sturem Vokabel-Pauken und ähnlichen Arbeitsgängen, *welche die Intelligenz beleidigen*, gar nicht zu vergleichen! Außerdem werden Sie mit fortschreitenden Kenntnissen ja nur noch Textstellen mit *neuen Wörtern oder Redewendungen* de-kodieren, so daß der Aufwand für das *De-Kodieren von Woche zu Woche geringer* wird!

• Es gibt Sprachkurse, welche große Hilfestellungen "eingebaut" haben. Wenn Sie sich einen Kurs besorgen, der eine Satz-für-Satz-Übersetzung gleich mit anbietet, dann müssen Sie ja nur noch wenig selbst de-kodieren. Außerdem gibt es bereits erste Birkenbihl-Sprachmaterialien, welche die De-Kodierung bereits *mitliefern*! Sie sind zunächst als Ergänzung für Menschen mit Vorkenntnissen in der jeweiligen Zielsprache gedacht (*Englisch-*, *Französisch-*, *Italienisch-*, *Spanisch-* sowie *Arabisch-* Materialien).

Was bringt das De-Kodieren nun genau?
Wie schon erwähnt, kann man das De-Kodieren delegieren, z.B, indem mehrere Lernwillige sich die Texte aufteilen, so daß jeder nur einen Teil selber de-kodieren muß. Oder man kann sich von einem "Einheimischen" der Zielsprache (notfalls sogar von einem Dolmetscher) helfen lassen, insbesondere wenn die Firma bereit ist, die Kosten zu tragen; sie spart ja Ihren Lehrer ein! Aber es spricht doch einiges dafür, zumindest einige Texte *selbst* zu de-kodieren:

Durch das De-Kodieren wird Ihrer rechten Hirnhälfte, wie schon erwähnt, die *Struktur* der Zielsprache *vorgeführt*. Wenn wir wort-wörtlich übersetzen, gewinnen wir Einsichten über abweichende Ausdrucks-Möglichkeiten, wie das obige Fallbeispiel bereits zeigte. Damit aber erkennen wir die "Spielregeln" der Sprache, ohne formal Grammatik zu betreiben; d.h., wir lernen wesentliche Details, die angeblich nur mit sturem Pauken erlernbar sind. Betrachten wir beispielsweise einmal kurz die Partikeln, von denen BODMER (vgl. das Zitat in Kapitel 1, S. 15) sagte, daß sie in den modernen Sprachen so ungeheuer wichtig seien und daß sie trotzdem von den Grammatikern unbeachtet blieben. **Partikeln** sind kleine Worte, wie:

in
auf
neben
wegen
nach
weil
mittels

Beim De-Kodieren merken Sie, daß viele dieser Partikeln in anderen Sprachen entweder "anders" gesetzt werden müssen bzw. sogar vollkommen unübersetzbar in unsere Muttersprache sind. Betrachten Sie das folgende einfache Beispiel. Wobei Sie bitte den Partikel in den Ausdrücken vergleichen!

SRPACHE	AUSDRUCK	DE-KODIERUNG
deutsch	**auf** der Straße	----------
amerikanisch	**on** the street	**auf** der Straße
	aber:	
englisch	**in** the street	**in** der Straße
italienisch	**ne**lla strada	**in** der Straße
holländisch	**in** de straat	**in** der Straße

Durch das De-Kodieren werden Sie später im Italienischen eben nicht versucht sein zu sagen: "auf" der Straße! Bitte seien Sie sich darüber klar, daß das wörtliche Übersetzen *aus* der Zielsprache jetzt automatisch die Gefahr verringert, daß Sie später *aus Versehen* muttersprachliche Wendungen *in die Zielsprache* zu übersetzen versuchen!

Oder denken Sie an einen ganz "schlimmen" Aspekt, vor dem viele Sprachenlerner sich fürchten: Das (grammatikalische) *Geschlecht* eines Wortes! Wie Sie wissen, machen Ausländer, die deutsch sprechen, hier noch nach Jahren Fehler. Sie sagen dann zum Beispiel:

Nun behaupten Sprachlehrer (und Autoren von Sprachkursen) immer wieder, dieses Problem könne *nur* dadurch gelöst werden, daß man die Worte mit ihrem Geschlecht stur auswendig lernt! *Ich widerspreche energisch!* Denn auch dieses Problem wird durch meine Methode ohne Vokabel-Pauken gelöst, wobei das De-Kodieren ja nur der erste Schritt ist. Bitte vergleichen Sie einmal:

SPRACHE	SONNE	GESCHLECHT
deutsch	**die** Sonne	weiblich
arabisch	aSH-SHams**u**	männlich
aber:		
französisch	**le** soleil	männlich
italienisch	**il** sole	männlich
spanisch	**el** sol	männlich
griechisch	**o** ilios	männlich

Sie sehen, diese kleine Liste zeigt sehr deutlich, daß unsere eigene Ausdrucksweise gar nicht unbedingt "typisch" ist, wenn wir sie einmal mit einigen anderen Sprachen vergleichen. Das tröstet Sie vielleicht, wenn Sie denken: "Mein Gott, warum muß es jetzt dort *der* Sonne heißen??"

Des weiteren ist Ihnen sicher klar, daß Sie sich beim De-Kodieren bereits wichtige Hinweise geben können, *wenn* Sie selber de-kodieren. So scheue ich nicht vor Neu-Schöpfungen zurück, wenn diese mir helfen, einen Aspekt bewußt zu registrieren, wie die folgenden beiden Beispiele zeigen.

Fallbeispiel 2: Der-Gazellerich

In einer arabischen Story tauchte *eine Gazelle* auf; aber schon im nächsten Satz heißt es nicht: "*Sie* floh vor dem Jäger", sondern: "*er* floh...". Daraus ist leicht zu ersehen, daß "*die* Gazelle" (laut Vokabelliste!) genau genommen ein "der" ist; also de-kodierte ich einfach "der-Gazellerich"; dann stimmt nämlich auch das "er floh..." im nächsten Satz!

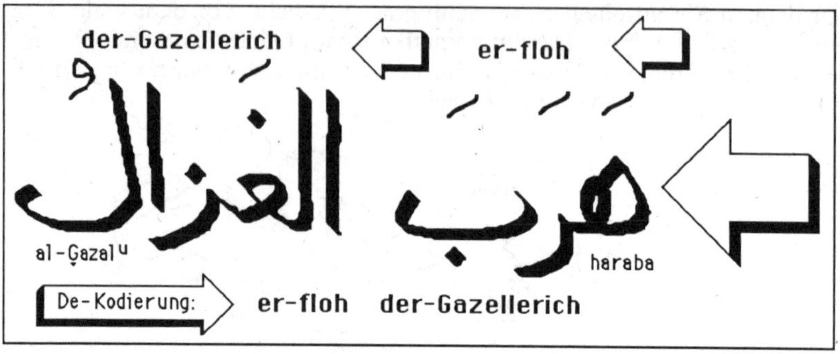

Fallbeispiel 3: Die meine erste
Im Italienischen wird häufig vor "mein", "dein", "sein" etc. der bestimmte Artikel gesetzt, was beim De-Kodieren ohne jede formale Grammmatik-Regel klar wird. Dieses Beispiel zeigt die ersten beiden Sätze eines alten (inzwischen überarbeiteten) Assimil-Italienisch-Kurses:

Parla	italiano?
Sprechen-Sie	Italienisch?

Non	ancora,	é	la	mia	prima	lezione.
Nicht	noch*	[es]ist	die	meine	erste ·	Lektion

* Sie sehen auch, daß die Wortstellung von *noch nicht* vertauscht ist!

Wenn Sie einen fremdsprachlichen Text als ein *Rätsel* auffassen, eine *Herausforderung* an Ihre Fähigkeiten, Detektiv zu spielen, dann ändert sich die Situation des alten Sprachenlernens schlagartig. Ihre Vorteile:

<u>Vorteil Nr.1: Ihre rechte Hirnhälfte ist von Anfang an aktiv dabei</u>; denn sie registriert die Sprachmuster, einfach weil Ihre linke Hemisphäre die wortwörtliche Bedeutung "ausbaldowert" hat!

<u>Vorteil Nr.2: Sie brauchen keine Angst mehr vor Idioms zu haben</u>. Wenn Sie durch das De-Kodieren einmal begriffen haben, daß der Angelsachse sich nun mal keinen Ast lacht, dann sind Sie nie mehr versucht zu sagen: *He laughed himself a twig*. (Den Satz würde kein Angelsachse verstehen!) In diesem Zusammenhang muß ich daran denken, daß ein bekannter Politiker in diesem unserem Lande gesagt haben soll: *You can say you to me* .

Vorteil Nr.3: Es macht Spaß! Das De-Kodieren bietet eine ähnliche Art von (positiver) Aufregung, wie sie z.B. ein Briefmarken-Fan empfindet, der etwas über eine Marke lernt, was ihm neu war! Sprachenlernen wird nun endlich *intellektuell stimulierend!* Und hier liegt der Hauptunterschied zwischen einem Erwachsenen und einem Kind: Der Erwachsene *weiß* ja schon so viel! Für das Kind ist häufig sowohl das Wort als auch der Gegenstand neu! Für uns ist es meist nur das Wort selbst, welches nun zu einem *Synonym* (gleichbedeutenden Wort) werden kann! Also sieht Ihr geistiges Auge einen *Tisch* oder einen *table* oder ein *tsue* oder eine *mensa!* Das ist genauso "gleich" wie die Wortwahl zwischen *Geste* oder *Gebärde!*

Wiewohl der De-Kodierungs-Prozeß, wenn Sie ihn selber durchführen, ein wenig Zeit in Anspruch nimmt, spart er Ihnen doch später viel mehr Zeit und Frustration, denn:

1. **Sie werden nie verzweifelt ein Wort in einer Fremdsprache suchen, das es "dort" nicht gibt!**
   (Z.B. "haben" im Arabischen!)

2. **Sie werden nie mehr deutsche Redewendungen in andere Sprachen transferieren** ("speak you German?"), **während Sie die Formulierungen der Zielsprache sehr wohl exakt anwenden können** (der-Sonne)**!**

3. **Sie werden eigene Sätze analog zu gelernten Sätzen bilden können, wobei Sie die Sprachstruktur (also die Grammatik) mühelos und ohne Büffeln von Grammatik-Regeln korrekt (nach-)bilden können!**

4. **Sie werden weit schneller und effizienter in der Ziel-Sprache denken können!**

Einführung zum zweiten Schritt:

Im Seminar wird meine Sprachlern-Methode erst erläutert, nachdem Grund-Informationen und Übungen zur Arbeitsweise des Gehirns (z.B. Gedächtnis) vorausgegangen sind. Also kennen die Teilnehmer bereits eine Übung (vgl. *Stroh im Kopf?* Imaginationsübung in Kap. 8. Ich möchte diese Übung daher hier ebenfalls vorausschicken, wobei ich ausdrücklich betone, daß ich sie speziell zum Behalten *muttersprachlicher Informationen* entwickelt habe!

Der Sinn dieser Übung liegt in der Tatsache begründet, daß wir uns (wie in Kap.1 erwähnt) immer "ein Bild machen", wenn wir etwas lesen oder hören.

Nur wird dieser Prozeß des Bildermachens in Schule und Ausbildung in der Regel so stark "abgewürgt", daß er ins Unbewußte verdrängt wird. Unbewußte Bilder aber "sieht" man nicht mehr klar vor dem "geistigen Auge"; das führt zu gewissen Problemen im Alltag. So wird jemand, der nur eine ungenaue Vorstellung von etwas hat, sich meist dementsprechend wischi- waschi *ausdrücken*! Des weiteren kann man ein "klares Bild" weit leichter behalten, so daß diese Übung sowohl Ihr Sprach-Gefühl als auch Ihr Gedächtnis fördern wird! Sie können das Training hörend oder lesend durchführen:

Hör-Training:
Sie benötigen einen gesprochenen Text, der Ihnen noch unbekannt ist. Zum Beispiel können Sie eine Nachrichtensendung im Radio mitschneiden und anschließend üben. Zunächst gilt es, jeweils zwei, drei Sätze anzuhören und dann auf die PAUSE-Taste zu drücken. Nun stellen Sie sich das Gehörte bewußt bildlich vor:

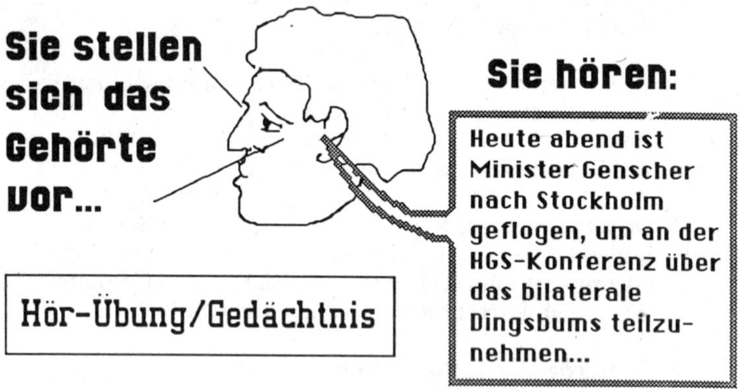

Nun könnte die Vorstellung in etwa so "aussehen":

1. GENSCHER steigt ins Flugzeug ein. Je genauer Sie den erwähnten Menschen kennen, desto mehr "Nahaufnahmen" sollten Sie sich vorstellen; ist Ihnen sein Gesicht jedoch unbekannt, dann "sehen" Sie ihn quasi aus der Ferne. 2. Das Flugzeug hebt ab, wird ganz klein (wie ein Spielzeug) und fliegt jetzt über eine Europakarte nach Stockholm. Sollten Sie nicht wissen, wo sich ein genannter Ort befindet, dann wäre es besonders intelligent, im Atlas nachzuschlagen! Das heißt, wenn Sie diese Übung ernsthaft betreiben, brauchen Sie mindestens ein kleines (Jugend-)Lexikon und einen Atlas. Besser wäre ein gutes Nachschlagewerk; es gibt preiswerte (!!) Taschenbuch-Ausgaben von MEYERs, BROCKHAUS etc. Nachdem wir für so vieles andere Geld ausgeben, wäre diese Summe vielleicht doch erschwinglich? 3. Das Flugzeug landet, GENSCHER steigt aus. Er begibt sich in das Gebäude, in dem die Konferenz stattfinden

soll. Falls Sie nicht wissen, was *bilateral* ist, könnten Sie ebenfalls nachschlagen. Sie sehen, daß diese Übung nicht nur ein einfaches Gedächtnis-Training ist, sondern daß sie möglicherweise auch zu einer Erweiterung Ihrer Allgemeinbildung beitragen könnte!

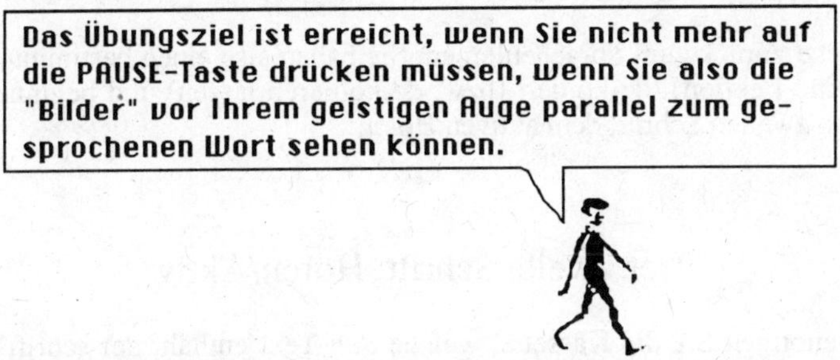

Allerdings gilt diese Aussage für das *allgemeine Gehirn-Training*; was das Sprachenlernen betrifft, müssen Sie *nicht* erst warten, bis dieses Ziel erreicht ist. Falls es Sie interessiert: Dazu brauchen meine Teilnehmer in der Regel ca. sechs Wochen, wenn sie einmal pro Tag (à 10 Minuten) üben. Sollten Sie sich dazu entschließen können (unabhängig vom Sprachenlernen), würden Sie ganz allgemein eine Menge für sich tun.

Lese-Training:
Diese Übung verläuft genau, wie oben beschrieben, nur mit dem Unterschied, daß Sie nicht auf eine Taste drücken müssen, wenn Sie innehalten wollen, um Ihre Vorstellungen bewußt zu registrieren. Zum Üben geeignet sind nicht nur alltägliche Artikel, Zeitungen, Zeitschriften, Fachpublikationen, Bücher, sondern im besonderen Maße auch Jugendbücher, welche in ein Wissensgebiet einführen, wie die *Was-ist-das?*–Reihe, die übrigens aus den USA kommt. In bezug auf das gehirn-gerechte Darstellen sogenannter trockener Informationen sind uns die Angelsachsen ja immer noch weit voraus! Wenn Sie solche Texte benutzen, könnten Sie ebenfalls etwas für Ihre Allgemeinbildung tun, falls Sie dies wünschen. (Es gibt derartige Kinder- und Jugendbücher zu sehr vielen Themen, so daß fast jeder Interessierte einige finden kann, über welche er eigentlich noch zuwenig weiß.) Überlegen Sie einmal: Zehn Minuten Lesetraining pro Tag, über einige Jahre hinweg, ergäbe eine ganze Menge Wissen, das man quasi beiläufig lernt! Dies gilt in besonderem Maße für "lesefaule" Menschen.

Falls Sie sich wundern, daß ich in einer Anleitung zum Fremdsprachenlernen so viel Aufhebens vom muttersprachlichen Lesen mache, lassen Sie mich bitte zwei Gedanken anbieten: Erstens ist es eine traurige Tatsache, daß die meisten Menschen weit weniger flüssig lesen können, als man nach den vielen Jahren Schule (plus oft noch weitere Jahre der Spezial-Ausbildung) annehmen sollte, so daß dieses Training so manchem guttäte, insbesondere, wenn man beruflich häufig lesen muß! Zweitens könnte es sein, daß Sie durch dieses Training Ihre Lesefähigkeit für die Fremdsprache automatisch verbessern, denn, wie eingangs schon erwähnt: Fertigkeiten, die Ihnen in der Muttersprache nicht besonders gut gelingen, gelingen in der Zielsprache meist noch schlechter!

Aber jetzt zurück zum Sprachenlernen: Sie haben also einen bestimmten *Text* (z.B. eine Lektion) de-kodiert (bzw. de-kodieren lassen) und beginnen nun mit dem zweiten Schritt, dem aktiven Hören:

Der zweite Schritt: Hören/Aktiv

Jetzt benötigen Sie die Kassette, welche *den* Text enthält, der schriftlich *in de-kodierter Form* vorliegt: Sie hören den Text und lesen gleichzeitig die de-kodierten Wörter mit. Dabei stellen Sie sich jedes Detail bildlich vor.

Also machen Sie genau dasselbe, wie oben beschrieben, nur, daß es sich "zufälligerweise" dabei um einen fremdsprachlichen Text handelt, den Sie lesend hören. Daher soll ja Ihr Vorgehen dem Training für muttersprachliche Texte entsprechen. Daß Sie den Text anfangs öfter hören müssen, weil alles oder vieles neu ist, ist selbstverständlich! Aber durch die De-Kodierung begreifen Sie ja jedes Wort! Indem Sie sich alles bildlich vorstellen, bieten Sie der rechten Hirnhälfte wesentliche Informationen gleich mit an, müssen also nicht warten, bis diese sich die Bilder selbst "gebastelt" hat. Außerdem hören Sie ja immer eine kleine Situation (einen Dialog), welcher in einem (hoffentlich einigermaßen intelligenten) Sinn-Zusammenhang steht, der beim isolierten Pauken einzelner Vokabeln oder Phrasen gewöhnlich fehlt!

Wir können festhalten:

> **Ihrem Gehirn ist ein de-kodierter Fremsprachen-Text genau so "recht" wie ein muttersprachlicher, in dem vielleicht einige unbekannte Wörter stecken.**

Im Gegenteil, viele deutsche Texte sind so mit "Fach-Chinesisch" vollgepackt, daß sie einem "Fach-Spanier" weniger verständlich sind als ein de-kodierter Satz mit demselben Inhalt. Oder verstehen Sie den folgenden "deutschen" Satz aus einem Sachbuch auf Anhieb?

"Die relative Effizienz kumulierter Kommunikationssubstrate basiert auf der funktionalen Relation zwischen der absoluten Kapazität des Rezipienten und dem quantitativen Theasaurus offerierter Informationen."

Also, Sie sehen: Die Phase *Hören/Aktiv* ist leicht, weil Sie beim De-Kodieren ja nur Worte verwenden, die Sie kennen. Dieses aktive Hören ist so erfolgreich, weil es in diesem Aspekt dem Erlernen der Muttersprache ähnelt, denn auch hier werden Worte, die man einmal begreift, ja *nur* im Sinnverband erlernt! Außerdem nimmt die rechte Hirnhälfte auch den Tonfall und das Klangbild wahr, so daß gleichzeitig ein enorm komplexer Lernprozeß (vgl. oben: die neue Synthese) ausgelöst wird. Denn während Sie die De-Kodierung lesen, wird Ihre rechte Hirnhälfte *ganz nebenbei* registrieren:

- **Aussprache zusammenhängender Wort-Gruppen,**
  (Geld haben wir keines wird zu: Geld *hamma* keins)
- **Tonfall des "einheimischen" Sprechers,**
  (P**a**rla itali**a**no? Non anc**o**ra, è la mia pr**i**ma lezi**o**ne.)
- **Sprach-Melodie,**
  (Sie essen noch. Sie essen noch?)
- **Sprech-Rhythmus,**
  (vgl. das Beispiel Psy-**cho**-lo-gy, Kap.6)
- **Zusammenziehungen (Liaisons)**
  (Sieh-mal her! Kannste {kannst-du} mal kommen?) und vieles mehr!

Dieses *Hören/Aktiv* machen Sie so lange, bis Sie – ohne die Kassette stoppen zu müssen – den gesamten Text dieser Lektion *genauso gut verstehen können,* wie wenn er deutsch gewesen wäre! Das heißt im Klartext:

> **Nach Abschluß des zweiten Lernschrittes ist es für Ihr Gehirn vollkommen egal, ob Sie diesen Text in Ihrer Mutter- oder in der Zielsprache hören!! Sie verstehen (d.h. begreifen) ihn ja jetzt vollkommen!**

Wir können also wieder sagen:

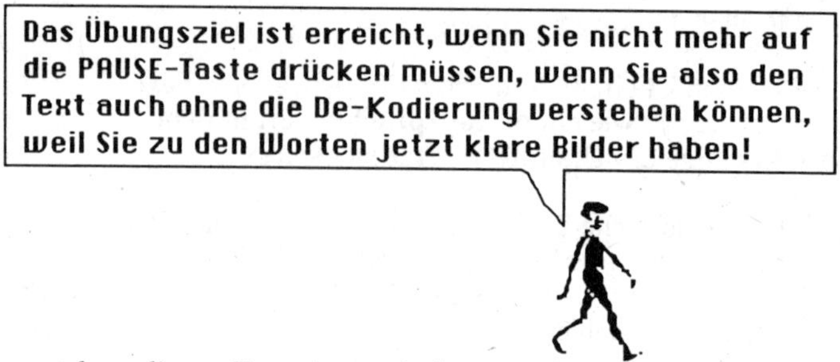

Sie verstehen *diesen Text jetzt* mit dem ganzen Hirn. Das ist der üblichen halbhirnigen Vorgehensweise natürlich vorzuziehen! Danach erst folgt der dritte Schritt mit *diesem* Text, während Sie mit anderen Texten bereits bei Schritt 1 oder 2 beginnen werden. (Sie "fahren" ab jetzt mehrgleisig!)

Der dritte Schritt: Hören/Passiv

In *Stroh im Kopf?* wurde bereits erläutert, daß nur die linke Hirnhälfte sich auf ausgeführte Tätigkeiten konzentrieren muß, da sie ja Schritt-für-Schritt, linear, ein-dimensional vorgeht! Ganz anders die rechte Hirnhälfte: Sie kann mehrere Dinge gleichzeitig, parallel und mehr-dimensional tun! Dies ist mit Worten (der linken Hirnhälfte) nur sehr schwer zu erklären. Denken Sie einmal an Ihren Körper: Wie viele Prozesse laufen da gleichzeitig und auf mehreren Ebenen ab, ohne sich zu stören, zum Beispiel innerhalb der Zelle, innerhalb eines Organs, im Gehirn! Abertausende von biochemischen, elektrischen, neurologischen Prozessen geschehen gleichzeitig, während wir mit Worten immer nur über den einen oder anderen dieser Prozesse zur gleichen Zeit sprechen oder nachdenken können!

So ähnlich ist es, wenn die rechte Hirnhälfte Informationen verarbeitet. Deswegen kann sie ja *sowohl* den Tonfall *als auch* die Lautstärke, die Mimik, die Gestik, die Haltung, die Pausen, die Sprachmelodie und zahlreiche andere Aspekte *gleichzeitig* wahrnehmen, wenn wir jemandem zuhören und glauben, wir nähmen nur die Worte selbst wahr! (Wenn Sie dieser Aspekt besonders interessiert, könnten Sie ja mal in mein mvg-Taschenbuch, *Signale des Körpers und was sie aussagen,* hineinsehen...)

Diese Tatsache nützen wir bei Hören/Passiv aus:
Während Sie irgend etwas tun, lassen Sie die Kassette *nebenher* laufen. Zum Beispiel: Bei Haus- oder Gartenarbeiten, beim Gassi gehen mit dem Hund, beim Basteln, auf Reisen etc. (Seit es Walkman gibt, kein Problem mehr!) Im

übrigen können Sie den Fremdsprachen-Text sogar während eines spannenden Krimis laufen lassen (vgl. Kap. 5). Wichtig:

> **Bei dem Schritt Hören/Passiv brauchen, ja sollen (!) Sie überhaupt nicht bewußt zuhören! Ihre rechte Hirnhälfte speichert das für Sie Wesentliche ganz allein, ohne Ihr bewußtes Zutun!**

Das sogenannte Bewußtsein ist überwiegend in der linken Hemisphäre des Gehirns "beheimatet", während ca. zwei Drittel des sogenannten Un(ter)-Bewußten in der rechten Hirnhälfte angesiedelt sind! Deswegen kann man sehr wohl davon sprechen, daß wir im dritten Lernschritt einen großen Teil der Lernarbeit an das Unbewußte "delegieren", nach dem Motto:

In dieser Phase des Hören/Passiv lernt Ihre rechte Hemisphäre Aspekte, die Sie später sowohl beim aktiven Sprechen als auch beim Verstehen wissen wollen! Da Sie jedoch bewußt *nichts* dazu tun, sage ich von diesem Lernschritt immer: *Ich lerne nicht - Ich lasse lernen!* Diese Formulierung ist durchaus wörtlich zu nehmen, denn sie beschreibt den Grund, warum Sie mit dieser gehirn-gerechten Methode weit weniger Zeit für aktives Lernen investieren müssen. Zwar "verbraucht" das passive Hören auch "Zeit", aber da Sie dabei immer *etwas anderes tun*, weil Sie ja *nicht* bewußt hinhören *sollen*, ist diese Zeit keine Zeit, die Ihnen bei anderen Tätigkeiten fehlt!

Erst wenn der Text Ihnen *vertraut* und gar nicht mehr fremd erscheint, gehen Sie mit *diesem* Text zum vierten Schritt über. Das bedeutet natürlich auch, daß Sie mit einer anderen Textstelle schon wieder weitermachen können!

Dieser Aspekt, daß Sie an mehreren Textstellen zugleich arbeiten, ist sehr wesentlich. Denn bei Lektion 2 mögen Sie bereits zu dem Stadium des Selber-Tuns (Schritt 4) vorgedrungen sein, während sie die Lektionen 3 und 4 noch passiv hören, aber Lektion 6 bereits de-kodieren!

- **Dieses Parallel-Arbeiten entspricht der Arbeitsweise des Gehirns, welches für manche Aspekte** (Schritt 3) **eben länger braucht als für andere** (Schritt 1).

- **Auf diese Weise hat Ihr Kopf *mehr* Zeit für Prozesse, die länger dauern, *ohne* daß dadurch Ihr Lernprozeß insgesamt gestoppt oder verlangsamt werden würde.**

Damit vermeiden wir den Standard-Fehler, daß wir *ungeduldig* werden und *zu früh* zum nächsten Schritt übergehen. Auf diese Weise wird Ihr Programm höchst individuell. Es passiert häufig, daß Partner, die am gleichen Tag beginnen und ihre aktive Lernarbeit ebenfalls gleichzeitig durchführen, schon nach einigen Tagen erste Verschiebungen feststellen.

Für die letzte Lernphase kommt es darauf an, ob Sie überwiegend sprechen oder nur verstehen bzw. lesen oder schreiben wollen! Wenn Lesen/Schreiben Ihre Hauptziele sind, dann bewirkt die dritte Phase, daß Sie *nicht* mit der falschen Aussprache "im Kopf" lesen werden! Also:

Selbst wenn Ihr Hauptziel im Lesen/Schreiben bestehen sollte, durchlaufen Sie die Phase Hören/Passiv trotzdem.

Dafür gibt es zwei Gründe: Erstens ist es gehirn-gerecht, wenn Ihnen das Klangbild eines gelesenen Wortes vertraut ist; sonst besteht wieder die Gefahr eines halbhirnigen Vorgehens, und das ist weit weniger effektiv! Zweitens: So mancher wollte ursprünglich nur lesen lernen; aber wenn er merkt, wie leicht diese Methode das Lernen macht, dann ändert er seine Meinung oft! Dann ist es natürlich besser, wenn Sie bereits den richtigen Klang kennen.

Es folgen nun erste Hinweise zu den *Möglichkeiten* des vierten Schrittes, damit Sie Ihren ersten Überblick jetzt abschließen können. Aber wirklich ausschöpfen werden wir diese Möglichkeiten erst ab Kapitel 6!

Der vierte Schritt: Sprechen/Schreiben/Üben etc.

Bei diesem vierten Schritt ergeben sich die meisten Unterschiede, sowohl von einem Lernwilligen zum nächsten als auch für dieselbe Person bei verschiedenen Sprachen. So bin ich bei Arabisch z.B. durchaus bereit, strukturierte Übungen schriftlich zu absolvieren; zum einen, weil das Schreiben als solches Freude macht und eine Übung interessanter ist, als immer nur irgendwelche Texte abzuschreiben; zum anderen, weil ich eine Methode entwickelt habe, mittels derer wir uns Übungen mit Auflösung (und sofortigem Erfolgs-Erlebnis) selber "basteln" können (s. Kap. 6); diese aber machen mir dann eben auch Spaß! Ganz anders sieht die Situation bei Chinesisch aus, welches ich nur ein wenig lesen können möchte... Weil dieser vierte Schritt so variabel ist, will ich hier nur erste Andeutungen machen. Es geht im wesentlichen wieder um unsere vier Grund-Fertigkeiten:

• Sie wollen gerne lesen?
Wenn das erste Grundwissen vorhanden ist, wird es Sie langsam reizen, auch andere Texte zu lesen. In Kap. 6 finden Sie Hilfestellungen zur Auswahl von geeigneten Texten sowie zum Lesen selbst.

• Sie wollen gerne hören?
Wenn Sie gerne hören wollen, gibt es zwei Möglickeiten: *entweder Sie wollen nur hören* (d.h. verstehen), z.B. Radio- und Fernseh-Sendungen, Tagungs- und Kongreßbeiträge, Präsentationen bei Kunden, ohne selbst (viel) sagen zu müssen. *Oder aber, Sie wollen Ihre Hör-Fähigkeit zusammen mit dem Sprechen entwickeln,* um später in der Zielsprache Konversation betreiben zu können. Falls ersteres der Fall ist, empfehle ich Ihnen auf alle Fälle, die Video-Tips in Kap. 7 zu lesen, bei Vorkenntnissen könnten diese alleine schon ausreichen, so daß Sie den Sprach-Kurs bald zur Seite legen können. (Vgl. auch Kap.9, Stichwort: Fortgeschrittene). Wollen Sie hingegen beide Ziele vereinen, dann schafft die Video-Methode auf alle Fälle eine solide *Grundlage* für den Erwerb des passiven Vokabulars; aber Sie sollten zusätzlich alles unter Sprech-Training Gesagte ebenfalls berücksichtigen.

• Sie wollen gerne sprechen?
Wenn Sie sich in der Zielsprache später flüssig unterhalten wollen, ist es besonders wichtig, daß Sie sich darauf vorbereiten, über Themen zu sprechen, die Ihnen am Herzen liegen! (Tips hierzu finden Sie ebenfalls in Kap. 6.)

• Sie wollen gerne schreiben?
Wenn Sie Texte abschreiben möchten, weil Sie eine Ihnen neue Schrift üben wollen (japanisch, arabisch, russisch), dann bedenken Sie bitte: Für *Formen* ist die rechte Hemisphäre zuständig! (Details hierzu in Kap. 6.) Auch sollten Sie an schriftliche Übungen denken, bei denen sofortige Erfolgs-Erlebnisse den Spaß an der Freude erhöhen. (Kap. 6 und 7 enthalten das Nötige.)

Vorläufiges Fazit:
Wenn Sie diese Vier-Schritt-Methode ausprobieren, dann werden Sie zwar unerhört viel lernen: aber keine Vokabeln. Sie speichern nämlich ohne viel Aufwand die gesamten Lektions-Texte. Das ist so ähnlich wie früher, wenn Sie den Katechismus lernten, den wir immer im selben Tonfall, in derselben Geschwindigkeit, mit denselben Betonungen an derselben Stelle hörten – so ähnlich speichern Sie jetzt ganze Textstellen in Ihr Gedächtnis ein!
Das hat verschiedene Vorteile:

• Sie erinnern sich immer an ganze Satzteile (mit der korrekten Aussprache), können diese also schon sehr bald einsetzen, sowohl wörtlich (quasi als Zitat) als auch in leichter Abwandlung. Angenommen, eine Person in einer Lektion hat über ihren Beruf gesprochen, dann können Sie den Satz leicht abwandeln und über Ihren eigenen Beruf eine ähnliche Aussage machen. (Wir kommen in Kap. 6 wieder darauf zurück.)

• Sie können einzelne Wörter "herausfischen". Da Sie ja mit Ihrem ganzen Gehirn *alles* eingespeichert haben, wissen Sie genauso wie im Deutschen, was die Wörter *im einzelnen* bedeuten, wiewohl Sie die Worte ja nicht einzeln, sondern im Sinnverband gelernt hatten! Wer also mit meinem System arbeiten will, weil er *nicht wegen*, sondern *trotz* Schulunterricht eine Fremdsprache lernen will, sollte dies wissen! Auch brauchen Sie kein Quiz zu fürchten! Dies gilt nicht nur für typische Vokabel-Tests, sondern für *jede* Art von Fragen nach Details. Angenommen, Ihr Lehrer "steht auf" dem Pauken unregelmäßiger Verbformen und produziert dann Grammatik-Tests nach dem Motto: Bilden Sie die Vergangenheitsform von *go*. Dann brauchen Sie nur kurz zu überlegen, welche Person in den Lektionstexten *gegangen* war! Und sofort fällt Ihnen ein: *Mrs. Smith went to the shop...* Aha, *went* ist die gesuchte Form! Solange der Test Wörter abfragt, die in den Texten aufgetaucht waren, sind Sie sicher. *Denn ein Text, der ganzhirnig gespeichert worden war, ist ja in jedem Detail vorhanden!*

• Sie haben sich an den Klang der Wörter im Satz gewöhnt, also können Ihnen keine isoliert "gelernten" Wörter später, wenn sie in einem Satz ganz anders klingen, *wieder fremd* erscheinen (was beim Büffeln isolierter Vokabeln leider nur allzu häufig der Fall ist)!

• Sie üben aktiv! Sie können z.B. in der Wohnung umhergehen und einen Dialog nachvollziehen, der sich im Wohnzimmer in einer Lektion abgespielt hat! Sie können sich beim Autofahren selbst erzählen, was Sie da draußen sehen, wenn in einer Lektion jemand die Aspekte beschrieben hatte!

Sie können dieselben Artikel kaufen, dieselben Speisen und Getränke bestellen wie die Lektionspersonen. Sie können aber auch *andere* Wörter in den Grundsatz einbauen, falls Sie etwas anderes kaufen/essen/trinken wollen.

Genauso können Sie ein Hotelzimmer buchen oder was immer die Lektions-Personen eben taten! Mit anderen Worten:

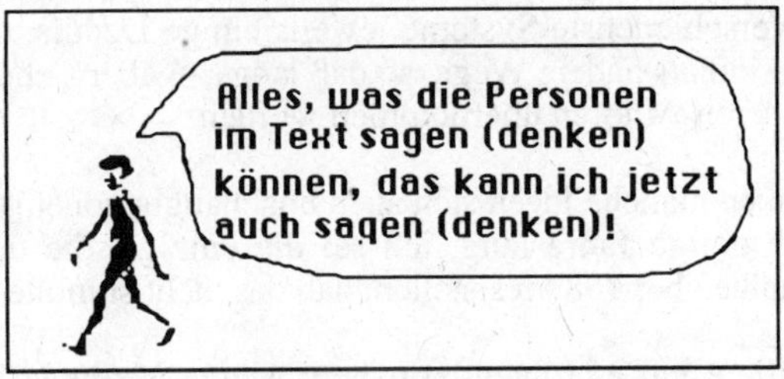

Das macht Mut! Das ist wie Theaterspielen. Das ist ähnlich wie bei einem Kind, welches ja auch die Realität "erprobt", wenn es beim Spielen vor sich hin murmelt, also Selbstgespräche führt!

Zusammenfassung der Methode (Überblick):

Schritt 1:

De-Kodieren: Spielen Sie Detektiv, lösen Sie Rätsel, setzen Sie die grauen Zellen Ihres Großhirns schöpferisch ein! Oder lassen Sie de-kodieren, damit Sie den Text für Schritt 2 verwenden können.

Schritt 2:

Hören/Aktiv: Stellen Sie sich alles bildlich, farbig, drei-dimensional vor! Wie beim Hören eines deutschen Textes!

Schritt 3:

Hören/Passiv: Lassen Sie lernen: Lassen Sie Ihre rechte Hemisphäre auf Klang-*Bild,* Tonfall, Aussprache etc. achten, während Sie etwas anderes tun!

Schritt 4:

Sprechen oder *Lesen/Schreiben:* Jetzt beginnen Sie, die Fremdsprache bereits *aktiv* einzusetzen. Wenn Sprechen Ihr Hauptziel ist, spielen Sie die Situation durch! Wie das Kind, das Selbstgespräche führt, wenn es Praxis "probt". Wenn Sie lieber schreiben/lesen wollen, finden Sie auch hierzu noch zahlreiche Hinweise in Kap. 6.

Ehe wir ins Detail einsteigen, gibt es noch ein Thema, das *viele*, aber *nicht alle* Seminar-Teilnehmer interessiert: Ist meine Methode wirklich so neu, oder handelt es sich um "alten Wein in neuen Schläuchen"? Mein Vorschlag: Ich gehe im folgenden auf diese Frage ein, aber wenn es Sie nicht interessiert, springen Sie gleich zu Kap. 3 (S. 53).

Neuer Wein in alten Schläuchen?

Natürlich gab es bereits einige Ansätze zum Fremdsprachenlernen, die alle von sich behaupteten, "einmalig" und "völlig anders" zu sein! Auf der anderen Seite haben verschiedenste Systeme jeweils einige Details, die ganz einfach erfolgreicher sind als andere Wege, so daß langsam aber sicher manche dieser Ideen von anderen Autoren übernommen wurden.

Außerdem haben manche Ideen sich auch unabhängig voneinander entwickelt; so dachte ich einige Jahre lang, ich sei die einzige, die das De-Kodieren erfand; ich mußte aber 1987 feststellen, daß das nicht stimmte (s. unten).

Daher formuliere ich es folgendermaßen: Meine Methode ist von mir entwickelt worden, wobei ich sie im Laufe der Jahre immer näher an das ebenfalls von mir entwickelte Konzept des gehirn-gerechten Arbeitens gebracht habe. Dabei halfen mir zahlreiche Seminar-Teilnehmer, die bereit waren, zu experimentieren. Auch erhielt ich oft Rückkoppelung von Hörern meiner Vorträge (mit bis zu 900 Personen), die auf eigene Faust versucht hatten, mit den dürftigen Informationen, die in einer Stunde gegeben werden können, zu arbeiten. Auch diese Rückkoppelungen waren sehr hilfreich. Und so kristallisierte sich langsam das heraus, was ich heute als Methode anbiete.

Der Grund, warum ich das System nicht "Gehirn-gerechtes Sprachenlernen" oder so ähnlich, sondern "die Birkenbihl-Methode" nenne, ist ein ganz einfacher: Ich werde nämlich sehr häufig gefragt, inwieweit meine Methode mit Superlearning (s.u.) oder mit der Sowieso-Technik etwas zu tun hat. Um solche und ähnliche Fragen in Zukunft zu vermeiden, habe ich mich entschlossen, meinen Namen mit der Methode zu verbinden. Und, nachdem ich bisher rund 25 Jahre (also mehr als die Hälfte meines Lebens) in die Methode investiert habe, wäre es eher verdächtig, wenn ich es nicht wagen würde, sie so zu nennen.

Wer greift hier wem vor?

Es ist schon interessant: Wenn jemand zu einem späteren Zeitpunkt eine Idee hat, die es früher schon einmal gab, dann heißt es oft, der frühere Autor (Forscher) habe dem späteren Autoren "vorgegriffen". Tatsache aber ist, daß eine meiner Schlüssel-Ideen schon einmal da war: Das wort-wörtliche Übersetzen wurde nämlich vor rund 100 Jahren bereits vorgeschlagen, wie ich 1987 erst erfuhr. (Für diesen Hinweis danke ich Dr.MÖLLRING; er machte mich freundlicherweise darauf aufmerksam.) Und zwar forderte ein Dr. TEICHMANN (in TEICHMANNs *Praktische Methode Französisch - eine sichere Anleitung zum wirklichen Sprechen der französischen Sprache*), man solle die Lektions-Texte wörtlich übersetzen, was allerdings keine große Breitenwirkung ausgelöst hat. Denn erstens mußte der geneigte Leser diese De-Kodierung fast ohne Hilfe, nur mit einem Wörterbuch "bewaffnet", vornehmen (der Autor gab nur Tips für die ersten vier Abschnitte). Und zweitens gab es damals keine Möglichkeit, *das De-Kodierte mitzulesen, während man die Zielsprache hörte*. Dazu hätte man ja einen menschlichen Sprecher gebraucht, der "auf Kommando" die Texte spricht, die man gerade durcharbeiten will, denn es gab noch keine Kassetten.

Außerdem behaupte ich, daß *erst die Synthese des Hörens mit dem Lesen des De-Kodierten* den durchschlagenden Erfolg bringen wird!. Trotzdem hatten Dr. TEICHMANNs Schüler bereits weit mehr Erfolg als damals üblich, was aus den zahlreichen "Testimonials" (Bezeugungs-Schreiben) hervorgeht, die er im Anhang seines Werkes abgedruckt hat! Und er macht noch einen bemerkenswerten Vorschlag bezüglich des Lesens fremdsprachlicher Texte (vgl. Kap. 6).

Also - natürlich gab und gibt es andere Ansätze, die wertvoll sind. Wobei man zwischen Kursen, die eine spezifische Sprache gleich mitanbieten (wie Dr. TEICHMANNs Buch) und übergeordneten Methoden zum Sprachenlernen - wie meiner - unterscheiden muß. In der letzten Kategorie konnte ich fast nichts finden; die wenigen Anleitungen zum Sprachenlernen, die ich in Europa und den USA fand, geben meist nur Tips, wie man Vokabeln oder Grammatik-Regeln noch effizienter pauken kann; da ich aber dagegen bin, stur auswendig zu lernen, nützt das nicht viel. Meines Wissens ist meine Methode derzeit die gehirn-gerechteste. Falls Sie anderer Meinung sind, schreiben Sie mir bitte; ich bin immer daran interessiert, andere Lern-Ansätze kennenzulernen. Aber meine Methode funktioniert! Das weiß ich aus den Erfolgen meiner Seminar-Teilnehmer (die ja alle zunächst glaubten, sie hätten kein Sprachen-Talent). Also hoffe ich, daß meine Mcthode *auch für Sie* ein Ansatz ist, der Ihnen hilft, etwa vorhandene Vorurteile zu überwinden und das zu schaffen, was Sie schon lange *hätten schaffen können*, wenn nicht falsche Methoden Sie bis jetzt daran gehindert hätten!

Ein Wort zu Superlearning:

Nachdem die Frage nach der *Suggestopädie* (auch Methode Dr. LOZANOV oder *Superlearning* genannt) immer wieder gestellt wird, will ich hierzu kurz Stellung nehmen.

Meines Erachtens hat Dr. Lozanow einen hervorragenden *Ansatz* geschaffen. Wer sich für Details interessiert, sei auf BOCHOW und WAGNER (*Suggestopädie/Superlearning - Grundlagen/Anwendungsberichte*, GABAL) verwiesen.

Das Problem mit Superlearning ist nur, daß es einen durchaus positiven Ansatz bietet, der jedoch in sehr starkem Maße am Lehrer "hängt". Mit einem guten Instruktor ist Superlearning ausgezeichnet; *aber es steht und fällt mit dem Menschen, der lehrt*. Der Instruktor muß nämlich einerseits äußerst diszipliniert sein, er darf andererseits aber auch nicht zur "Maschine" werden, indem er nur die technischen Aspekte (z.B. die besondere Vortragsweise) korrekt einsetzt. Es gibt nicht viele Menschen, die im Sinne Dr. LOZANOVs guten Unterricht erteilen können.

Es gibt jedoch eine Menge Anbieter, die mit dem Begriff hausieren gehen, weil er derzeit hoch im Kurs steht, deren Unterricht (oder Sprachkurs für Selbstlerner) aber nicht wirklich den hohen Ansprüchen gerecht wird, die Dr. LOZANOV eigentlich stellte. Solche Kurse bieten dann im Grunde kaum mehr als eine glorifizierte Art und Weise, isolierte Vokabeln und Redewendungen zu pauken, mal mit, mal ohne Musik. Zwar werden ab und zu ein paar Mini-Lektionen eingestreut, aber es handelt sich doch weitgehend um das Herkömmliche, nur eben mit dem Etikett *Superlearning*. Seien Sie also vorsichtig, und informieren Sie sich gründlich, wenn Sie ernsthaft Superlearning "betreiben" wollen.

Kapitel 3
Schritt 1: De-Kodieren

Am besten lernt man das De-Kodieren, indem man einfach beginnt. Deshalb schlage ich Ihnen vor, jetzt gleich einen ersten Versuch zu wagen, damit Sie sehen, daß es gar nicht schwer ist. Wenn Sie einen Text mit Übersetzung der einzelnen Sätze haben, dann ist es natürlich relativ leicht. Aber da die meisten Sprachkurse keine Übersetzungen anbieten, sollten Sie gleich einmal unser Fallbeispiel ausprobieren, wobei der Text keine "Lektion" darstellt, sondern einem italienischen Buch für große und kleine Kinder entstammt.

Fallbeispiel 4: De-Kodier-Übung/Italienisch

Das Beispiel ist Luigi MALERBAs reizendem Büchlein: *Storiette tascabili.* entnommen worden. Vorgehen: Sie finden auf der nächsten Seite den Text, einmal komplett, dann noch einmal mit Platz zum Hineinschreiben. Suchen Sie bitte jedes Wort in der anschließenden Vokabelliste, und tragen Sie seine Bedeutung oberhalb oder unterhalb des italienischen Begriffes ein. Optimal wäre es, De-Kodierungen prinzipiell mit *Bleistift* vorzunehmen. Falls Sie wollen, könnten Sie (in Ihren Sprachkursen) den Text, den Sie entschlüsseln wollen, auch fotokopieren (bei besonders kleinem Druck gleich mit Vergrößerung!), so daß Ihr Buch-Text ohne Dekodierung verbleibt. Denn später, wenn Sie schon weiter sind, macht es Ihnen sicher mehr Freude, die inzwischen vertrauten Texte auch ohne Randbemerkungen auf Anhieb lesen zu können. Bei sehr preiswerten Kursen kaufe ich immer zwei Exemplare, so daß ich in eines *hineinschreiben* kann und gleichzeitig das andere zum *Nachschlagen* benutze, damit ich nicht laufend hin- und herblättern muß, z.B. zwischen der Vokabel-Liste und dem Text selbst.

Cinque mosche di Luigi MALERBA: Erano cinque mosche. La prima mosca era contenta di essere la prima, beata lei. – Io invece sono contraria alle gerarchie, – diceva la seconda, – perché guastano i rapporti. Basta guardare quello che succede tra gli uomini e tra le formiche –. Però si accontentava di essere la seconda. La terza era un po' meno contenta di essere la terza...

Luigi MALERBA: **Cinque mosche**

Erano cinque mosche.

.

La prima mosca era contenta

.

di essere la prima, beata lei.

.

– Io invece sono contraria alle gerarchie, –

.

diceva la seconda,

.

– perché guastano i rapporti.

.

Basta guardare quello che succede

.

tra gli uomini e tra le formiche –.

.

Però si accontentava di essere la seconda.

.

La terza era un po' meno contenta di essere la terza...

Vokabular für **Cinque mosche** - nächste Seite!

Vokabular für **Cinque mosche**:

Cinque	fünf
mosche	Fliegen (Mehrzahl,sprich:MOSKE)
erano	sie waren
la	die
prima	erste
mosca	Fliege (Einzahl von mosche)
era	{er/sie} war
contenta	zufrieden (weibliche Form)
di	von
essere	sein
la prima	die erste
beata	glückliche (weibliche Form)
lei	sie
io	ich
invece	hingegen
sono	bin
contraria	{da}gegen
alle	al (auf) + le (die, Mehrzahl)
gerarchie	Hierarchien
diceva	sagte
la seconda	die zweite
perché	weil, denn
guastano	{sie} verderben
i	die (Mehrzahl, männlich)
rapporti	Beziehungen
basta	genug
guardare	sehen, schauen
quello	was, welches
che	daß
succede	passiert
tra	zwischen
gli uomini	den Menschen
e	und
le formiche	den Ameisen
Però	Aber
si	sich
accontentava	zufriedenstellte
la terza	die dritte
un po'	ein wenig, Abk. von: un poco
meno	weniger

Lösung zur De-Kodierungs-Aufgabe (umseitig):
Bitte beachten Sie, daß sie nur *eine* Möglichkeit aufzeigt, nicht aber die einzige. Jede De-Kodierung ist immer auch eine künstlerische Leistung, so daß sich zwangsläufig kleine inhaltliche Unterschiede ergeben werden, wenn zwei Personen denselben Text de-kodieren. Denn kaum ein Wort ist so hundertprozentig "eindeutig", als daß es nicht verschiedene Interpretierungsmöglichkeiten gäbe. Ganz abgesehen von der Art und Weise, wie man die De-Kodierung in den Text eintragen möchte.

Cinque mosche
5 Fliegen
Erano cinque mosche.
[Es]waren 5 Fliegen
La prima mosca era contenta
Die erste Fliege war zufrieden
di essere la prima, beata lei.
von sein die erste, glückliche sie.

– Io invece sono contraria alle gerarchie, –
Ich hingegen bin gegen auf-die Hierarchien
diceva la seconda,
sagte die zweite,
– perché guastano i rapporti.
weil sie-verderben die Beziehungen
Basta guardare quello che succede
Genug [zu] sehen was daß passiert
tra gli uomini e tra le formiche –.
zwischen den Menschen + zwischen den Ameisen.
Però si accontentava di essere la seconda.
Aber sich zufriedenstellte von sein die zweite.

La terza era un po' meno contenta di essere la terza...
Die dritte war ein wenig weniger zufrieden von sein die dritte...

Wenn Sie die Übung (zumindest denkerisch) bewältigt haben, dann haben Sie sicher einiges feststellen können. Es folgen jetzt einige Bemerkungen, die ein Seminar-Teilnehmer (der, wie er sagte, absolut kein Grammatik-Fan ist!) beim De-Kodieren gemacht hat. Wir haben ihn nämlich gebeten, seine Gedanken halblaut vor sich hin zu murmeln, und diese Worte (mit seiner Genehmigung) auf Band aufgezeichnet. Feststellungen wie die folgenden gehören zum Bereich der "Spielregeln" (s. Kap.2), welche man beim De-Kodieren (quasi zufällig) entdeckt, wenn man mitdenkt:

1. Erano ... = sie waren... Aha. Aber das sie steht hier gar nicht... hm.
2. di essere... = von sein; komisch; es heißt also nicht zu sein, wie bei uns.
3. beata lei... = glückliche sie, das muß wohl unserem "die Glückliche" entsprechen; interessant!
4. Io invece... Komisch, hier wird ich gesagt, aber oben kein "sie"... ah ja, natürlich, invece heißt ja hingegen, das ist eine betontere Form von ich... mal abwarten, was später kommt.
5. alle gerarchie... = auf-die, aha. Wir würden sagen "ich bin gegen Hierarchien", aber hier ...

So oder ähnlich werden auch Sie wahrscheinlich denken, beim De-Kodieren. *Das ist mit formaler Grammatik nicht zu vergleichen*, führt aber letztlich zu einem bewußteren Grammatik-Gefühl, und zwar "schmerzlos". Sehr viele

Seminar-Teilnehmer haben festgestellt, daß sie nach und nach sogar begannen, die "offiziellen" Grammatik-Erklärungen in den Lehrbüchern mit Gewinn zu lesen, wiewohl sie früher eher Unlustgefühle erlebten, wenn sie an Grammatik dachten. (Was ich unserem Schulsystem anlaste!) Trotzdem fühlen sie sich aber auch frei, eine unverständliche Grammatik-Erklärung ohne schlechtes Gewissen zu überblättern, denn sie wissen ja, daß sie bei der Birkenbihl-Methode die offizielle Grammatik auch ganz weglassen *können*.

Schreibweise beim De-Kodieren: Thema mit Variationen

In unserem Fallbeispiel haben Sie gesehen, daß ich Worte, die in der Zielsprache durch einen einzigen Ausdruck wiedergegeben sind, im Deutschen mit Bindestrichen verbinde. Dadurch sieht man mit einem Blick, daß man diese Worte später *nicht einzeln* in die Zielsprache übertragen darf. Zum Beispiel: Bei guastano = sie-verderben; ist das "sie" impliziert, d.h., es "steckt" sozusagen in guastano bereits "drin". Oder bei alle = auf-die (Hierarchien).

Sie haben Begriffe in Klammern vorgefunden. Das sind Wörter, die im Deutschen gesetzt werden *müssen*, während sie in der Zielsprache fehlen. Zum Beispiel bei guardare = [zu] sehen. Damit verhindern wir, daß wir später ein Wort für "zu" suchen, wenn wir einen ähnlich strukturierten Satz selber bilden wollen!

Lautschrift, ja oder nein?

Wenn eine Sprache mit einer anderen Schrift einhergeht oder wie beim Japanischen sogar mit drei möglichen Schreibweisen, so folgt dem Text (zunächst) in der Regel die Lautschrift. Aber es gibt auch Lehrbücher, die von der ersten Lektion an keinerlei Hilfestellung in Form einer Lautschrift anbieten. Denn: Hier streiten Sprachlehrer (und Autoren von Sprachkursen, die ja meist Sprachlehrer sind) oft erbittert. Die einen sind für, die anderen gegen diese Hilfestellung. Die einen sagen, man würde die Schrift weit schneller erlernen, wenn man *gezwungen* sei, die Worte zu entziffern; das heißt, genau genommen, zu ent-buchstabieren, denn es sind ja keine Ziffern! (Sie sehen, sogar im Deutschen könnte man manchmal De-Kodieren). Die anderen sagen, daß das Lesen- und Schreibenlernen ungleich erleichtert wird, wenn man eine Zeitlang beide Systeme sehen kann.

Hier müssen Sie letzlich Ihre eigene Entscheidung treffen, denn auch die Lernenden "fallen" in zwei Lager. Das liegt daran, daß es individuelle Unterschiede gibt; die einen lernen tatsächlich mit Lautschrift besser, während es bei anderen umgekehrt ist. Es geht also nicht darum, daß eine Position "richtig" und die andere falsch ist, sondern es gilt herauszufinden, welche für *Sie* die *bessere* sein wird! Daher rate ich Ihnen:

***Wenn* Sie das Gefühl haben (und Ihre Intuition ist immer richtig!), daß Sie eine Lautschrift wollen, dann beginnen Sie mit einem Kurs, der diese anbietet. Lassen Sie sich nicht von einem Mitmenschen aus dem "anderen Lager" irre machen, ob er nun Lehrer ist oder Kollege!**

Glauben Sie hingegen, daß Sie lieber gleich die Schrift üben wollen, dann können Sie ja eine vorhandene Lautschrift abdecken oder sogar mit einem dunklen Filzstift übermalen... Was das Erlernen einer fremden Schrift angeht, so finden Sie in Kapitel 6 auch hierzu noch spezielle Tips.

So, jetzt gibt es zwei Möglichkeiten: *entweder* Sie hätten gerne noch ein oder zwei weitere Fallbeispiele, oder aber Sie möchten lieber schon weitergehen.

[] Ja, ich will noch was sehen! (Siehe gleich unten)
[] Mir reicht's: (Springen Sie bitte gleich zu Kapitel 4, Seite 62.)

Fallbeispiel 5: Du Frau-Kind?
Das folgende Beispiel entstammt dem Assimil-Kurs *Le Chinois sans peine,* welcher vom Französischen ins Chinesische führt. Es ist der erste Satz der ersten Lektion.
Er heißt also: **ni hao² ?** Übrigens sind hochgestellte Ziffern $^{1, 2, 3 \text{ oder } 4}$ hier ein Aussprache-Hinweis, sie geben die Tonhöhe an.

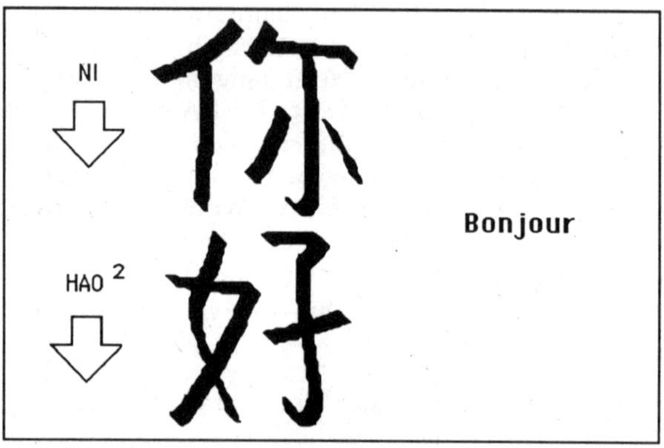

Bei der Technik der sogenannten "guten Übersetzung", wie Sie sie vielleicht von der Schule her kennen, *würden* Sie lernen, **ni hao²** mit *Grüß Gott!* (oder *Guten Tag*) zu übersetzen. Wenn Sie dann aber in einem späteren Satz der Bemerkung begegnen: "Der Kaffee ist gut", und wenn **ni hao²** wirklich *Grüß*

Gott bedeuten würde, dann könnten Sie das Wiederkehren von **hao²** zunächst überhaupt nicht einordnen! Selbst wenn die Übersetzung *guten Tag* lautete, wären Sie verwirrt, weil ja nicht das erste Wort *gut* heißt, sondern das zweite (**hao²**)! Tatsache ist nämlich, daß **ni hao²** *überhaupt nicht Guten Tag* oder Grüß Gott bedeutet (wiewohl viele Chinesisch-Kurse es so übersetzen), sondern es heißt: *du gut?*:

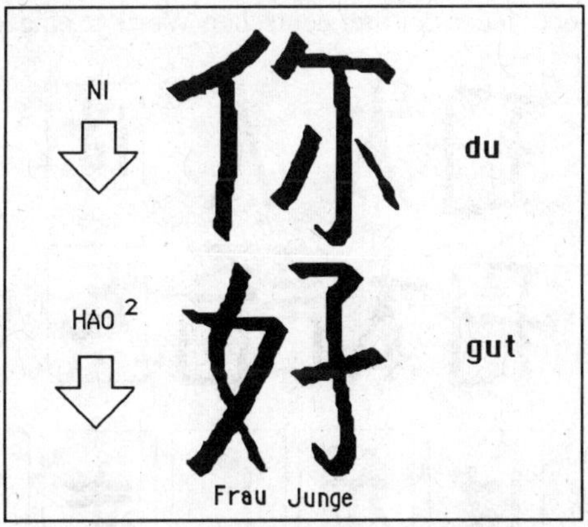

Dieses Beispiel zeigt uns zweierlei: Erstens, Chinesen begrüßen sich mit der Formel *du gut?*; deshalb taucht **hao²** bei anderen Sätzen wieder mit der Bedeutung *gut* auf. Zweitens: Genaugenommen setzt sich *gut* aus zwei Wörtern zusammen, nämlich dem Wort für *Frau* plus dem Wort für *Kind, Junge*. Dies ist ein Hinweis für ein wesentliches Element dieser Sprache, die nämlich nur einsilbige Grundkonzepte kennt, welche in zahllosen Formen zusammengesetzt werden. So bedeutet das Zeichen für *Frau* zweimal nebeneinander *Streit*, eine Dreiergruppe des Frau-Zeichens *Gerücht*, aber *Frau* plus *Kind* heißt *gut*, und *Frau* unter (dem Zeichen für) *Dach* bedeutet *Frieden*:

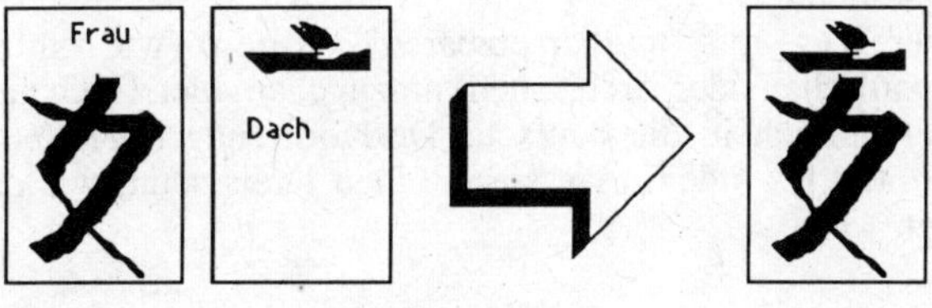

Solche und ähnliche Erkenntnisse liefert das De-Kodieren! Ich möchte einmal etwas überspitzt sagen: Wer das nicht spannend finden kann, der hat sicherlich drei oder alle vier Fragen im Mini-Quiz (s. Seite 5) verneinen müssen. Aber das sind wirklich Ausnahmen...

Fallbeispiel 6: Partikeln bittesehr

Zuerst zur Schreibweise: Japanisch kann senkrecht wie waagerecht geschrieben werden, wenn waagerecht, dann von links nach rechts. Diese Form verwende ich hier. Außerdem habe ich alle Zeichen der sogenannten *Hiragana*-Schrift in Kästchen gesetzt, um sie von den *Kanji*-Zeichen (die dem Chinesischen ursprünglich als Ganzworte entlehnt wurden) zu unterscheiden; das sieht dann wie unten gezeigt aus. Der Satz heißt übrigens: *Japaner sprechen japanisch*, wobei jedes der drei deutschen Worte je eine Zeile einnimmt:

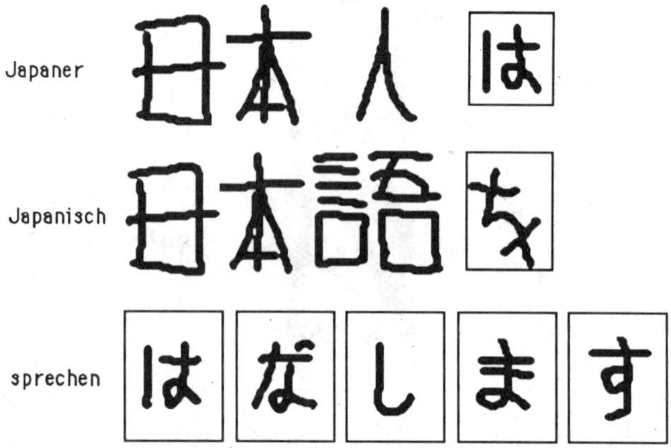

Nun ist zu beachten, daß die japanische Sprach-Struktur sich von der unseren extrem unterscheidet! Zum Beispiel drücken wir den Akkusativ durch Deklination (das sieht man an den Endungen) aus: *Ich sehe d**en** Mensch**en***, während der Japaner *Partikeln nachschiebt*. Aber auch ohne exakte Grammatik-Analyse können Sie beim De-Kodieren genauso "intuitiv" feststellen, auf welche Weise die Sprache "funktioniert", wie ein japanisches Kind, das seine Muttersprache lernt! Sie wissen ja, daß auch die "schwerste Sprache" leicht genug ist, daß bereits vier- und fünfjährige Kinder dieses Landes sie einigermaßen beherrschen können!

Ein einfacher Weg, mit "unübersetzbaren" Wörtern (wie zahlreichen Partikeln im Japanischen oder Arabischen) umzugehen, bietet sich an, wenn man diese Wörter einfach in die deutsche De-Kodierung *übernimmt*, sie aber optisch abhebt, z.B., indem man sie in einen Kreis setzt, wie das folgende Beispiel zeigt.

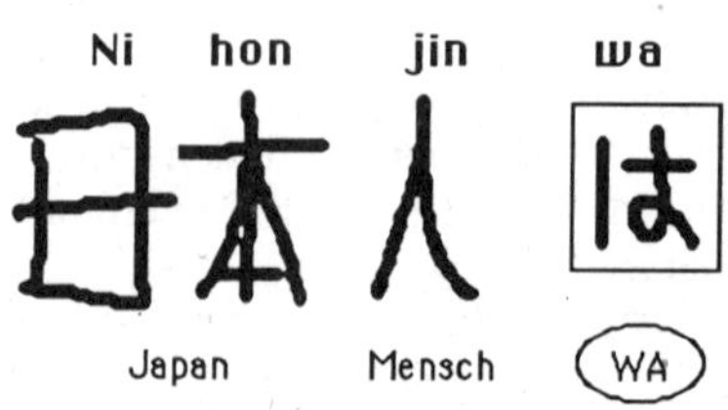

Hier muß die Partikel **WA** stehen*. Auch wenn man keine Grammatik betreiben will, also wenn man überhaupt nicht begreift, *warum* das so ist, kann man de-kodieren: Japan Mensch **WA**.

Im folgenden Satzteil steht die Partikel oo (= langes o), mit der wir genauso verfahren:

Der Schluß ist ebenfall hochinteressant: Die ersten drei Zeichen ergeben nämlich das Wort "sprechen", die letzten beiden "tun"; die Kombination wird jedoch wie ein Wort behandelt, daher der Bindestrich bei der De-Kodierung:

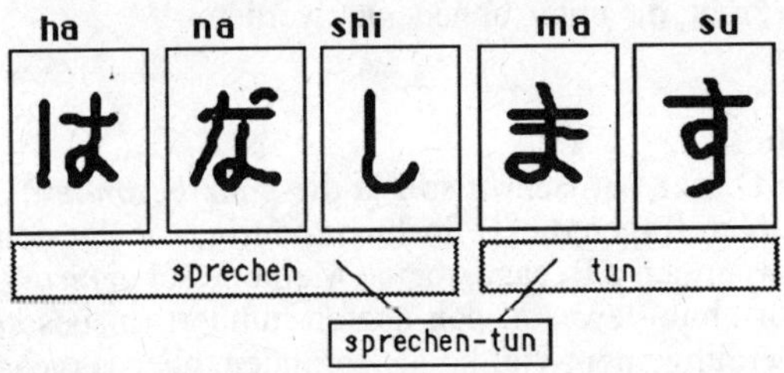

* Übrigens hat das **WA** der Japaner fast dieselbe Funktion wie das **WA** der Berliner!

Kapitel 4
Schritt 2: Hören/Aktiv

Wie bereits erwähnt, ist die Phase *Hören/Aktiv* enorm wichtig. Sie bewirkt nämlich die *ganz besondere Synthese* und stellt damit einen der wesentlichsten Erfolgs-Momente meiner Methode dar. Deshalb ist es notwendig, daß Sie sich *exakt* an die einfachen Hinweise für die Durchführung halten, während alle anderen Lernschritte Ihnen *viel* Freiheit zum Experimentieren geben: Beim De-Kodieren sind unzählige Variationen denkbar; sowohl, was die eigentliche Durchführung angeht, als auch, *ob* Sie überhaupt selber de-kodieren wollen (oder ob Sie diese Arbeit delegieren bzw. fertig de-kodierte Texte kaufen möchten). Ebenso erlauben die Lernschritte 3 und 4 es Ihnen, nach Lust und Laune mit den Vorschlägen zu "spielen", um Vorgehensweisen zu entwickeln, die Ihrer Persönlichkeit und Ihrer Zielstellung angepaßt sind. Der Schritt des Hören/Aktiv jedoch muß *exakt* durchgeführt werden, wiewohl es auch hier kleine "Freiheiten" gibt, die unten angedeutet werden.

Ganzhirn-Synthese

Sie erinnern sich: Dieser Lernschritt soll ja die *ganz besondere Synthese* im Gehirn bewirken. Nun fragen die Teilnehmer häufig, wie "gesichert" die Erkenntnisse seien, wenn ich z.B. sage, meine Methode sei *gehirn-gerecht*. Nun hat die Gehirn-Forschung zwar in den letzten hundert (insbesondere in den letzten zehn) Jahren ungemein viel herausgefunden, aber vergessen Sie bitte nie: *Das Gehirn dürfte wohl das einzige Organ in diesem Universum sein, das versucht, sich selbst zu begreifen.* Wenn man als Mensch das Gehirn einer Maus "begreifen" möchte, dann ist dies schon schwer genug und gelingt auch nur teilweise.

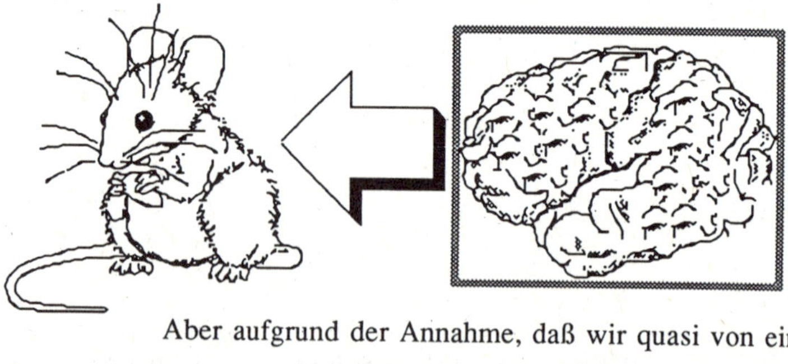

Aber aufgrund der Annahme, daß wir quasi von einer

höheren Warte aus auf den einfacher strukturierten Organismus "hinabblicken" können, *scheint* das Vorhaben möglich. Anders ist es, wenn wir *uns selbst* mit derselben "objektiven Distanz" betrachten wollen. Zwar sind alle Aussagen in der Forschung nur mit allergrößter Vorsicht als "gesichert" anzusehen, denn auf allen Forschungs-Gebieten wächst das Wissen ständig, was auch bedeutet, daß "alte Erkenntnisse" durch neuere (noch sicherere?) verdrängt werden. Im Bereich der Gehirn-Forschung ist dies m.E. in noch größerem Maße der Fall. Daher sind meine Aussagen natürlich letztendlich "nur" als Denk-Modell zu verstehen, wiewohl sie von den Forschungsergebnissen abgeleitet wurden. Aber für den Erfolg beim Lernen (in diesem Fall Sprachenlernen) kann es uns eigentlich gleichgültig sein, wie "gesichert" die Theorie ist, *wenn* ein Denk-Modell *in praxi* "funktioniert", oder?

In diesem Sinne kann ich sagen: Zwar handelt es sich bei meinen Aussagen über die Arbeitsweise des Gehirns teilweise um Denk-Modelle, aber die Tatsache, daß sie das Sprachenlernen ungemein erleichtern, ist ein Fakt, der sich nicht weg-diskutieren läßt! Da intelligente Menschen eher bereit sind, ein neues Verhalten auszuprobieren, wenn man ihnen einen plausiblen Grund dafür anbietet, meine ich, daß die Denk-Modelle durchaus eine hilfreiche Funktion haben. *Wenn* Sie also eine Erklärung für Ihr zukünftiges Vorgehen wollen, dann lesen Sie hier weiter. *Andernfalls überspringen* Sie bitte die folgenden Abschnitte; für Sie geht's bei der nächsten Überschrift (**Vorgehen,** auf Seite 65) weiter.

Was passiert bei diesem Lernschritt im Gehirn?
Stellen Sie sich bitte vor, wie die Teamarbeit der verschiedenen Abteilungen im Gehirn koordiniert werden muß: Wenn Sie, der Gehirn-Besitzer, diesen Lernschritt *Hören/Aktiv* durchlaufen, dann "passieren" im Hirn gleichzeitig verschiedene Prozesse, die ich hier nur stark vereinfacht andeuten will:

<ins>Die linke Hemisphäre</ins>: Hier sind die *beiden* Sprachzentren: eins für Verstehen und eins für aktives Sprechen:

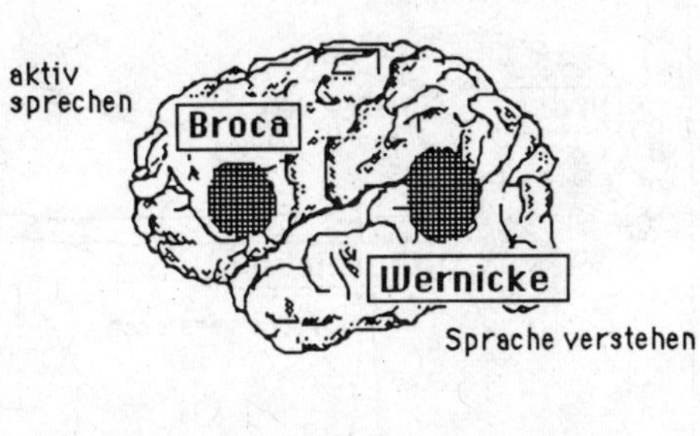

Bei dem Lernschritt *Hören/Aktiv* senden Sie (als Gehirn-Besitzer) Informationen an WERNICKE (Verständnis), während BROCA erst bei Schritt 4 "gelehrt" wird, *wenn* (und nur wenn) Sie dann auch das aktive Sprechen üben!

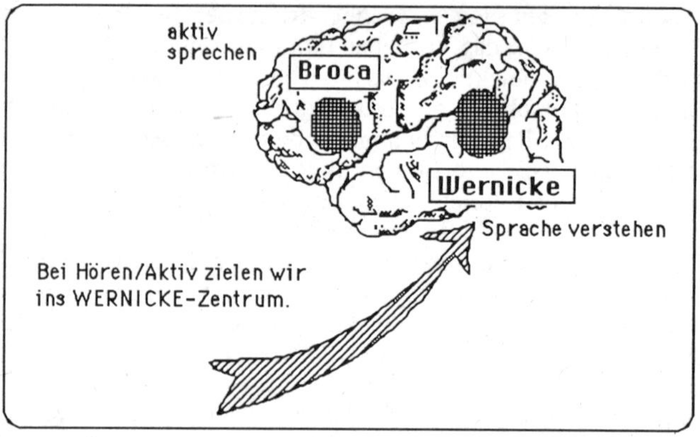

<u>Die rechte Hirnhälfte</u>: Zum einen ist sie für die *Tonalität* (z.B. Aussprache, Tonfall, Sprachmelodie, Betonung etc.) zuständig. Zum anderen hängt sie neue Begriffe in das Informationsnetz ein und sorgt gleichzeitig dafür, daß die einzelnen *Informationsbündel* (CLUSTERING) richtig miteinander verbunden werden. Dieser Vorgang ist unglaublich komplex (s. Kap.1). Des weiteren sorgt die rechte Hemisphäre für die *Vorstellungen*, die Sie beim Hören (oder Lesen) entwickeln. Deshalb ist das in Kap.2 vorgestellte Gehirn-Training besonders auch als Training für das *rechte* Hirn anzusehen!

<u>Zusammenarbeit der beiden Hirnhälften</u>: Zwar sind die einzelnen Areale, in denen sich die genannten Tätigkeiten der rechten Hemisphäre abspielen, noch nicht so eindeutig lokalisiert worden wie die Bereiche BROCA und WERNICKE, aber für unsere Vorstellung (Denk-Modell!) hilft dieses Bild:

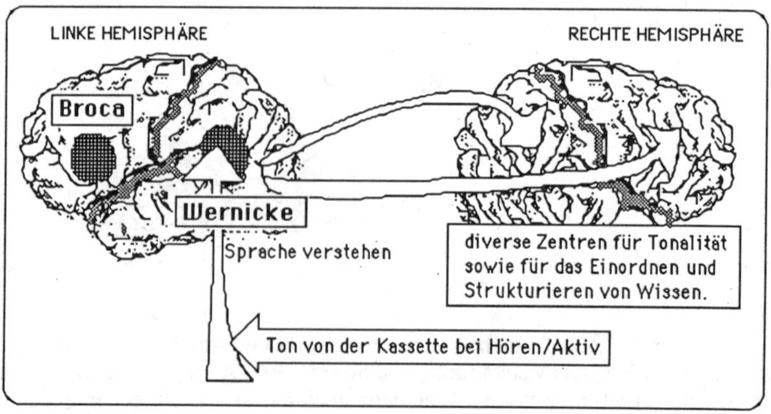

Das heißt, daß Informationen von WERNICKE aus an andere Stellen im Gehirn *weitergegeben* werden, zum Beispiel an die Areale in der rechten Hemisphäre, die wir schon erwähnt hatten.

Mehr Theorie ist für das erfolgreiche Anwenden des zweiten Lernschrittes nicht nötig. Wer sich wirklich detaillierter informieren will: im Literaturverzeichnis sind natürlich einige Gehirn-Bücher aufgelistet, insbesondere Thomas BLAKESLEY und Richard M. RESTAK und Luciano MECACCI sind empfehlenswert. Alle drei sind ohne Fachjargon geschrieben und gehirngerecht, d.h., sie bieten zahlreiche Fallbeispiele (und Abbildungen) für Ihre rechte Hirnhälfte mit an!

Vorgehen

Sie werden (wie Sie schon wissen) bei *Hören/Aktiv* jeweils den de-kodierten Text lesen, während Sie *gleichzeitig* von der Kassette die Zielsprache dazu hören. Dabei drücken Sie so*oft wie nötig* auf die PAUSE-Taste, damit Sie sich, quasi in Zeitlupe, jeden Satz (Satzteil) "klarmachen" bzw. vorstellen können. Sie müssen jede Aussage genau so gut begreifen wie eine deutsche Aussage mit demselben Inhalt!

Angenommen, Sie wollten Italienisch lernen. Es folgt als Beispiel der Anfang der ersten Lektion des früheren **Assimil**-Kurses *Italienisch ohne Mühe:* Wir hatten ja ebenfalls bereits erwähnt, daß ein "abstrakter" Inhalt genauso leicht zu verstehen ist, wenn Sie dessen Inhalt in Ihrer Muttersprache begreifen können, wie hier:

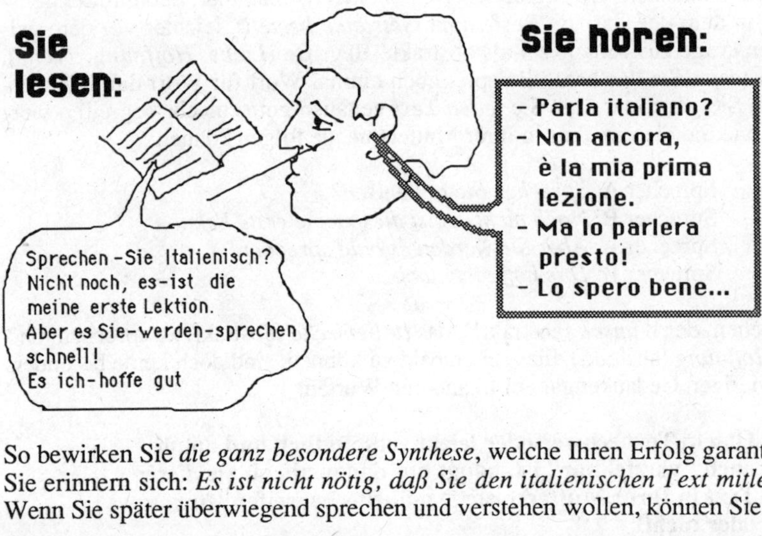

So bewirken Sie *die ganz besondere Synthese*, welche Ihren Erfolg garantiert. Sie erinnern sich: *Es ist nicht nötig, daß Sie den italienischen Text mitlesen.* Wenn Sie später überwiegend sprechen und verstehen wollen, können Sie sich *ausschließlich* auf die deutsche De-Kodierung konzentrieren. Wenn Sie aber später auch lesen/schreiben üben wollen, dann lenken Sie Ihr Augenmerk (später, im 4. Lernschritt) *auch* auf den italienischen Text, *nachdem* Sie das De-Kodierte ohne Probleme verstehen können. Dann wird das Schriftbild der italienischen Worte ebenfalls an Ihr bereits vorhandenes Wissen gebunden.

Wie oft soll man einen Text aktiv hören?
Die Antwort lautet (wie in Kap.2 bereits erwähnt):

Das Übungsziel ist erreicht, wenn Sie nicht mehr auf die PAUSE-Taste drücken müssen, wenn Sie also den Text auch ohne die De-Kodierung verstehen können, weil Sie zu den Worten jetzt klare Bilder haben!

Wie einfach sollen Texte für Einsteiger sein?
Ich halte es für eines jener "Ammenmärchen" über das Sprachenlernen, daß Texte für Einsteiger besonders einfach sein sollen. Schließlich ist der Anfänger in einer Sprache ja deshalb noch lange kein ungebildeter Halbidiot! Begriffe mit abstrakten Inhalten sind nämlich *nicht* schwerer als Texte mit konkreten *Szenen*. Zwar glauben viele meiner Teilnehmer, daß ein Lektionstext, in dem der Gast im Restaurant *Getränke bestellt,* leichter vor dem geistigen Auge zu "sehen" sei als abstrakte Begriffe (*Liebe, Hoffnung, Treue*). Aber wenn Sie das letzte Beispiel noch einmal Wort für Wort durchdenken, sehen Sie ganz klar, daß Sie *jeden Text* genauso gut/schlecht begreifen werden, wie Sie diesem Text in Ihrer Muttersprache folgen können:

Sprecher A: *Sprechen Sie italienisch?*
Sprecher B: *Noch nicht, es ist dies meine erste Lektion.*
Sprecher A: *Aber Sie werden es bald sprechen!*
Sprecher B: *Das hoffe ich doch...*

Sie sehen, der *Wunsch* (abstrakt!), das *Italienische* (abstrakt) zu sprechen, und die *Hoffnung* (abstrakt), dies schon bald zu können, sind doch keine besonders schwierigen Gedankengänge! In anderen Worten:

Ob ein Text schwer oder leicht verständlich und damit auch "vorstellbar" ist, hängt *nur* davon ab, ob Sie *diesen* Text in Ihrer Muttersprache mühelos begreifen *können* oder nicht!

Lassen Sie sich also von niemandem einreden, alle Lektions-Texte müßten wie Kinderbücher sein – mit vielen Bildern und einfachen Situationen, die konkrete Personen und Dinge beinhalten, welche leicht vorstellbare Tätigkeiten ausführen. Im Gegenteil: Angenommen, ein Lernwilliger befaßt sich regelmäßig mit *Fach-Texten* irgendeiner Art, sei das nun Physik oder Philosophie: Er wird Aussagen aus seinem Wissensgebiet in der Zielsprache wesentlich *leichter* verstehen als eine "leicht vorstellbare Situation", die mit seinem täglichen Leben nichts zu tun hat bzw. die ihn nicht interessiert!

So sind die meisten Inhalte üblicher Sprachkurse darauf ausgerichtet, Ihnen "das Überleben" im Zielland, vor allem in einer Urlaubs-Situation, zu ermöglichen. Was tun die Lektions-Personen demzufolge? Sie planen eine Reise, sie kaufen Fahrkarten, sie kommen durch den Zoll, sie nehmen ein Hotelzimmer, sie bestellen im Restaurant, sie kaufen ein, sie telefonieren etc. *Das ist für jemanden, der die Sprache lernt, um im Zielland Urlaub zu machen, sicher optimal.* Was aber bedeuten diese Inhalte für Menschen, die im Zielland geschäftliche Transaktionen durchführen werden (ohne sich um Details wie Hotelzimmer selber kümmern zu müssen)? Was sollen Menschen tun, die zufrieden sind, sich mit Englisch- oder Deutsch-Kenntnissen durchs tägliche Leben zu "schlagen", die aber mit ähnlich interessierten Spaniern oder Franzosen *fachsimpeln* oder *anspruchsvolle Diskussionen* führen möchten? Hier lohnt es sich, darüber nachzudenken, ob Sie nicht mit selbstgewähltem Material arbeiten wollen. Wir kommen später noch einmal darauf zurück.

Schrift-Vorbereitungen bei Hören/Aktiv:
Wer später auf alle Fälle auch Lesen und Schreiben üben möchte, kann beim De-Kodieren für *die Phase des Hörens/Aktiv* bereits "vorbauen". So wird das Arabische, wie Sie wissen, von rechts nach links geschrieben. Dies berücksichtige ich bereits bei der *Vorbereitung zu Hören/Aktiv*. Ich fertige die deutsche De-Kodierung gleich mit dem Macintosh-Computer an (mit dem übrigens dieses gesamte Buch geschrieben, gezeichnet und gesetzt wurde!). Dann kann ich den Text *einmal* normal ausdrucken, ihn aber ohne viel Mühe ein zweites Mal bearbeiten, indem ich diesmal Leerzeilen einschiebe, in welche ich *später* hineinschreiben kann. Da aber das Schreiben von rechts nach links verläuft, wäre es doch günstig, wenn ich mich beim *Lesen des De-Kodierten* bereits daran gewöhnen würde, oder? Also sieht die de-kodierte Version (einer Szene aus einem tunesischen Kinderfilm) wie folgt aus:

Zuerst den ganzen Satz auf deutsch:
Die Luftfahrt war durch die Tatsache, daß wir zunächst, bis zum zwanzigsten Jahrhundert, keinen Erfolg hatten, in früheren Zeiten lediglich ein Traum für uns Menschen.

Es folgt die De-Kodierung:

Szene: Stehend am Felsabhang spricht er:

VON RECHTS NACH LINKS ZU LESEN!

anfänglichen Zeiten/Epochen in die-Luftfahrt Es-war
für-uns für-bezogen-auf ein-Traum lediglich
einer Erfolg-habend nicht
des-Glücks für-(das)Schlechte denn
dem-Zwanzigsten. (dem)Jahrhundert vor dem-Fliegen mit

Wenn es Sie interessiert, wie die Schreib-Version aussieht, dann finden Sie diese auf der gegenüberliegenden Seite.

Variationen von Hören/Aktiv

Bitte betrachten Sie folgende Gedankengänge als Anregung für Ihr eigenes Vorgehen. Sie werden nicht so sehr zum Nachvollziehen angeboten, sondern hauptsächlich, um Ihnen *Ideen für Variationen* zu zeigen. Denn jeder Mensch hat seine Eigenarten und Präferenzen; deshalb kann es kein perfektes System geben, welches alle Lerner zwingt, an der gleichen Stelle im Ablauf ganz genau das gleiche zu tun!

• Wenn Sie einen fremdsprachlichen Text *aktiv hören* wollen, den Sie bereits hundertprozentig verstehen, können Sie statt einer De-Kodierung selbstverständlich den Text gleich in der Zielsprache mitlesen!

• Wenn die Zielsprache eine für Sie noch sehr schwer verständliche Schrift benutzt, können Sie nach den ersten Durchgängen (bei welchen Sie nur das De-Kodierte mitlesen) später statt dieser Schrift auch einige Male die *Lautschrift* mitlesen, bis Sie dann auch die Buchstaben (Silben, Wortzeichen etc.) lesen können.

• Falls Sie ein Grammatik-Fan sind, können Sie auch Texte, die nur isolierte Sätze anbieten, im Lernschritt *Hören/Aktiv* durchgehen. Dies bringt auf alle Fälle mehr, als wenn Sie diese Sätze nur lesen würden.

• Wenn Sie mit Farben arbeiten (s. Kap.7), dann kann Hören/Aktiv noch weit effizienter werden, d.h. noch weniger Zeit beanspruchen!

Achtung vor Sprachmischungen
Es gibt Sprachkurse, bei denen einzelne Sätze mit Übersetzung angeboten werden, insbesondere "Schnellkurse" für Menschen, die sich auf einen Urlaub vorbereiten müssen/wollen. Zwar spricht nichts dagegen, daß Sie sich solche Kassetten *auch* anhören, aber bitte bedenken Sie: Viele unserer Teilnehmer, die mit solchen Bändern Hören/Aktiv durchführten, haben berichtet, daß sie vergeblich auf die "ganz besondere Synthese" gewartet haben. Kein Wunder, diese besteht ja eben darin, daß Sie den *muttersprachlichen Text lesen, während Sie gleichzeitig die Zielsprach*e hören. Wenn aber die beiden Redewendungen immer *nacheinander* folgen, ergibt sich dasselbe Problem wie beim normalen Vokabellernen. Bitte bedenken Sie dies, wenn Sie einen solchen Kurs verwenden wollen. Hören Sie diese Kassetten ruhig *nebenbei* ab, z.B. während Sie manuell arbeiten, spazierengehen, reisen etc. Aber denken Sie *nicht*, daß das bewußte Hören *ohne* gleichzeitiges Mitlesen der De-Kodierung dem Lernschritt des Hören/Aktiv entspreche.

Fortsetzung des Fallbeispiels "Kinderfilm"

anfänglichen Zeiten/Epochen in die-Luftfahrt Es-war

كان الطّيران في العصور البدائيّة

für-uns für-bezogen-auf ein-Traum lediglich

مجرّد حلم بالنّسبة لنا

einer Erfolg-habend nicht des-Glücks für-(das)Schlechte denn

لكن لسوءِ الحظِّ لم يفلح أحد

dem-Zwanzigsten. (dem)Jahrhundert vor dem-Fliegen mit

بالطّيران قبل القرنِ العشرين .

Kapitel 5
Schritt 3: Hören/Passiv

Jetzt folgt diejenige Phase, bei welcher wir das Lernen ans Unbewußte (oder an die rechte Hirnhälfte) delegieren werden. Denn unser Gehirn kann sehr wohl *mehrere Dinge gleichzeitig* tun, wiewohl die meisten Seminar-Teilnehmer dies im ersten Ansatz ernsthaft bezweifeln! Bitte denken Sie mit:

Stellen Sie sich einen Autofahrer vor, der (mit einem Mitfahrer) auf dem Weg zu einer Adresse ist, die er das erste Mal sucht. Er hat sich im Stadtplan den Weg herausgesucht, kennt die Gegend einigermaßen gut und hat eine ziemlich klare Vorstellung davon, wo er hin muß. Nun stellen Sie sich vor, wie er den Wagen steuert, sich jedoch *nebenbei* unterhält oder zwischendurch *nachdenkt,* während vielleicht auch noch das Radio (Kassettengerät) läuft: Das Fahren macht er weitgehend "mit rechts", denn die rechte Hirnhälfte läßt ihn "automatisch" schalten, bei Überholmanövern die Entfernung abschätzen, lenken, bei Rot halten, wieder anfahren, Gas geben etc. *Gleichzeitig* denkt er auf zwei Ebenen (mindestens) nach: einerseits über den *Weg*, den er heute nehmen muß, andererseits über das, was sein Mitfahrer sagt.

Und jetzt passiert etwas, was möglicherweise *gefährlich* werden könnte. Was geschieht? Nun, in Momenten "höchster Konzentration", wenn er blitzschnell auf Unvorhergesehenes reagieren muß, wird er alle Energien auf diesen einen "Punkt" zusammenziehen (d.h. *konzentrieren*!). Einen Moment später wird er feststellen, daß er seinen Mitreisenden *nicht mehr gehört* hat. Oder, daß seine Gedankenkette "abgerissen" ist. Oder, daß er die falsche Abzweigung genommen hat. Mit anderen Worten:

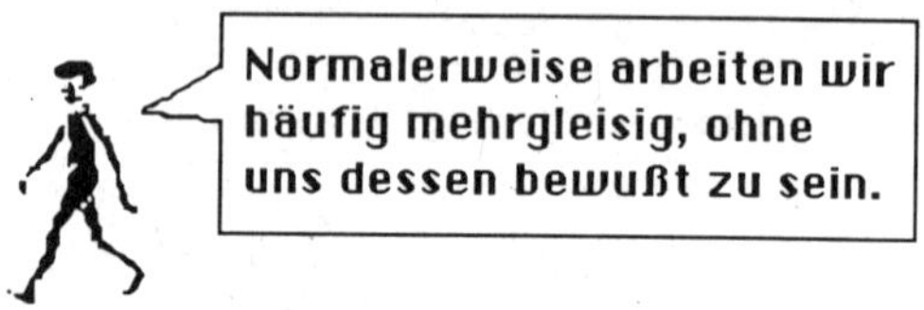

Nur in Momenten *höchster Konzentration*, wenn wir unsere gesamte Aufmerksamkeit auf einen bestimmten Aspekt *konzentrieren* müssen, wird unser Bewußtsein auf diesen "gebündelt", bis die Situation "gelöst" erscheint. Dies kann eine Gefahr sein oder etwas, was uns (noch) anstrengt. Wenn wir zum Beispiel jemandem zuhören müssen, dessen Aussprache undeutlich ist (oder dessen Stimme sehr leise ist), dann werden wir gezwungen, diesem Zuhören *mehr Energie* zu opfern, als wir dieser Tätigkeit normalerweise "geben" würden. Deshalb reagieren manche Menschen verärgert auf solche Mitmenschen. Andererseits hängt der Grad unserer Aufmerksamkeit, die wir einem Sprecher zuwenden müssen, auch sehr vom *Inhalt* seiner Rede ab. Je mehr *Redundanz* jemand sendet, desto weniger Energien "kostet" uns seine Botschaft. Mit Redundanz ist sprachlicher "Ballast" gemeint; unnötige Wörter, mit denen man dasselbe mehrmals ausdrückt (weißer Schimmel, schwarzer Rappe). Zur Redundanz rechnet man auch Bemerkungen, die feststellen, was jeder schon weiß. Wenn jemand im Sommer zum Fenster hinausblickt und bemerkt, daß das Wetter doch sehr schön sei, dann ist die Bemerkung redundant. Wohlgemerkt, dies ist *kein Werturteil*; es kann sehr schön sein, redundante Bemerkungen zu machen, nicht nur für Verliebte. Aber solche Aussagen kosten den Hörer eben nur einen Bruchteil der Energien, die er für *nicht-redundante* Botschaften aufbringen muß. So gibt es Menschen (oder Fernsehsendungen), die man leicht neben einer anderen Tätigkeit anhören kann, denn sie sagen immer nur dasselbe. Erzählt Ihnen hingegen jemand etwas, was Ihnen neu ist, und tut er das möglicherweise mit einem absoluten Minimum an Redundanz, dann müssen Sie sich ihm "voll zuwenden". Sehen Sie, *dieser Absatz enthält eine ziemlich hohe Redundanz!*

So ein Text liest sich natürlich schneller als eine Passage, die nur Neues bietet. Nun können wir schlußfolgern: Was für Sprache im allgemeinen gilt, muß natürlich auch für Texte in unserer Zielsprache gelten!

> **Ein "älterer" Text, den Sie bereits bearbeitet haben, ist *jetzt* relativ redundant, im Gegensatz zu der neuen Lektion, die Sie gerade erst beginnen. Also können Sie sich dem bekannten Text mit weit weniger Energie "widmen" als dem neuen!**

Denn als dieser Text Ihnen noch neu war, haben Sie ihn de-kodiert (bzw. dekodieren lassen). Danach haben Sie ihn in Phase *Hören/Aktiv* bewußt "bearbeitet". Aber *jetzt* geht es um "tonale" Aspekte, wie das Einspeichern des Klangbildes, der Sprachmelodie, des Tonfalls (der Aussprache). Und diese Aspekte müssen vom *rechten* Hirn gelernt werden. Dazu ist es überhaupt nicht nötig, daß Sie vollkonzentriert sind; d.h. daß Ihre linke Hirnhälfte sich einmischt. Im Gegenteil: Beim herkömmlichen Sprachenlernen sehen wir, daß gerade das bewußte Erarbeiten der Aussprache-Regeln meist nichts bringt, denn in der Regel klingen die Lernenden in jeder Sprache, die sie lernen, fast "gleich". Sie mühen sich zwar furchtbar ab, ein englisches "th" halbwegs richtig auszusprechen oder den französischen Nasal-Laut; aber letztlich klingen sie trotzdem fast so, als sprächen sie ihre Muttersprache.

Deswegen gehen wir jetzt einen anderen Weg. Sie haben während der ersten beiden Lernschritte *noch nichts gesagt*; Sie haben *nicht zu früh* krampfhaft versucht, die Ihnen noch neuen, unbekannten Laute auszusprechen. Sie sollen bitte *auch jetzt noch nicht* versuchen, den Text laut zu lesen oder andere Sprachversuche zu unternehmen. Erst *nach* dem *Hören/Passiv* werden Sie selber sprechen (wenn Sie wollen). Jetzt müssen Sie lediglich die *Lernmöglichkeit schaffen*, indem Sie Ihrer rechten Hirnhälfte die Chance geben, die "Tonalität" selbständig zu erlernen. Ohne Einmischung Ihres bewußten Denkens. Deshalb soll der Gehirn-Besitzer diese Aufgabe quasi delegieren! Denn die rechte Hirnhälfte kann dieses Lernpensum weit besser bewältigen, wenn die linke nicht mitmischt. Diese Tatsache nützen wir bei *Hören/Passiv* aus, und deshalb wird die Angelegenheit für uns jetzt sehr bequem.

Technische Details zum Kopieren der Kassette

Was Sie jetzt benötigen, ist eine Möglichkeit, den Text (der die ersten beiden Lernschritte bereits erfolgreich durchlaufen hat) nebenher zu hören. Dieses Abspielen im Hintergrund muß über längere Zeiträume (Minimum 30 Minuten) möglich sein. Über das *Vorgehen* sprechen wir anschließend, zuerst möchte ich jedoch die technischen Möglichkeiten andeuten.Wir nennen im folgenden den Text immer "Lektion", auch wenn es sich um einen anderen Text handelt, z.B. einen Teil einer Kurzgeschichte, eines Interviews etc. Denn zumindest anfangs wird es sich wohl oft um eine typische Lektion handeln.

• ENDLOS-KASSETTEN: Sie können die Lektion auf ein Endlos-Band kopieren (diese gibt es in Längen von 90 Sek. bis 12 Minuten zu kaufen). Zwar sind die Bänder relativ teuer, aber Sie sparen Zeit (s. nächster Punkt).

• NORMAL-KASSETTEN: Sie können die Lektion auch *mehrmals hintereinander auf ein normales Band kopieren*; Denn: Wenn Sie das Originalband benutzen und alle paar Minuten ans Gerät springen müssen, um zurückzuspulen, dann kann das Hören ja *nicht passiv* verlaufen. Außerdem leiden die Kassetten, wenn sie zu oft rückgespult werden; schon deshalb ist eine Kopie immer sicherer. Dann bleibt Ihr "Master-Band" jahrelang störungsfrei, weil es selten eingesetzt wird.

Das Problem hier ist natürlich die Tatsache, daß das Kopieren eines 60-Minuten-Bandes mehr Zeit in Anspruch nimmt, vor allem weil Sie für den Kopiergang ja wie ein Luchs aufpassen müssen, daß Sie *nur diesen Ausschnitt* mitschneiden, dann rückspulen, dann wieder den Ausschnitt dieser Lektion kopieren etc. Sie können sich die Arbeit allerdings wesentlich erleichtern, wenn Sie über ein Zwei-Kassetten-Gerät mit sogenanntem "High-Speed-Dubbing" verfügen, weil Sie jetzt mit doppelter Geschwindigkeit kopieren. Da beide Laufwerke im selben Gerät sind, ist das Überspielen natürlich höchst komfortabel. Bedenken Sie bitte auch: Sie können den *Überspielvorgang* ja zum *bewußten Hinhören* nutzen. Also eine ausgezeichnete Übung, wenn Sie den Text bereits so gut verstehen, daß Sie jedes Wort sofort begreifen können.

Technische Details zum Hören selbst
Das Hören selbst kann auf verschiedene Weise erfolgen; deshalb hier einige Ideen, insbesondere für Leser, die in der Vergangenheit noch nicht (viel) mit Kassettengeräten gearbeitet haben.

• ENDLOS-KASSETTEN: Wie der Name schon sagt, laufen diese Bänder endlos vom "Ende" wieder in den "Anfang" hinein; daher können Sie so lange gespielt werden, wie Sie wollen, ohne daß Sie das Gerät bedienen müssen. Zum Sprachenlernen optimal!

• AUTO-REVERSE-GERÄTE: Normale Bänder voller Wiederholungen eines Textes können mit einem Auto-Reverse-Gerät ebenfalls ohne Ihr Zutun so lange "vollautomatisch" wieder abgespielt werden, wie Sie wollen. Mit einem Auto-Reverse-Gerät können Sie auch sehr kurze Bänder benutzen, z.B. normale 30-Minuten-Bänder (= 15 Minuten pro Seite)!

• NORMALES HÖREN ÜBER LAUTSPRECHER: Das würde bedeuten, daß das Gerät z.B. "läuft", während Sie irgend etwas tun. In dem Fall hören Sie den Ton über den eingebauten (angeschlossenen) Lautsprecher. Dies entspricht dem normalen Zuhören, aber jetzt wollen Sie das Hören ja in den Hintergrund verlegen. Solange Sie allein im Raum (in der Wohnung) sind, stört es ja niemanden, wenn Ihre Lektion ertönt. Falls Sie jedoch Rücksicht auf andere nehmen müssen, denen Ihre Lektion "auf den Geist" gehen würde, können Sie mit anderen Möglichkeiten arbeiten:

• HÖREN MIT KOPFHÖRERN: Es gibt heute so federleichte Kopfhörer, die weder drücken noch Schweiß auslösen, daß wohl jeder einen finden kann, der ihn nicht behindert. Kopfhörer können sowohl an große Geräte als auch an die Kleingeräte (Walkman, Diktiergeräte) angeschlossen werden, so daß sie insbesondere dann interessant werden, wenn Sie auch außerhalb von Wohnung oder Büro *Hören/Passiv* betreiben wollen.

Noch zu beachten ist, ob der Kopfhörer offen oder geschlossen ist. Beim geschlossenen Typ (der vor einigen Jahren Mode war) hören Sie nichts von den normalen Geräuschen um sie herum. Einige sind sogar so hervorragend isoliert, daß nicht einmal die Telefonklingel durchdringt. Dies gilt im besonderen Maß, wenn der Träger laute Musik hört!

Heutzutage sind die meisten Kopfhörer offen; das bedeutet nicht nur, daß man am Ohr nicht schwitzen muß, sondern auch, daß die Umweltgeräusche ungehindert zu Ihnen durchdringen. Deshalb könnte man sie theoretisch auch im Straßenverkehr (z.B. beim Radeln) tragen. Die Polizei hat sie verboten; nicht, weil man die Umwelt nicht hören würde, sondern weil gerade junge Menschen ihre Musik so laut einstellen, daß auch der offenste Kopfhörer ein Gefahrenmoment darstellt!

• HÖREN MIT MINI-HÖRERN: Der letzte Schrei sind Miniatur-Hörer, die man ins Ohr steckt. Sie sind fast unsichtbar und federleicht. Sollten Sie den Druck im Ohr nicht mögen: Ein Stirnband mit aufgenähten Mini-Taschen (außen, über den Ohren liegend) löst auch dieses Problem. Und wenn Sie das Kabel hinten (im Nacken) in die Oberbekleidung leiten, wird kaum jemand etwas merken.

• HÖREN MIT HINTEROHR-LAUTSPRECHER: Fast genau so unauffällig wie die Mini-Hörer ist der Hinterohr-Lautsprecher. Es ist dies ein Miniatur-Lautsprecher, wie er auch in kleinen Kopfhörern Verwendung findet. Er ist in einen Plastikbügel eingebettet, den man über das Ohr "hängt", so daß der Bügel hinter dem Ohr ist, während der kleine Sprecher genau vor das Ohr zu "liegen" kommt. So ein Mini-Sprecher kann recht elegant unter einer Mütze, einem Stirnband oder einem Tuch versteckt werden, ist also für Auftritte in der Öffentlichkeit geeignet, wenn Sie sich nicht mit Kopfhörern zeigen wollen. Damit sitze ich manchmal im Café und übe ein arabisches Diktat...

• HÖREN MIT KNOPF IM OHR: Sicher kennen Sie die Miniatur-Sprecher, welche bei transportablen Kleingeräten meist automatisch dazugeliefert werden. Auch sie können für Hören/Passiv verwendet werden; allerdings klagen manche Menschen über den Druck im Ohr. In diesem Fall wäre der Hinterohr-Lautsprecher (s. oben) sicher besser geeignet.

• HÖREN MIT KISSEN-LAUTSPRECHER: Hierbei handelt es sich um einen kleinen, extrem flachen Lautsprecher, den man, wie der Name andeutet, unter das Kopfkissen legen kann. Aber man kann ihn natürlich auch an anderen Orten benutzen, z.B. auf Reisen, im Sommer, beim Baden etc.

Vorgehen

Der Lernschritt *Hören/Passiv* besteht im *Nichthören* der Lektion; d.h. darin, daß Sie *absolut nicht* bewußt zuhören. Das ist sehr wichtig! Natürlich können Sie manchmal die Lektion laufen lassen, während Sie nebenher aufräumen oder basteln und dabei dem Text lauschen. Das ist jedoch *bewußtes Zuhören* und gehört in die *Phase 4* (Selber tun).

> **Bei *Hören/Passiv* gibt es nur eine einzige Grundvoraussetzung, und das ist die, daß Sie *wirklich nicht zuhören*! Deshalb sollen Sie *Hören/Passiv* durchführen, während Sie mit etwas anderem beschäftigt sind!**

Je konzentrierter diese andere Tätigkeit ausgeführt werden muß, desto *besser* ist es! Deshalb sollte die Lektion ziemlich leise laufen. Bei *Hören/Passiv* verbinden wir zwei Vorteile: Erstens durchlaufen wir einen Lernschritt mit diesem speziellen Text, und zweitens nützen wir die Tatsache aus, daß ja jedes

Hören der Zielsprache (bewußt oder passiv) immer einem *Mini-Aufenthalt* im Lande Ihrer Zielsprache gleicht...

Bei welchen Situationen kann man nun passiv hören? Eigentlich sind Ihrer Phantasie hier keine Grenzen gesetzt; trotzdem möchten die Teilnehmer im Seminar zunächst immer einige konkrete Vorschläge hören. Also, bitte, hier sind einige, wobei Sie diese bitte nach dem Motto "Mix and Match" aufnehmen sollten; d.h. wenn auf der *Terrasse* vom *Lesen* gesprochen wird, hätte dies natürlich auch im *Wohnzimmer* geschehen können! Dies sollen ja nur einige erste Anregungen sein, um Ihre Phantasie zu beflügeln...

• IN DER WOHNUNG: Ob man nun einem Hobby nachgeht, zuhause am Schreibtisch arbeitet oder fernsieht (s. Parellel-Lernen, unten): Solange diese Tätigkeit Ihre Konzentration in Anspruch nimmt, können Sie *Hören/Passiv* durchführen.

• IM GARTEN, AUF DER TERRASSE: Warum nicht einmal in Ruhe auf der Terrasse sitzen und Fachzeitschriften lesen, während Sie *passiv hören*?

• BEIM GASSI-GEHEN: Wer dazu neigt, Spaziergänge mit dem Hund zum konzentrierten Nachdenken zu nutzen, kann auch dabei *Hören/Passiv* durchführen. Wer hingegen weniger konzentriert spazierengeht, kann solche Gänge für *aktives Hören* (Phase 4) nutzen, sollte dies aber nicht mit *Hören/Passiv* verwechseln.

• AUF NAHFAHRTEN: Wer bei der Fahrt zur Arbeit in S-Bahn oder Bus normalerweise konzentriert Zeitung (Bücher) liest, könnte diese Fahrten auch gut *zusätzlich* für *Hören/Passiv* nutzen.

• AUF FERNREISEN: Wer häufig Fernreisen macht, sollte bedenken, daß gerade Wartezeiten gut genutzt werden können. Sowohl für *aktives Hören* (Phase 4), aber auch für *Hören/Passiv*, wenn Sie dort normalerweise lesen, d.h. sich auf etwas konzentrieren, z.B. am Flughafen am Gate (= Warteraum direkt vor dem Einsteigen) oder im Flugzeug selbst.

• AM ARBEITSPLATZ: Das geht nicht immer, aber manchmal ist es möglich, insbesondere, wenn Sie einen der unauffälligeren "Lautsprecher" verwenden (s.oben).

• FAST ÜBERALL: Eigentlich müßten Ihnen jetzt einige Situationen eingefallen sein, die für Sie persönlich in Frage kommen...

Übrigens, falls Sie sich wundern, warum das **Auto** in der Aufstellung fehlt, so ist des Rätsels Lösung ganz einfach: Vor einiger Zeit verursachte ein Autofahrer einen Unfall. Er begründete seine momentane Gedankenabwesenheit mit der Behauptung, er habe einer Sprachkassette gelauscht und sei daher abgelenkt gewesen. Tatsächlich bestimmte der Richter, daß Hersteller solcher Kurse dem Käufer *nicht mehr raten dürfen*, die Kassetten beim Fahren zu hören! Das ist die Rechtslage. Zwar könnte man bedenken, daß *Hören/Passiv* Ihre Aufmerksamkeit ja *eben nicht* beansprucht, aber die Rechtslage ist trotzdem so, daß ich Ihnen *nicht raten darf*, im Auto Sprachkassetten zu hören, es sei denn, Sie sind der Beifahrer und benutzen einen Walkman, um den Fahrer nicht zu stören.

Parallel-Lernen?
Für Menschen, die ja auch andere Lern-Vorgänge bewältigen müssen (Schüler, Studenten), bietet es sich natürlich an, die Phase *Hören/Passiv* zu absolvieren, *während* man Mathematik oder Geschichte lernt. In diesem Fall können wir von *Parallel-Lernen* sprechen!

Übrigens könnten auch Sie eine Art von Parallel-Lernen durchführen, wenn Sie z.B. während einer Fernsehsendung *passiv hören* würden. Ob es sich dabei um eine lehrende Sendung (Tele-Kolleg) oder um eine informative bzw. sogar um einen Krimi handelt, ist völlig egal, *solange diese Sendung Ihre Konzentration in Anspruch nimmt!* Das *Hören/Passiv* ist mit offenen Kopf- bzw. Mini-Hörern sehr leicht möglich. Es bietet sich insbesondere dann an, wenn Sie für *Hören/Passiv* nicht viel Zeit erübrigen können, weil Sie täglich viele Stunden mit anderen Menschen sprechen oder verhandeln müssen. Denn selbst Menschen, die "nie" Zeit haben, sehen doch meist einige Stunden pro Woche fern. Falls Sie dies ausprobieren wollen, lassen Sie den Sprachtext so leise laufen, daß Sie ihn fast nicht mehr wahrnehmen können. Es funktioniert, garantiert! (Mehr Details über Parallel-Lernen finden Sie in Kap. 7 in: *Stroh im Kopf?*)

Wie wollen Sie anfangen?
Hier kann Ihnen niemand raten, denn hier scheiden sich die Geister enorm. Bei diesem Lernschritt sind 1001 Variationen möglich. Was dem einen gefällt, findet der nächste absolut unmöglich! Ich hoffe, daß die Anregungen ausreichen, um Ihnen erste Ideen zu geben. Hauptsache, Sie beginnen erst einmal. Bald finden Sie automatisch "Ihre" Lieblings-Situationen...

Die Zeitfrage
Nehmen wir einmal an, Sie beginnen mit Lektion 1 am Montag mit der Phase *Hören/Passiv*. Zwar *sollen* Sie nicht bewußt hinhören, aber ab und zu wird es doch passieren, daß Sie die Hintergrund-Kassette doch bewußt registrieren. In solchen Momenten merken Sie, wie vertraut der Text inzwischen geworden ist. Denn wer später hauptsächlich lesen möchte, kann leicht entscheiden, daß er jede Lektion ca. drei Stunden lang passiv "durchlaufen" läßt. Wer sich aber später hauptsächlich unterhalten will, fragt sich ja, wann er selbst den Punkt erreicht hat, an dem er beginnen kann, Sprechübungen mit diesem Text zu

machen, d.h. zum Lernschritt 4 (Aktiv tun) überzuwechseln. Bitte bedenken Sie: Die Erfahrung hat gezeigt, daß die meisten Lerner sehr wohl genau wissen, wann der richtige Zeitpunkt für Sprech-Übungen erreicht ist. So kann es sein, daß Sie am Donnerstag zum ersten Mal das Gefühl haben: "Jetzt könnte ich einmal versuchen, den Text laut zu lesen."

> **Trauen Sie Ihrem Gefühl! Das heißt aber auch: Beginnen Sie *keinesfalls* mit Sprechübungen, ehe Sie diesen Punkt erreicht haben.**

Denn eine der Gefahren des herkömmlichen Lernens ist ja gerade, daß man zu früh mit dem Sprechen beginnt! Vertrauen Sie hier bitte Ihrer Intuition (die ebenfalls in der rechten Hirnhälfte beheimatet ist)! Denn der wesentliche Vorteil des dritten Lernschrittes besteht ja gerade darin, daß Sie Ihre rechte Hirnhälfte *für Sie arbeiten lassen.* Wenn Sie diesen Schritt zu früh abbrechen, bringen Sie sich aber um diesen Vorteil! Vielleicht kennen Sie die Story von Till EULENSPIEGEL:

> Er saß am Wegesrand, als eine Kutsche mit vier Pferden aus der Entfernung anraste und dann vor ihm hielt. Der Kutscher schrie: "Wie weit ist es noch zur Stadt?" EULENSPIEGEL antwortete: "Zehn Minuten, *wenn Sie langsam fahren.*" Darauf der Kutscher: "Idiot!" Er drosch auf die Pferde ein und raste weiter. EULENSPIEGEL begann langsam, selbst in Richtung Stadt zu wandern. Als er eine halbe Stunde gegangen war, begegnete er dem Kutscher, dessen Fahrzeug im Graben lag.
> "Was ist passiert?"
> "Achsenbruch."
> "Sehen Sie", (sagte der Schelm) "ich hatte Ihnen doch gesagt: zehn Minuten, *wenn Sie langsam* fahren!"

So ähnlich ist es bei der Phase Hören/Aktiv auch: Merke:

> **Versuchen Sie nicht am falschen Fleck, Zeit zu sparen, denn die "bezahlen" Sie garantiert später. Damit aber würden Sie einen derjenigen Aspekte zerstören, der meine Methode so erfolgreich macht. Und Sie würden letztendlich doch weit mehr Zeit brauchen!**

Lassen Sie mich an dieser Stelle darauf verweisen, daß einige Teilnehmer zunächst meinten, mein System "funktioniere" nicht. Wenn wir aber dann nachforschten, ergab sich immer, daß ein wichtiger Aspekt nicht berücksichtigt worden war. So hatte der Betroffene vielleicht bei *Hören/Passiv* doch immer "zugehört" oder bei Schritt 2 nicht den de-kodierten Text, sondern die Zielsprache mitgelesen (was nur Fortgeschrittene tun sollten, weil ihnen ja nur *Teile* des Textes neu sind). Bitte bedenken Sie, daß Sie es erst einmal gemäß der Anweisung versuchen sollten, ehe Sie Ihre endgültige Meinung bilden! Probieren Sie, die wichtigen Aspekte zunächst *ganz exakt* einzuhalten. Wenn Sie dann schnell Fortschritte machen und Erfolgserlebnisse haben, machen Sie automatisch so weiter! Je weiter Sie aber kommen, desto überzeugter sind Sie auch. Dann aber ist es leicht, richtig weiterzumachen.

Wie lange braucht man nun für einen Lektionstext, bis man *Hören/Passiv* mit diesem Text beenden kann? Es ist klar, je mehr Sie *passiv hören*, desto eher erreichen Sie den Punkt, an dem der Text so vertraut wird, daß Sie zu Phase 4 gehen können. Aber es spielen eine Menge anderer Faktoren mit, so daß man keine Pauschalantwort geben kann. Hier einige Hinweise:

• Vorkenntnisse: Wer vor vielen Jahren einmal mit einer Sprache angefangen hatte (z.B. gezwungenermaßen in der Schule), dann aber abbrach und Jahre oder jahrzehntelang nichts mehr getan hat, hat dennoch Vorkenntnisse. Diese machen sich natürlich bemerkbar.

• Vertrautheit: Wer die Klänge seiner Zielsprache schon oft gehört hat (z.B. im Urlaub oder in der Firma oder Nachbarschaft), wird unbewußte Vorkenntnisse aktivieren können. Also hat auch er einen Vorteil.

• Sprachfamilien: Wer die Sprachfamilie bereits kennt, weil er z.B. Französisch kann und jetzt Spanisch lernen will, wird sich ebenfalls leichter tun als jemand, der bisher nur skandinavische oder slawische Sprachen gehört hatte.

Übrigens: Wer irgendeine romanische Sprache (z. B. Latein, Italienisch) kennt, wird sich bei *Englisch* sehr leicht tun, und umgekehrt. Viele englische Wörter (ca. 50 %) haben nämlich *romanische* Wurzeln.

Sie sehen, es kann sein, daß Ihr Zeitbedarf ein anderer ist; aber der statistische Durchschnittswert liegt bei ca. 90 - 180 Minuten *Hören/Passiv* pro Lektion, wenn keine (oder nur wenige) Vorkenntnisse vorhanden sind.

Kapitel 6
Schritt 4: Selber-Tun

Dieses Kapitel wird zu jeder der vier Grundfertigkeiten (Hören, Lesen, Sprechen, Schreiben) konkrete Hilfestellungen geben. Die folgenden Kapitel enthalten zahlreiche Hinweise, die mit den Ideen dieses Kapitels natürlich verbunden werden können (sollten). Lassen Sie mich den bisherigen "Weg" *des Textes, mit dem Sie jetzt in den letzten Lernschritt "eintreten"*, noch einmal kurz zusammenfassen:

1. De-kodieren (wobei es relativ gleichgültig ist, ob Sie selber de-kodieren oder de-kodieren lassen.)

2. Hören/Aktiv; diese Phase gilt als abgeschlossen, wenn Sie den Text vollkommen verstehen, ohne die De-Kodierung mitzulesen. Jetzt haben Sie zu jedem Wort eine klare Vorstellung, ob diese nun bildhaft ist (wie eine Szene im Café) oder aber "nur so" gut verstanden wird (wie der Satz aus dem tunesischen Kinderfilm, welcher besagt, daß das Fliegen bis zum zwanzigsten Jahrhundert nur ein Traum für uns Menschen war).

3. Hören/Passiv; die Phase des Lernen-*Lassens*, durch welche Ihre rechte Hirnhälfte die Tonalität (Aussprache, Tonfall, Sprachmelodie etc.) lernt.

Jetzt überlegen Sie, was Sie im vierten Lernschritt *mit diesem Text* anfangen wollen. Und ab hier trennen sich die Wege der Lernenden. Denn nun kommt es nur noch darauf an, was *Sie* erreichen wollen. Ab jetzt gibt es *nichts* mehr, was Sie "so und nicht anders" tun sollten. Das Buch wird also nur noch Ideen unterbreiten, von denen einige Sie mehr ansprechen werden als andere. Erinnern Sie sich an den eingangs gemachten Vorschlag; er ist ab jetzt besonders sinnvoll: Lesen Sie mit einem farbigen Leuchtmarker, und markieren Sie alle Ideen, die Ihnen persönlich gefallen! Betrachten Sie die Anregungen als eine Art *geistigen Bazar*, auf dem Sie auswählen werden, was Ihnen gefällt...

1. Hören

Wie schon im letzten Kapitel angedeutet wurde, bedeutet die Forderung, daß Sie in Lernschritt 3, *Hören/Passiv* absolut *nicht* zuhören sollen, ja keinesfalls, daß Sie die Texte *nie* bewußt hören dürfen! Nur, wenn Sie *bewußt zuhören*, dann gehört dieses Hören eben zum *vierten* Lernschritt, weil Sie ja aktiv etwas tun! Theoretisch können Sie einen bestimmten Text natürlich auch schon vorher einmal hören, aber sinnvollerweise sollte es der vierte Schritt mit *diesem* Text sein. Denn jetzt haben Sie ja etwas davon! Jetzt erleben Sie positive Gefühle, weil Sie alles verstehen. Jetzt gehen Ihnen immer mehr "Lichter auf", weil Sie immer mehr Nuancen wahrnehmen und bewußt registrieren!

Nebenbei bewußt hören

Es gibt viele Möglichkeiten, aktiv zu hören, wobei einige davon "nebenbei" durchgeführt werden können. Diese zeitsparende Methode eignet sich für alle, die gerne mehrere Dinge gleichzeitig tun können/wollen. Testen Sie sich:

Mini-Quiz

1. Wenn Sie ein Verkehrsmittel lenken (Auto, Fahrrad), können Sie sich dann gleichzeitig unterhalten bzw. könnten Sie dabei einen Radiobericht hören (z.B. Nachrichten, Kommentar, ein Interview)?
[] JA, das tue ich regelmäßig [] Jein, nur bedingt [] NEIN

2. Wenn Sie zuhause etwas tun, können Sie dann eine anspruchsvolle Sendung nebenbei hören (z.B. beim Aufräumen, in der Küche, im Badezimmer, etc.)
[] JA, das tue ich regelmäßig [] Jein, nur bedingt [] NEIN

3. Können Sie neben dem Fernsehen etwas anderes tun (z.B. in einer Zeitung blättern und dort stellenweise lesen oder basteln oder eine Patience legen etc.)? **[] JA, das tue ich regelmäßig [] Jein, nur bedingt [] NEIN**

4. Gibt es weitere Situationen, die Ihnen einfallen, bei denen Sie zwei oder mehr Dinge gleichzeitig tun (könnten)?
[] JA, sicher [] Jein, nicht unbedingt [] NEIN

Nun, Sie sehen es selbst! *Wenn* Sie der Typ sind, der parallel arbeiten kann (will), dann können Sie eine Menge Sprachkassetten nebenbei hören. Dabei hören Sie weitgehend bewußt zu, aber immer wenn die andere Tätigkeit Ihre Aufmerksamkeit (vorübergehend) ganz in Anspruch nimmt, vergessen Sie zeitweise die Kassette. Das macht gar nichts, denn im Gegensatz zu einer Life-Sendung im Radio oder Fernsehen versäumen Sie ja hier nichts, was später nicht erneut abgespielt werden könnte!

Aber denken Sie bitte nicht nur an Lektionstexte. Wenn Sie eine Radiosendung oder den Ton einer Videoaufzeichnung mitgeschnitten haben (vgl. Kap.7), dann sollten Sie diese ebenfalls immer wieder abspielen. Das ist besonders dann günstig, wenn Sie relativ wenig zuhören werden. Damit simulieren Sie wieder einen kleinen "Aufenthalt" im Ausland, und Sie bieten Ihrem Gehirn bereits "ganz normale" Klänge an, während die Lektionen in der Regel überdeutlich und relativ langsam gesprochen werden.

Ganz bewußt hören
Es ist interessant, daß Sie zu diesem Zeitpunkt in der Regel den Lektionstext (fast) auswendig hersagen könnten, wiewohl Sie das ja nicht speziell angestrebt hatten. Dies ist quasi ein Nebeneffekt der ersten drei Lernschritte. Eine gute *aktive Hör-Übung* besteht darin, bewußt sicherzustellen, daß Sie wirklich jeden Satz "voraussagen" können. Ob Sie dies innerlich tun oder tatsächlich sprechen, ist egal. Hören Sie also den Text, Satz für Satz, wobei Sie testen, ob Sie den nächsten Satz(teil) bereits können, ehe Sie ihn hören.Wenn das der Fall ist, ist diese Lektion, was das *Hören* angeht, abgeschlossen.

2. Lesen

Wenn Ihr Ziel überwiegend das Lesen ist, dann werden Sie zwar zunächst Ihre Lektionstexte lesen wollen, aber Sie möchten doch sicher so bald wie möglich zu anderen Texten übergehen. Daher folgen Bemerkungen zu beiden Zielstellungen.

Lektionstexte lesen
Sie werden erstaunt sein, wie flüssig Sie bereits erarbeitete Lektionen nun lesen können. Wenn Sie hingegen vergleichen, wie schwer die meisten Schüler sich mit Lektion 12 tun, selbst wenn sie in der Schule bereits bei Lektion 15 angekommen sind, dann wissen Sie, was ich meine. Dasselbe gilt für Besucher von Kursen: Kaum jemand hat die vergangenen Lektionen wirklich im Griff. Deshalb ist das Weiterschreiten ja auch so furchtbar anstrengend. Nicht so bei unserer Methode! Sie werden im Eiltempo durch "alte" Texte hindurchlesen; auch Monate später, falls Sie eine Zwangspause eingelegt haben. Beispiel: Ich hatte ursprünglich mit Arabisch nach meiner Methode angefangen, dann aber über sechs Jahre lang nichts getan (weil ich erstens einige Bücher schrieb und zweitens in der Zeit mit Japanisch, Chinesisch und Hindustani begann). Aber als ich nach all den Jahren einen zweiten Arabisch-Start wagte, da merkte ich, daß ich inzwischen maximal 10% des damals Gelernten *vergessen* hatte, während Seminar-Teilnehmer mir immer berichten, sie hätten in vergleichbaren Situationen nur ca. 10% des alten Lernstoffes *behalten...*

Andere Texte lesen
Der in Kap. 2 erwähnte Dr. TEICHMANN mit seiner "praktischen Methode" schlug vor 100 Jahren nicht nur das wörtliche Übersetzen vor, sondern er

hatte noch einen interessanten Denk-Ansatz bezüglich des Lesens, den ich Ihnen vorstellen möchte. Ich könnte mir nämlich sehr gut vorstellen, daß sein Vorschlag (mit gewissen *Abweichungen*, auf die wir eingehen werden) durchaus Erfolg haben kann! Nachdem der Kurs von Dr. TEICHMANN Französisch lehrt, setzen Sie bitte für "Französisch" in seinen Aussagen die Sprache ein, die Sie gerade lernen wollen.

Jetzt gehe ich wie folgt vor: Sie lesen gleich, was Dr. TEICHMANN vor 100 Jahren gesagt hat (*in diesem Schrifttyp*), während meine Kommentare dazwischen in dieser (normalen, aber etwas kleineren) Schrift eingestreut werden. Stellen Sie sich bitte vor, Dr. TEICHMANN und ich würden je ein Seminar geben; *er vor 100 Jahren* und ich *heute*. Und Sie säßen in einer Zeitreisemaschine und könnten blitzschnell zwischen diesen beiden Ereignissen umschalten...

Nachdem der Lernende ... (ca. 10 Lektionen eines Kurses) schriftlich ... gehörig durchgearbeitet hat, verschaffe sich derselbe mit Hilfe eines erfahrenen Buchhändlers einige ihm dem Inhalte nach bereits bekannte Werke seines Lieblings-Schriftstellers in französischer Übersetzung oder in französischen Original-Ausgaben.

Ich möchte zu bedenken geben, daß **Übersetzungen in die Zielsprache** anfänglich besser sind, weil sie stilistisch leichter aufgebaut sind als ein Text, der in dieser Sprache gedacht und gefühlt worden war. Also, wer englische Romane lesen möchte, könnte z.B. einen George Simeon auf englisch lesen, während ein anderer z.B. einen Perry-Mason-Roman auf französisch beginnt.

Romane, welche viele Gespräche enthalten, sind anfänglich vorzuziehen.

Besonders geeignet zum Einstieg sind m.E. **Kriminalromane** nicht nur, weil sie in der Regel viele Dialoge enthalten, sondern auch, weil fast jeder Autor seine Kriminalromane nach einem bewährten "Strickmuster" bastelt. Die Fans von Miss Marple, Hercule Poirot, Nero Wolfe oder Perry Mason wissen, dies zu bestätigen! Anfangen könnte man z.B. mit Perry Mason-Romanen (von Earle Stanley GARDNER) in *jeder* Sprache (hier ist selbst das englische Original leicht verständlich), danach könnte man zu Rex STOUTs Nero Wolfe "aufsteigen" und als letztes Agatha CHRISTIEs Bücher in Angriff nehmen, denn sie hat von den dreien durch ihren etwas altertümlichen Satzbau mit Abstand den komplexesten Stil; daher sollte man schon einigermaßen gut lesen können, ehe man ihre Texte in einer neuen Sprache angeht. Für mich ist Agatha Christie (in der Übersetzung in meine derzeitige Zielsprache) immer der *letzte* Test, ehe ich auf Original-Bücher dieser Sprache übergehe.

Nun lese er, ohne ein Wörterbuch aufzuschlagen und ohne Rücksicht auf volles Verständnis, täglich mindestens eine Stunde, und zwar:

im 1. Monat	*ungefähr*	*5 Seiten*	*stündlich*
im 2. Monat	*ungefähr*	*10 Seiten*	*stündlich*
im 3. Monat	*ungefähr*	*15 Seiten*	*stündlich*
im 4. Monat	*ungefähr*	*20 Seiten*	*stündlich*
im 5. Monat	*ungefähr*	*30 Seiten*	*stündlich*
im 6. Monat	*ungefähr*	*40 Seiten*	*stündlich*

von der Größe dieses Buches.

Nun, vor hundert Jahren konnte man davon ausgehen, daß ein Erwachsener, der eine Fremdsprache lernen wollte, jede Menge Zeit dazu hatte. Heute jedoch, im Zeitalter der Elektronik, können wir eine Menge Lernarbeit via Kassetten an unser Unbewußtes delegieren; aber ich meine, man sollte den Versuch einmal wagen, indem man jeden Tag 10 Minuten lang liest, ob man nun versteht oder nicht. Allerdings möchte ich Ihnen vorschlagen, nach Beendigung des Buches kein neues zu nehmen (wenn Sie weniger als 30-40% des Inhaltes begriffen haben), sondern dasselbe Exemplar wieder von vorne anzufangen! Ich stelle es mir weit motivierender vor, im **selben** Text, beim zweiten Durchgang schon **weit mehr** und beim dritten Durchgang schon **fast alles zu verstehen!** (Was mit Sicherheit geschieht, wenn Sie zwischenzeitlich mit unserer Methode weitermachen).

Die erste Lektüre ohne Wörterbuch stößt bei fast allen auf scheinbar unüberwindliche Hindernisse; jeder Lernende sträubt sich dagegen, indem er sagt: 'Wozu soll ich denn etwas lesen, was ich doch nicht verstehe? Mir fehlen ja noch viel zu viel Vokabeln!'

Sie sollten die Einwände einmal hören, welche manche Teilnehmer zunächst gegen das gehirn-gerechte Lernen vorbringen! Erstens "frißt" der Bauer nicht gerne, "was er nicht kennt!" Das ist ein Problem für jeden, der Neues vorstellt, ob das nun Dr. TEICHMANN vor hundert Jahren war oder ich heute. Und zweitens haben die meisten Menschen relativ wenig Phantasie, wenn sie durch Schul- und Ausbildung zum Gehirnmuffel gemacht worden sind. Dann glauben sie zwar einerseits, Lernen müsse so ablaufen, wie sie es kennen, während sie andererseits glauben, sie selbst seien dafür ungeeignet, sie hätten ein schlechtes Gedächtnis, sie wären nicht sprachbegabt etc. Aber Sie, die Sie mir bis hier gefolgt sind, wissen es inzwischen besser, gell?

Wenn jedoch der Lernende den obigen Vorschriften folgt und g e e i g n e t e Bücher liest, so sagt er in der Regel nach Beendigung des ersten Bandes: 'Ich habe aber fast gar nichts verstanden.'... nach Beendigung des zweiten Bandes: 'Ich habe aber nur sehr wenig verstanden.' ... nach Beendigung des dritten Bandes: 'Ich habe den Inhalt teilweise erraten'. ... nach Beendigung des vierten Bandes: 'Ich habe so ziemlich verstanden, um was es sich handelt.' ... nach Beendigung des 5. Bandes: 'Ich verstehe den Inhalt ganz gut, manche Seiten verstehe ich vollständig.' ... nach Beendigung des sechsten Bandes: 'Es ist gar nicht so schwer, wie ich dachte; ich verstehe den Inhalt vollständig, ohne jedoch jedes einzelne Wort zu verstehen. Ich habe durch Erraten sehr viele neue Wörter gelernt und mich durch Nachschlagen im Wörterbuch von Zeit zu Zeit überzeugt, daß ich richtig geraten habe. Die Lektüre macht mir jetzt viel Vergnügen; ich hätte nicht gedacht, daß ich eine fremde Sprache so schnell erlernen würde."

Wie oben angedeutet, müssen es ja nicht *mehrere* Bücher sein; wenn Sie also ein Buch mehrmals so durcharbeiten würden, dann gälten die Aussagen Dr. TEICHMANNs für die jeweiligen *Durchgänge*. Ich bin überzeugt davon, daß jemand, der mit unserer Methode arbeitet, mit weit weniger Lesezeit ähnlich spektakuläre Ergebnisse erzielen wird. Aber erst *Ihre* Versuche werden zeigen, ob diese Vermutung stimmt. Bitte schreiben Sie an die GABAL oder an mein Institut, wie es Ihnen ergangen ist, damit wir für eine spätere Auflage möglichst viele Ergebnisse haben.

Die Lektüre ohne Wörterbuch bezweckt die Ausbildung des Sprachgefühls; es ist ganz erstaunlich, welche Fertigkeit man in dem Erraten der Bedeutung vollständig unbekannter Wörter erlangen kann, so daß man nach einigen Monaten durch tägliche Übung mit Leichtigkeit französische Werke versteht. Die Lektüre muß vor allen Dingen den Lesenden anregen und so interessant sein, daß derselbe ganz vergißt, daß er nicht seine Muttersprache liest...

Sie haben also nun zwei Möglichkeiten: Einmal, daß Sie sich nur an Texte heranwagen, die Sie bereits einigermaßen verstehen können – so wie man ja auch "normalerweise" vorgeht. Darüber hinaus könnten Sie aber doch den Versuch wagen, *10 Minuten pro Tag* mit Materialien zu arbeiten, die weit über Ihr derzeitiges Auffassungsniveau in dieser Sprache hinausgehen. Ich garantiere Ihnen, daß Dr. TEICHMANNs Plan "funktioniert"!!

Lesematerial

Was das Lesematerial angeht, das Sie auswählen sollten, wenn Sie über die ersten Hürden hinweggesprungen sind, möchte ich andeuten, daß heutzutage zu jedem Thema (von Astrophysik bis zum Liebesleben der Fische) Bücher erhältlich sind, so daß auch Lerner, die kein Interesse an Kriminalromanen haben, insbesondere solche, die lieber Sachthemen lesen, jede Menge finden können. Bedenken Sie bitte auch, daß die Krimis mit ihren vielen Dialogen gerade für Menschen geeignet sind, die später selbst aktiv sprechen wollen. Auch geeignet sind natürlich Theaterstücke und Hörspiele, die man bekannterweise ja auch in Buchform "konsumieren" kann. Falls Sie dies wollen, wäre der Dialog-Farb-Trick in Kap. 7 für Sie bestimmt von Interesse.

Wer aber später hauptsächlich informative Texte lesen will, hat an Dialogen ja wenig Bedarf. Deshalb sind Sach-Texte für ihn geeigneter. Wenn Ihr Fachgebiet feststeht, werden Sie sowieso zahlreiche Bücher aus Ihrer Zielsprache auf Ihrer "Leseliste" haben (weil diese in anderen Werken bereits zitiert wurden). Wenn Sie aber informative Texte zu unterschiedlichen Themenbereichen suchen, dann gilt es zu bedenken: Zwar hat man nicht immer einen international sortierten Buchladen um die Ecke, aber wenn Sie eine gute Bibliothek in Ihrer Nähe haben, die auch ausländische Bücher führt, könnten Sie in Ruhe wählen, um ein Buch, das Ihnen gefällt, bei Ihrem Buchhändler zu bestellen. Und vergessen Sie Bahnhofs- und Flughafen-Buchläden nicht. Hier finden Sie nämlich nicht nur Bücher in verschiedenen Sprachen (vom Krimi bis zum Sachbuch), sondern darüber hinaus Zeitungen und Zeitschriften.

Mit Übersetzungen parallel lesen

Das ist eine prima Art und Weise, sich einen fremden Text zu "er-lesen": Nehmen wir an, Sie besitzen ein Werk in zwei (oder mehr) Sprachen. Denken Sie z.B. an berühmte Romane, die in verschiedene Sprachen übersetzt wurden. Ich schlage Ihnen jetzt zwei Vorgehensweisen vor; probieren Sie aus, welche Ihnen besser gefällt. Und bedenken Sie bitte, wer den zweiten Vorschlag annimmt, kann zusätzlich 10 Minuten am Tag im Sinne von Dr. TEICHMANN mit schwierigen Texten arbeiten. Der zweite Vorschlag ist kein Ersatz, sondern etwas, was man *auch* tun kann! Denn diese Empfehlung zum Thema Lesen wendet sich ja vor allem an diejenigen unter Ihnen, die besonders gerne (oder viel) lesen wollen!

1. Satz für Satz: Sie lesen abwechselnd in beiden Büchern, wobei Sie sich wie in Zeitlupe Satz für Satz vortasten. Diese Methode ist vor allem dann sinnvoll, wenn Sie beim Lesen des Vorschlages von Dr. TEICHMANN oben "das große Grausen" empfanden, wenn Sie also dachten, daß *Sie* das auf keinen Fall jemals ausprobieren würden! Denn es gibt Menschen, die die innere Unsicherheit nicht gut vertragen, die zwangsläufig auftaucht, wenn einzelne Wörter oder gar halbe Sätze nicht begriffen werden können. Wenn Sie also Satz für Satz vergleichen, notfalls Passagen im Zielsprache-Text ins Deutsche dekodieren, dann können Sie so *wesentlich schneller* in der Fremdsprache lesen, als wenn Sie nur mit Lektionstexten "den Punkt" erreichen wollten, an dem dies möglich ist.

2. Szene für Szene: Sie sind anders "gelagert" als der eben erwähnte Leser. Sie denken sich absolut nichts dabei, wenn Ihnen nicht jedes einzelne Wort klar ist, solange Sie die "große Linie" verstehen. Also gehen Sie wie folgt vor: Sie lesen im deutschen Text, bis Sie einen Absatz oder eine Szene (die über mehrere Absätze gehen kann) "eingefangen" haben. Zum Beispiel beginnt Mario PUZOs *Der Pate* mit einer Szene im Gericht, in der die beiden Burschen, welche die Tochter eines italienischen Einwanderers zu vergewaltigen versucht hatten, freigesprochen werden. Der Vater, der immer an die Gerechtigkeit des amerikanischen Systems geglaubt hatte, ist erschüttert. Er wird zum Paten gehen und dafür sorgen lassen, daß diese Gerechtigkeit noch kommen muß! *Das wäre so eine Szene* (von ca. anderthalb Seiten). Sie lesen den deutschen Text, indem Sie sich alle Details vorstellen (vgl. die Hör-Übung für

muttersprachliche Texte, Kap. 2), also z.B., wie der Richter seine Ärmel hochrollt, als wolle er physisch gegen die Beklagten vorgehen, etc. Lesen Sie den deutschen Text ruhig zwei- oder dreimal, bis Sie die Szene glasklar vor Ihrem geistigen Auge sehen. (Wenn es sich um einen Fachtext handelt, können Sie auch Skizzen machen, z.B. ein Balken-Diagramm für Zahlenwerte o.ä.) Nun, mit dieser klaren Vorstellung beginnen Sie den Zielsprache-Text zu lesen, und zwar:

• *Das erste Mal schnell*, also im selben Tempo, wie Sie ihn deutsch gelesen hätten. Dabei erkennen Sie einzelne Wörter und beginnen in der rechten Hirnhälfte ein "Netz" für diese Szene in der Zielsprache zu flechten.

• *Das zweite Mal langsam*, wobei Sie alle Stellen, die Sie gut verstehen, *mit Filzstift anmalen*. (Wir kommen in Kap.7 noch einmal auf Farbe als Lern-Unterstützung zurück.) Wohlgemerkt, *wenn* Sie begreifen, *daß* die beiden Burschen *einerseits* in Demutshaltung vor dem Richter stehen, daß aber *andererseits* auch etwas Verschlagenes in ihrer Haltung steckt, *dann* gilt dieser Satzteil als begriffen, auch wenn er einzelne Wörter enthält, die Sie eher aus dem Kontext erahnen, als daß Sie sie wirklich verstehen!

Nun gehen Sie zurück und lesen den deutschen Text noch einmal, wobei Sie sich wiederum jedes Detail bewußt vorstellen. Dann zurück zum fremdsprachlichen Text, bis Sie diese Szene zu ca. 70% verstehen können! Danach beginnen Sie mit dem nächsten Absatz (oder der nächsten Szene) und lesen weiter.

Diese Lese-Technik ist seit Jahren von meinen Teilnehmern erprobt worden. Sie funktioniert hervorragend, vorausgesetzt, der Lernende empfindet das Lesen an sich als lustbringende Tätigkeit. Wem es nicht so geht, der würde sich nur quälen; Sie sehen, Sie sollen ja jetzt nur noch das auswählen, was Sie anspricht, weil es Ihren Zielen und Ihrer Wesensart entspricht!

Lange oder kurze Texte?

Sie erinnern sich, daß Dr. TEICHMANN von Romanen und nicht von Kurzgeschichten gesprochen hatte. Das deckt sich auch mit einer Aussage, die ich seit Jahren im Seminar mache. Bitte bedenken Sie:

Ein Autor (das gilt auch für den Übersetzer eines Werkes) benötigt ungefähr 30 gedruckte Textseiten, um sein Grundvokabular vorzustellen. So sage ich z.B. "wiewohl", wiewohl die meisten Menschen "obwohl", einige hingegen "obschon" sagen. Das ist eines der Wörter, die meinem persönlichen Wortschatz entsprechen. Ebenso haben Sie oder der Autor (Übersetzer), den Sie lesen wollen, einige Lieblingsworte, die immer wieder auftauchen. Wenn man nun, wie es in der Schule üblich ist, nur Kurzgeschichten liest, dann taucht folgendes Problem auf:

Zu dem Zeitpunkt, da Sie endlich den schwersten Teil des Textes überwunden haben, ist er beendet. Sie beginnen beim nächsten Stück also wieder mit dem Schwersten!

Wie schon erwähnt, habe ich ab und zu das Gefühl, daß manche Lehrer bevorzugt eine Strategie fahren (sicher unbewußt), welche es ihren Schülern ganz besonders schwermacht. Dadurch wirken solche Lehrer irgendwie sicherer und sehr souverän... Aber Sie, die Sie diese Anleitung zum Sprachenlernen lesen, müssen diesen Fehler ja nicht auch machen! Deshalb rate ich Ihnen zu Romanen:

1. Wenn Sie endlich das *bevorzugte Grundvokabular kennen,* wird das Lesen viel leichter! Das macht Spaß und bringt jede Menge Erfolgs-Gefühle ein.

2. Manche Lehrer sagten im Seminar, daß im Roman ab diesem Punkt ja sehr viele Wörter wieder und wieder auftauchten, daß somit das *Vokabular* nicht in dem Maße vergrößert wird wie in einer zweiten Kurzgeschichte. Ich widerspreche auf das energischste! Ich bin überzeugt davon, daß die Menge der neuen Wörter im Verlauf des Romans mindestens drei weiteren Kurzgeschichten entspricht, aber diese erscheinen "eingebettet" in viel Vertrautes, werden also im Sinn-Zusammenhang leicht "erkannt" oder "erraten", was das Lernen weit leichtermacht!

3. Jetzt kennen Sie ja den Rahmen, in dem der Roman spielt (Zeitalter, Ort, Hauptpersonen, Haupt-Konflikte). Je mehr Sie wissen, desto leichter lernen Sie neue Details, weil sie in Ihr Wissens-Netz (vgl. Kap.1) sofort "eingehängt" werden können.

4. Last not least gibt es ein *psychologisches Element* von elementarer Bedeutung: Wenn jemand in seiner Muttersprache gerne Romane liest, dann liebt er es doch, sich für die Zeit des Lesens in eine "andere Welt" entführen zu lassen. Ob das nun die Krimi-Atmosphäre ist oder der Hintergrund eines Westerns oder historischen Romans; ob er durch Science Fiction ins Weltall oder in die Zukunft "entschwebt" oder was auch immer! Dieser Tatbestand führt doch überhaupt dazu, daß Leute Romane lesen! Warum soll Ihnen das vorenthalten werden, wenn Sie in der Zielsprache lesen? Das ist doch absurd! Dieser Faktor ist ein phänomenaler Motivator, insbesondere, wenn man die ersten ca. 30 Seiten endlich einmal hinter sich gebracht hat. Ab jetzt wird das Lesen doch erst so richtig "schön", das gilt doch für muttersprachliche Romane ebenfalls!!

3. Sprechen

Zuerst möchte ich Ihnen Informationen zum Sprechen der Lektionstexte geben (also z.B. zum lauten Lesen oder auswendigen Aufsagen derselben), dann folgen Tips für *andere Sprech-Übungen*, die das freie Sprechen fördern.

Zur Aussprache ganz allgemein
Es gilt, Ihre Vorbilder auf den Kassetten wie ein Papagei zu *imitieren* - auch das Kind hat durch Imitation die Muttersprache gelernt! Da Sie ja keine Vokabeln lernen, hören Sie immer komplette Sätze (die darüber hinaus in einem sinnvollen Zusammenhang stehen). Diese gilt es, so gut wie möglich nachzusprechen. Aber, was heißt *so gut wie möglich*? Ist es wirklich katastrophal, wenn Sie das englische **TH** oder den japanischen Zwitter zwischen **L** und **R** nicht richtig imitieren können? Werden sie immer "deutsch" (bzw. muttersprachlich) klingen, wenn Sie das uns völlig fremde semitisch/hamitische **'ain**$^{\mathbf{un}}$ nicht richtig "herausbringen", aber trotzdem Hebräisch oder Arabisch lernen möchten? Nein, nein und nochmals nein!

Es wird Sie erleichtern, festzustellen, daß es *überhaupt nicht nötig* ist, jeden Buchstaben (bzw. Diphtong) korrekt sprechen zu können, wiewohl Sie trotzdem in der Zielsprache so "einheimisch" klingen werden, daß man Ihnen Ihr Herkunftsland nicht mehr leicht anmerken wird! Das klingt unwahrscheinlich, aber es ist wahr. Was die Aussprache angeht, so gibt es nämlich *zwei* Aspekte, die imitiert werden können, wobei Sie nur *einen* der beiden "gut treffen" müssen, um "echt" zu klingen. Interessiert? Dann lesen Sie hier weiter:

• <u>das Phonem,</u> d.h. der Einzelklang eines Buchstabens bzw. einer Buchstaben-Kombination. Zum Beispiel:

Das englishe **knife**, Phonem: **KN**, wird {**N**aife} gesprochen.

• <u>das Klangbild insgesamt,</u> d.h. das Klang-Bild eines Wortes, Satzes, oder Satzteils (s. unten).

Diese beiden Aspekte sind in gedruckter Form (wie der vorliegenden) fast nicht zu erklären, aber ich will Ihnen doch ein Beispiel an einem Wort, das aus vier Phonemen besteht, geben:

Die Gruppe von Wörtern, die im Deutschen auf *-ologie* (bzw. *-sophie*) enden, werden im Englischen völlig anders ausgesprochen. Bitte überlegen Sie einmal kurz, wie *wir* diese Worte sprechen. Klopfen Sie den Rhythmus auf den Tisch oder sagen Sie im Rhythmus Pa-Pa-Pa-Pam. Wo betonen wir solche Wörter besonders?

Antwort: Wir sagen

pa pa pa *pam!* (Betonung letzte Silbe):

Psy - cho - lo - ***gie***
Ge - o - lo - ***gie***
The - o - lo - ***gie***
Phi - lo - so - ***phie***
usw.

Der Angelsachse hingegen betont die zweite Silbe, die er etwas lauter und höher spricht:

pa *paa!* pa pam:

Psy - ***cho*** - lo - gy
Ge - ***o*** - lo - gy
The - ***o*** - lo - gy
Phi - ***lo*** - so - phy
usw.

Nun wissen viele Deutsche nicht, daß im Englischen ein "p" vor einem "s" stumm bleibt. Solche Details lernen "sich" bei meiner Methode quasi vollautomatisch. Aber wer nach herkömmlichen Methoden gelernt hat, weiß es eben oft nicht.

Man darf also nicht *Ps*ychology sagen, sondern muß das "p" weglassen (es folgt die Lautschrift):

{**Sei** - ***ko*** -lo - dschi}

Und nun gilt folgende Regel:

Wenn man einzelne Phoneme richtig, das Klangbild insgesamt jedoch falsch ausspricht, dann klingt man falsch!

Oder umgekehrt:

Wenn man das gesamte Klangbild richtig imitiert, dann klingt man richtig, selbst wenn ein Phonem falsch war!

Auf unser Beispiel bezogen, heißt das:

Falls Sie {*Ps*ei - **ko** - lo - dschi} (Betonung englisch) sagen würden, dann würde der Engländer (Amerikaner) das falsche "p" vor dem "s" buchstäblich *überhören!* Das sollten Sie unbedingt einmal testen, falls Ihnen das unglaublich erscheint!!

Aber auch das Gegenteil stimmt: Sprechen Sie alle einzelnen Phoneme richtig aus, lassen also das "p" vor dem "s" korrekterweise wegfallen, während Ihre Sprachmelodie deutsch bleibt, dann "klingen" Sie sehr falsch:

{Sei - ko - lo - **dschi!**}

Das heißt aber auch:

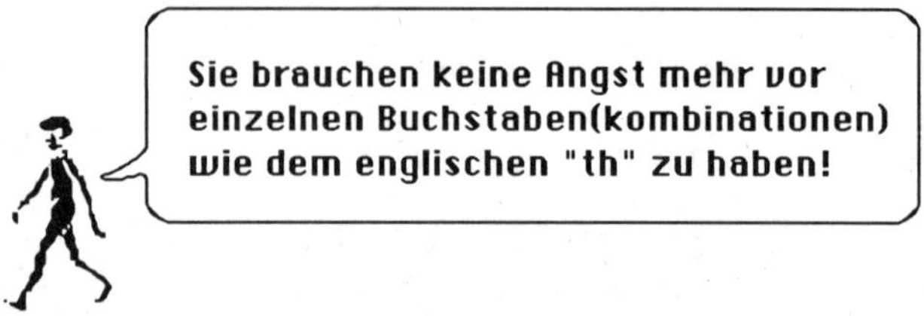

Wenn Sie, was mit meiner Methode sehr leicht wird, den Gesamt-Klang einer Wortgruppe richtig imitieren, *sind einzelne Phoneme überhaupt nicht mehr wichtig*! So kann ich z.B. zwei typisch arabische Buchstaben *nicht* richtig aussprechen, trotzdem bescheinigt man mir eine "hervorragende" Aussprache, wenn ich ein Zitat aus dem Koran vortrage.

Denken Sie auch an Ausländer, die deutsch sprechen: Wenn sie die einzelnen Phoneme extrem sauber sprechen, aber ihr Tonfall und ihre Sprachmelodie bleiben indisch oder chinesisch, dann sind sie für uns *fast nicht* zu verstehen. (Typische Beispiele sind: ein Pakistani, der Englisch spricht; ein Amerikaner, der Französisch sprechen will; oder ein Deutscher, der mit der alten Methode Englisch gelernt hat!)

Deswegen ist es wichtig, daß Sie die Phase *Hören/Passiv* unbedingt *vor* das eigentliche Sprechen setzen! Auf diese Weise beginnen Sie *nicht verfrüht* mit eigenen Aussprache-Versuchen; somit können Sie die natürliche Sprachmelodie weit leichter imitieren. Mit diesem Ansatz werden Sie in Zukunft *kaum noch Aussprache-Probleme* haben, denn Ihre rechte Hemisphäre hat die Hauptarbeit für Sie geleistet!

Im folgenden möchte ich Ihnen verschiedene Arten von Sprech-Übungen vorstellen. Bitte lesen Sie diese wieder mit Ihrem Stift durch, und wählen Sie sich diejenigen aus, die Sie "irgendwie besonders ansprechen"; damit können Sie dann beginnen. Des weiteren können Sie natürlich variieren. Aber gerade bei Sprech-Übungen gibt es so viele Möglichkeiten, daß ich eine Sammlung erstellen möchte. Wer also ein paar gute Ideen beizusteuern hat, auch für Gruppen-Übungen, der schreibe uns (an den Verlag). Diese können dann in einer späteren Ausgabe berücksichtigt werden.

Abgesehen von lautem Lesen, was ja, genaugenommen, bereits eine Sprech-Übung darstellt, gibt es andere Möglichkeiten. Bitte vergessen Sie nicht: Wenn Sie sich mit einem bestimmten Text durch die ersten drei Lernschritte vorgetastet haben, dann können Sie den Text ja bereits (fast) auswendig. Sollte das nicht der Fall sein, dann ist es vielleicht noch zu früh für Übungen, die das freie Sprechen fördern. Das merken Sie spätestens dann, wenn solche Übungen schwerfallen, während andere Übungen durchaus schon möglich sein mögen. Daher gilt, ganz allgemein, die folgende Regel:

Falls Ihnen eine Übung schwerfällt, kämpfen Sie ja nicht, indem Sie sich krampfhaft zwingen, weiterzumachen! (Das kennen Sie sicher von der Schule her.) Sondern gehen Sie zu anderen Übungen über, oder wiederholen Sie die Schritte 2 und 3, denn anscheinend sind Sie doch etwas zu früh zum vierten Schritt "gewandert".

Diese Gefahr, zu früh weitermachen zu wollen, wird insbesondere denen anfangs zum Verhängnis, die jahrelanges Schul-Sprachenlernen genossen haben. Denn die herkömmliche Methode liefert eben nicht die nötige Basis zum Aufbauen; daher kostet sie ja auch so viel unnötige Zeit und Energie. Jemand, der so "trainiert" ist, wird anfangs ein wenig Geduld aufbringen müssen. Ich erinnere nochmal an die EULENSPIEGEL-Story: Nur wenn Sie sich die Zeit nehmen, langsam durch die einzelnen Schritte zu gehen, werden Sie, langfristig, ca. dreiviertel der "normal veranschlagten" Zeit einsparen können!

Übung: Freies Sprechen

Sie erinnern sich an die Aussage (gegen Ende des 2. Kapitels), daß Sie jetzt alles, was die Personen in den Lektions-Texten sagen (denken), ebenfalls sagen (denken) können. Dieser Vorteil ist ausgesprochen phänomenal (und unerhört motivierend!), wenn man erst einmal beginnt, ihn aktiv anzuwenden! Das ist das Ziel dieser Übung:

<u>Vorgehen</u>: Denken Sie sich in die Lektions-Situation hinein, und probieren Sie einmal, welche Aussagen über die Situation Sie jetzt schon machen können. Angenommen, im Text war jemand im Taxi vom Bahnhof zum Hotel gefahren und hat vom Taxifahrer erfahren, daß die Sowieso-Kirche die älteste in der gesamten Gegend ist; wie lautete der Satz? Sprechen Sie ihn aus.

Ähnlich verfahren Sie mit anderen Phrasen, die in der Lektion vorkamen. Hierbei wandeln Sie automatisch die Original-*Reihenfolge* ab, so daß Sie merken: Der Kirchen-Satz gelingt nicht nur, wenn er an seinem "normalen Platz" im Text auftaucht, sondern er gelingt *immer*, wenn Sie ihn sprechen wollen. Denn: Der Satz "hängt" nämlich jetzt eindeutig an dem Kirchen-

Gedanken, nicht an den "umliegenden" Sätzen in der Lektion. Dies ist ein wichtiger Unterschied zum normalen Lernen: Da fällt einem eine Redewendung oft nur ein, wenn man die vorherigen Wörter wieder liest oder hört!

Fill-in-Sprechübungen:

In Kap.7 (Seite 109) werden Sie noch sehen, wie leicht es ist, sich Übungen mit eingebauter Selbstauflösung zu "basteln". Lassen Sie mich hier nur eine Übungsart ansprechen (die in manchen Lehrbüchern sowieso mitangeboten wird), um zu zeigen, daß solche Übungen sowohl schriftlich als auch mündlich durchgeführt werden können. Angenommen, Sie haben eine Fill-in-Übung erstellt, d.h. eine Übung, welche den Lektionstext enthält, in dem jedoch einige Wörter fehlen.

Vorgehen: Lesen Sie den Text laut, und "füllen" Sie die Leerstellen aus. Diese Übung ähnelt dem lauten Lesen, nur mit dem Unterschied, daß Sie Teile ersetzen. Das aber stärkt das Erfolgsgefühl und ist weniger langweilig als das normale Lesen, vor allem, wenn Sie diesen Text schon (beinahe) auswendig können, aber noch Hilfestellungen brauchen. Lassen Sie von Übung zu Übung mehr Worte weg (z.B. durch Übermalen mit Tipp-Ex), so daß am Ende nur noch einige wenige Schlüsselwörter auf dem Papier stehen. (Wenn Sie mit Fotokopien arbeiten, haben Sie ja in Wirklichkeit keinen Text "verloren".)

Dialoge nachspielen (für eine Person):

Dies ist eine phänomenale Übung für jemanden, der die Dialoge im Text auch aktiv können will, der aber niemanden hat, der mit ihm üben kann wie beim Rollenspiel (s. unten). Sie werden trotzdem eine Art Rollenspiel machen können! Dazu werden Sie die betreffenden Dialoge auf eine andere Kassette neu überspielen, und zwar wie folgt: Es gilt, eine Aufnahme zu produzieren, in welcher je ein Sprecher "pausiert", damit Sie diesen später üben können. Da Ihnen der Text ja jetzt bereits sehr vertraut ist, ist dies kein Problem. Am besten machen Sie die Aufnahme "über die Luft" (also nicht mit Laufwerken, die per Kabel verbunden sind), z.B. könnten Sie vom normalen Kassetten-Recorder auf den Walkman (per Mikrophon) überspielen. Leichte Qualitätseinbußen sind unwichtig, da Sie mit dem Material inzwischen sehr vertraut sind und weil die Praxis ja auch selten so einen guten Ton bietet wie übliche Lektions-Kassetten. Und diese Übung soll Sie ja auf die Praxis vorbereiten.

Achtung: Ich sage im folgenden immer nur *Sprecher* statt *Sprecher bzw. Sprecherin*, erstens, weil die längere Formulierung ziemlich umständlich wäre, und zweitens, weil es beim Üben *vorläufig* egal ist! Wenn die Zielsprache grammatikalisch zwischen den Geschlechtern unterscheidet, müssen sie halt vorläufig eine "Gästin" spielen, auch wenn Sie ein Mann sind, oder einen Rezeptionisten, wiewohl Sie weiblich sind! Später, wenn Sie den Dialog total im Griff haben, wird es sinnvoll, einzelne Ausdrücke auszutauschen. So ist die direkte Anrede im Arabischen z.B. anta, wenn wir einen Mann anreden, und anti für eine Frau! Halten Sie sich aber *zunächst* an das Vorbild in der Lektion. Nehmen wir einmal an, es handelt sich um eine Szene, in welcher ein Gast im Hotel ankommt und nach seinem reservierten Zimmer fragt. Er unterhält sich dabei mit einem Rezeptionisten, welcher seinen Paß sehen will und ihm schließlich die Schlüssel überreicht. Wie gehen Sie jetzt vor?

Vorgehen bei der Aufnahme: Sie wollen zwei Aufnahmen "produzieren", eine, in welcher der Gast geübt werden soll, und eine zweite, in welcher die Stimme des Rezeptionisten "fehlt". Also stellen Sie ein Gerät auf Aufnahme und lassen das Band vom anderen Gerät laufen: Immer, wenn derjenige Sprecher aktiv ist, den Sie "ausblenden" wollen, drehen Sie die Lautstärke des *abspielenden* Gerätes so leise, daß Sie gerade noch erkennen können, wann dieser Sprecher seine Aussage beendet. Ich wiederhole: Da Ihnen dieser Dialog inzwischen sehr vertraut ist, haben Sie die Sprechzeiten quasi bereits "im Blut"! Es fällt daher sehr leicht, diese Lücken-Aufnahme zu produzieren. Bei der zweiten Aufnahme gehen Sie genauso vor, nur mit dem Unterschied, daß jetzt der andere Sprecher ausgeblendet wird!

Noch ein technischer Hinweis: Wenn wir die Sprecher A und B nennen und wenn A das Gespräch eröffnet, ist alles bisher Gesagte zur Aufnahme klar. Wenn Sie aber den Sprecher A "pausierend" aufnehmen wollen, sollten Sie doch sein allererstes Wort leicht hörbar aufnehmen, damit Sie später, wenn Sie den A spielen werden, wissen, *wann* Sie *beginnen* müssen, damit Ihr erster "Einsatz" als A auch stimmt!

Vorgehen beim Sprechen: Na ja, das dürfte klar sein. Aber lassen Sie Ihre Phantasie spielen; machen Sie ruhig ein wenig Rollenspiel daraus. Wenn Sie also an der Rezeption stehen, dann stehen Sie auch für die Übung! Wenn Sie im Dialog eine Restaurant-Szene trainieren, dann sitzen Sie in der Gast-Rolle am Tisch, während Sie als Ober/Bedienung natürlich stehen. Wird etwas mit einer Redewendung serviert (Hier ist Ihr Kaffee, bitte sehr!), dann stellen Sie zumindest eine leere Tasse vor den imaginären Gast bzw. dann akzeptieren Sie in Ihrer Phantasie das Getränk, wenn Sie den Gast spielen. Solche Feinheiten sind nicht nur "interessanter" als ein Herunterleiern der Aussagen; sie prägen die Phrasen situationsbedingt in Ihr Hirn ein. Dieser Aspekt ähnelt wieder dem Lernen der Muttersprache! Daher ist das absolute *Minimum*, daß Sie sich die Szene *aus der Sicht des jeweiligen Sprechers vorstellen*, selbst wenn Sie dabei gemütlich im Sessel liegen!

Rollenspiele (zu mehreren):

Das Rollenspiel ist ein "Spiel", in dem bestimmte Aspekte des Lebens spielerisch erprobt werden. Es gleicht dem Spielen von Kindern, wenn diese sich *spielend* in die Welt *hineinlernen*. Rollenspiele werden z.B. in Management-Seminaren eingesetzt, um bestimmte Aspekte der Kommunikation (oder der Verhandlungs- bzw. Fragetechnik, des Lobens und Kritisierens, des Delegierens, Motivierens etc.) durchzuspielen. So ähnlich können auch Sie vorgehen.

Sie können Szenen, die in der Zukunft voraussichtlich auf Sie zukommen werden, im Rollenspiel erproben.

Vorgehen: Im Grunde genau wie oben (Dialoge nachspielen), nur mit dem Unterschied, daß die andere(n) Stimme(n) von (einem) Mitspieler(n) gesprochen werden. Es ist klar, daß alle Beteiligten die Vorarbeiten zu diesem vierten Lernschritt mit der Szene, die Sie jetzt spielen wollen, bereits absolviert haben müssen (falls es keine "einheimischen" Mitspieler sind, deren Muttersprache Ihre Zielsprache ist, was optimal wäre!).

Wichtig ist auch, daß Sie beim Rollenspiel eine Riesengaudi haben *können*. Ich habe mit STAVROULA, einer cypriotischen Dame in London, einmal in der Küche gesessen und eine Szene aus einem BBC-Griechisch-Kurs im Rollenspiel geübt. Dabei sagt der Ober auf der Kassette etwas "eilfertig" *amesos* (gleich, sofort). Sie hätten einmal hören sollen, wie derjenige, der gerade diese Rolle hatte, das *amesos* rief; wir konnten stellenweise vor Lachen kaum weitermachen. Oder in einer anderen Szene entschuldigt sich eine Dame, weil sie jemanden angerempelt hat (*signomi*). Wir haben diese Phrase dermaßen überzogen "gebracht", daß ich mein Leben lang nie mehr vergessen werde, in vergleichbaren Situationen automatisch mit *signomi* zu reagieren!

Pattern-Drills

Pattern-Drills sind Übungen einer bestimmten Art, für die es kein deutsches Wort gibt. Ein PATTERN (Englisch, sprich: pättern) ist ein *Muster*, aber das Wort deckt auch die *Informationsmuster* ab, die Ihre rechte Hirnhälfte entwickelt, wenn sie die "Netze" in Ihrem Kopf aufbaut (s. Kap.1), so daß PATTERN für jede Art von geordneter Struktur steht. Nun sind *Drills* einfach Übungen mit wiederholten Elementen, vom Kasernenhof bis zum Sprachlabor. Also soll ein *Pattern-Drill* bestimmte Strukturen einüben helfen. Da für Strukturen aller Art die rechte Hirnhälfte zuständig ist, gilt: Je krampfhafter Sie mit Ihrer konzentriert und detailliert arbeitenden linken Hemisphäre unbedingt "mitdenken" wollen, desto mehr behindern Sie die Arbeit. Daher gilt:

> **Wenn Ihnen Pattern-Drills keinen Spaß machen, lassen Sie es sein! Sie müssen ja keine durchführen! Nur wer sie gerne macht, kann von ihnen profitieren.**

Es wäre schön, wenn Lehrer, welche "auf Pattern-Drills stehen", das akzeptieren würden. Meine Erfahrungen haben gezeigt, daß maximal 50% aller Lernenden solche Übungen *gerne* durchführen. Das heißt, wenn man sich in die Übung "hineinfallen" lassen kann, dann macht sie auch Spaß.

Das ist ähnlich wie mit einem Kreuzworträtsel: Wenn wir jemanden dazu zwingen wollen, dem es keinen Spaß macht, wird die Aufgabe zur Qual! Das ist gerade bei *Pattern-Drills* sehr stark der Fall: Das kann erstens nicht jeder, und zweitens muß das auch nicht jeder können! Was das Roh-Material für die

Übungen angeht, so gilt: Entweder Ihr Kurs bietet sowieso welche an, oder aber Sie basteln sich selber welche (s. auch Kap. 7). Wenn Ihr Kurs welche anbietet, dann kann es sein, daß diese sogar auf Kassette vorhanden sind. Das heißt: Der Lehrer (vom Band) spricht den Grundsatz vor und nennt dann das auszutauschende Element. Sie wiederholen den Grundsatz unter Verwendung des neuen Elementes. Anschließend erfolgt die Kontrolle durch den Sprecher auf Band.

• Vorgehen: Sie gehen von einer Redewendung aus, die jeweils in einem Detail abgewandelt werden soll. Angenommen, die Grundaussage lautet: *Dort ist ein Hotel*. Dann gilt es, einzelne Elemente zu ersetzen. Beispiele:

Dort ist ein **Hotel**.
Dort ist ein **Baum**.
Dort ist ein **Café**.
Dort ist ein **Auto**.

Dort ist ein Hotel.
Hier ist ein Hotel.
Da drüben ist ein Hotel.
Links ist ein Hotel.

Dort ist **ein Hotel**.
Dort ist **eine Wiese**.
Dort ist **ein Café**.
Dort ist **eine Straßenbahn.**

Dort ist **ein** Hotel.
Dort ist **das** Hotel.
Dort ist **mein** Hotel.
Dort ist **dein** Hotel.

Dort **ist** ein Hotel.
Dort **war** ein Hotel.
Dort **wird** ein Hotel **sein.**
Dort **könnte** ein Hotel **sein**.

Sie sehen also, daß jeder Aspekt einer (Teil-)Aussage durch Ersetzen geübt werden kann.

4. Schreiben

Auch hier sind viele Variationen möglich; lassen Sie mich nur einige wenige andeuten, denn: Wer diesen Abschnitt liest, hat sicher in der Vergangenheit bereits Erfahrungen gesammelt; er weiß ja bereits, *daß* er gerne schreibt...

Abschreiben:
Vielleicht neigen Sie dazu, etwas, was Sie interessiert, handschriftlich zu kopieren? Dafür gibt es mindestens drei gute Gründe:

1. Sie schreiben *gerne* ab (für Zweifler: das gibt es wirklich!), wenn das für Sie zutrifft, brauchen Sie keine weitere Begründung!
2. Sie lernen eine Ihnen *neue Schreibweise* wie z.B. Russisch, Griechisch, Japanisch, Hindu, Urdu etc. (Hilfestellungen siehe unten).
3. Sie empfinden Abschreiben als künstlerische Leistung, als *Kalligraphie* (das ist bei jeder Art von Schrift denkbar).

Aber neben reinem Abschreiben gibt's natürlich noch weitere Schreibideen:

Diktat:

Auch fürs Diktat spricht einiges. Nachdem Ihre Lehrer ja quasi auf Kassette "existieren", können Sie die Texte jederzeit auch auf diese Weise "schreiben". Wer viele Diktate durchführen möchte, sollte vielleicht eine spezielle Kassette zum Diktatschreiben aufnehmen, auf welcher nach jedem Satzteil eine *Pause* folgt. Dann brauchen Sie nicht andauernd auf die Pause-Taste zu drücken.

Rück-De-Kodieren:

So absurd dies klingt, aber wenn Sie einen deutschen Text, der *sauber de-kodiert* worden war, wort-wörtlich in die Zielsprache zurückübersetzen, dann üben Sie einerseits die Zielsprache schreibend und merken zweitens, wie gut Sie die Texte bereits können (es geht nämlich sehr leicht), weil Sie dies ja im vierten Lernschritt mit diesem Text angehen! Eine Übung, die so manchem meiner Teilnehmer viel Spaß macht!

Fill-in-Übungen:

Ich habe bei den Sprech-Übungen bereits die Fill-in-Übungsart erwähnt. Dasselbe kann man natürlich beim Abschreiben ebenfalls machen (Details siehe oben, Seite 92)!

Variante: Für Menschen, die zwar ein *wenig* schreiben wollen, bietet sich als ideale Abweichung an, nur die Stellen zu notieren, die "eingefüllt" werden müssen.

Wollen Sie eine Ihnen neue Schriftart erlernen?

Die Form der Buchstaben wird in Ihrer rechten Hirnhälfte verarbeitet. Wenn Sie gehirn-gerecht vorgehen wollen, dann sollten Sie wieder beide Hirnhälften aktivieren. Es folgt ein mehrstufiges Vorgehen, wobei es sein kann, daß Schritte 1 und 2 bei manchen Sprachen nicht möglich sind!

<u>Schritt 1</u>: Es gilt herauszufinden, ob zumindest einige der Zeichen Ihnen bekannt sind. So sind einige Buchstaben des kyrillischen Alphabetes mit unseren identisch, so daß Sie quasi sofort einige russische oder griechische Buchstaben kennen, z.B. das **A**, das **E**, das **K**, das **M**, das **O** und das **T**. Diese Buchstaben schreiben Sie sich heraus, oder, falls Sie wenig schreiben wollen, kleben Sie die Zeichen (aus einer fotokopierten Vorlage ausgeschnitten) als Gruppe zusammen. Dies ist Ihre Basis in der fremden Schrift!

Schritt 2: Es gilt, diejenigen Zeichen zu finden, die Ihnen "irgendwie" bereits ein wenig bekannt sind. So gibt es z.B. einige Buchstaben im kyrillischen Alphabet, die genau wie bei uns aussehen, jedoch einen anderen "Wert" besitzen. Diese werden zur zweiten Gruppe zusammengezogen; wie z.B.: Das **B** (= v), das **N** (= i), das **H** (= n), das **P** (= r), das **C** (= s), das **Y** (= u) und das **X**, dessen Wert (ch) übrigens in vielen Sprachen dem (ch) entspricht. Durch diesen Trennungsakt des ersten und zweiten Schrittes werden Sie später nicht dauernd überlegen: "War jetzt das **C** einer der Buchstaben, die denselben Wert haben wie bei uns, oder nicht?" Denn die beiden Gruppen wurden von Anfang an fein säuberlich getrennt.

Schritt 3: Jetzt werden diejenigen Buchstaben (Zeichen) identifiziert, die in den beiden ersten Gruppen *noch nicht* enthalten sind. Bei manchen Sprachen ist dies freilich noch die gesamte Schrift! Das Ziel besteht jetzt darin, zu jedem Buchstaben eine Eselsbrücke zu bauen, damit die Form vom rechten Hirn in Verbindung mit der Assoziation, welche beide Hirnhälften anspricht, leicht gemerkt werden kann. Zum Beispiel: Im Arabischen ist Alif der erste Buchstabe des Alphabets, es erinnert an eine *Eins*. Das M ist fast kreisförmig, meine Assoziation war ein Monokel, während das N mich an einen Bauch-Nabel erinnerte:

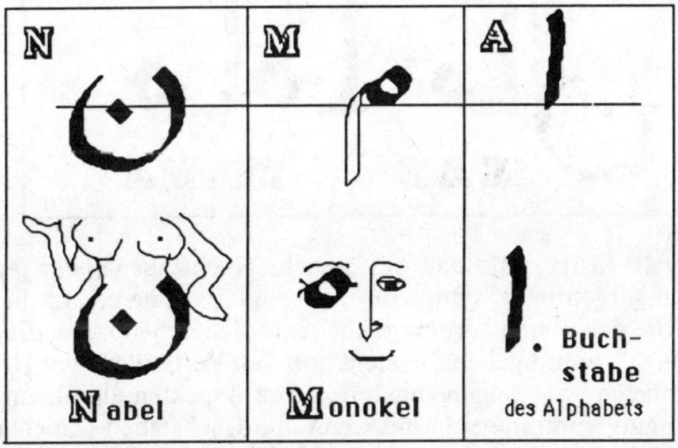

So basteln Sie sich Eselsbrücken zu einigen wenigen Buchstaben, mit denen Sie dann zu Schritt 4 weitergehen. Erst wenn sie "sitzen", holen Sie wieder eine Gruppe von Zeichen und durchlaufen die Schritte 3 und 4, bis Sie alle Zeichen geschafft haben. Schritt 4 ist der "Kasus Knaxus" dieser Methode, eine fremde Schrift zu lernen!

Schritt 4: Normalerweise versucht man ja, die fremde Schrift mit Worten in der Zielsprache zu verwenden. Da nun aber anfangs die Worte selbst noch fremdartig sind, ist dies schwer. Zwar gilt dieses Problem nicht im üblichen

Maße, wenn Sie mit diesem Text bereits durch drei Lernphasen gekommen sind, aber je mehr Sie bis jetzt nur den de-kodierten Text bzw. die Lautschrift mitgelesen haben, desto mehr tritt die Schwierigkeit auf. Deshalb schlage ich vor:

> **Schreiben Sie anfangs entweder Worte aus Sprachen, die Sie kennen, oder notfalls Pseudo-Wörter in der Ihnen jetzt noch fremden Schrift!**

Hier sehen Sie ein Beispiel mit unseren drei arabischen Buchstaben. Das rechte Wort MAMA ist international; das linke MAN könnte sowohl das englische Wort für *Mann* sein oder unser deutsches *man*; jedenfalls können Sie die schon vertrauten Buchstaben auch in Pseudowörtern testen, die Sie sich ausdenken, statt jetzt bereits Wörter aus der Lektion zu schreiben.

So habe ich z.B. festgestellt, daß mir manche Buchstaben (oder japanische Silben-Zeichen) irgendwie "sympathischer" sind als andere. Mit diesem System können Sie diese auch *bevorzugt* üben und sich *dann erst* an die anderen "heranschleichen". Somit gehen Sie nicht nur vom Vertrauten zum Unbekannteren, sondern auch vom Angenehmeren zu den Aspekten, die Ihnen anfangs irgendwie "ungut" vorkommen! Und wenn alle Buchstaben (Zeichen) durch Schritte 3 und 4 "gewandert" sind, können Sie leicht auch Wörter aus der Zielsprache schreiben. Jetzt sind die Buchstaben bereits vertraut. Aber ehe Sie zu Schritt 5 gehen, beachten Sie bitte noch:

Nehmen wir an, Sie wollen einen deutschen Satz mit arabischen Buchstaben schreiben. Dabei stellen Sie zwangsläufig fest, daß es einige deutsche Laute im Arabischen nicht gibt, z.B. das "g" in "gibt". Dabei bemerken Sie eine wesentliche Tatsache! Aber Sie stellen ebenfalls das Gegenteil fest, daß Sie nämlich manche der fremden Zeichen in Ihren (Pseudo-)Wörtern überhaupt noch nicht verwenden konnten. Diese Zeichen stehen nämlich für diejenigen Laute, welche es im Deutschen wiederum nicht gibt. Diese Buchstaben werden Sie im fünften Schritt erst richtig kennenlernen. Aber Sie haben einen wesentlichen Bewußtmachungs-Prozeß durchlaufen, der Ihnen später viel Zeit einsparen wird!

Schritt 5: Jetzt schreiben Sie "echt arabisch" oder "echt russisch" etc.:

Wir haben übrigens in der Volksschule das Schreiben auch mit kleinen Figuren geübt, z.B. nach dem Motto "Punkt, Punkt, Komma, Strich – fertig ist das Mondgesicht!" Ähnlich lernen japanische Kinder die ersten vier Silben, indem sie sagen: **he, he – no, no – he, shi, mo** (= ein Samurai):

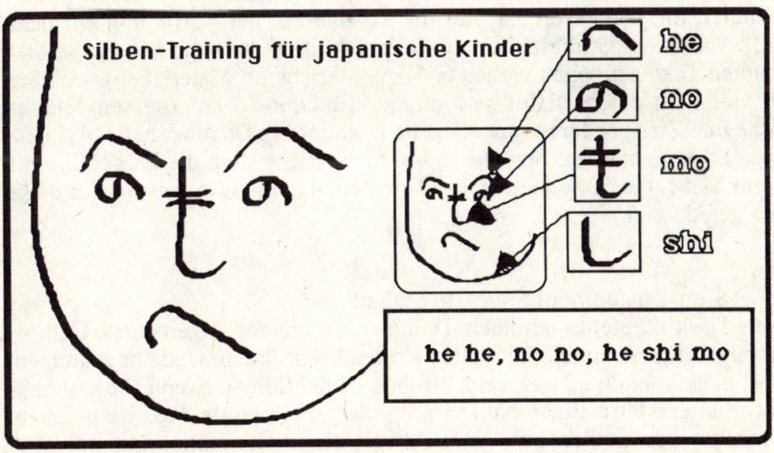

Kapitel 7
Tips & Tricks

Dieses Kapitel bietet Tips und Hilfestellungen verschiedenster Art an. Wieder gilt: Lesen Sie die Überschriften, und entscheiden Sie dann, ob dieser Tip für Sie von Interesse ist. Auf diese Weise wird jeder garantiert diejenigen Ideen finden, welche für ihn persönlich hilfreich sind.

Arbeiten Sie mit Farben!

Farben unterstützen die rechte Hirnhälfte! Das wissen alle Kinder, bis man ihnen verbietet, in die Schulbücher hineinzumalen. (Falls Sie Kinder haben: ziehen Sie in Erwägung, ihnen die Schulbücher zu *kaufen,* damit sie hineinmalen *dürfen*!) Es folgen einige *erste Anregungen* zum "Malen", wobei ich in der Regel von (Filz-)Leuchtstiften ausgehe, die man zum Hervorheben von Texten (in verschiedenen Farben) bekommt.

Dialoge farblich kodieren

Wenn Sie einen Dialog intensiv bearbeiten wollen (z.B. für *Hören/aktiv* vorbereiten), dann könnten Sie *jedem Sprecher seine eigene Farbe* geben. Damit assoziieren Sie beim Hören später die *Stimme mit* der *Farbe* und *mit* dem Inhalt! Außerdem ist diese Technik immens hilfreich, wenn Sie mit selbstgewählten Texten arbeiten wollen (s. Kap. 9, Stichwort Materialien), weil Sie dann vielleicht einen Dialog von einem "Einheimischen" (dessen Muttersprache Ihre Zielsprache ist) auf Kassette lesen lassen. Das aber heißt, daß eine einzige Stimme mehrere Sprecher lesen muß. Hier helfen die Farben in sehr starkem Maße, die "Orientierung" zu behalten, d.h. mitzuverfolgen, wer diese Worte gerade sagt.

Sinn-Zusammenhänge "bemalen"

Diesen Trick empfehle ich auch Teilnehmern meiner allgemeinen Gehirn-Seminare: Angenommen, Sie wollen ein Sachbuch lesen. Und angenommen, dort ist eine Abbildung, z.B. verschiedene Säulenformen (wenn Sie architektonische Interessen haben). Nun werden diese Formen im Text besprochen: Malen Sie jede Säulenform im Bild mit einem Leuchtmarker an (z.B. DORISCH = gelb), und dann markieren Sie den Text, der zu dieser Säulenform etwas sagt, ebenfalls in Gelb! Und zwar im ganzen Kapitel (oder Buch)! Damit haftet die Information wesentlich besser, denn Sie müssen einen bewußten

Selektionsprozeß durchlaufen, ehe Sie "malen" können; der aber fördert die Gedächtnisleistung vollautomatisch. Später erkennen Sie an der Farbe immer gleich, in welche Kategorie dieses Detail gehört, so daß Sie Ihre rechte Hirnhälfte beim Aufbau des Informations-Netzes (vgl. Kap. 1) unterstützen!

Ähnlich können Sie auch mit fremdsprachlichen Texten umgehen! Wenn z.B. in einer Lektion irgendwelche "sachlichen" Informationen "eingebaut" sind, können Sie diese genauso "behandeln". Sollten Abbildungen (das gilt auch für Schwarz-weiß-Fotos) vorhanden sein, können diese ebenfalls sinnvoll bemalt werden.

Der Farbwörter-Trick

Wenn Sie Farbwörter lernen wollen, besorgen Sie sich ein einfaches Malbuch für Kinder. Wählen Sie nun bewußt eine Farbe, tragen Sie deren Namen (in eine Blase mit Pfeil auf die zu bemalende Stelle) ein, und malen Sie mit dieser Farbe die bezeichnete Stelle aus. Ab und zu schielen Sie auf den *Namen der Farbe*. So gehen Sie mit allen für Sie wichtigen Farben um!

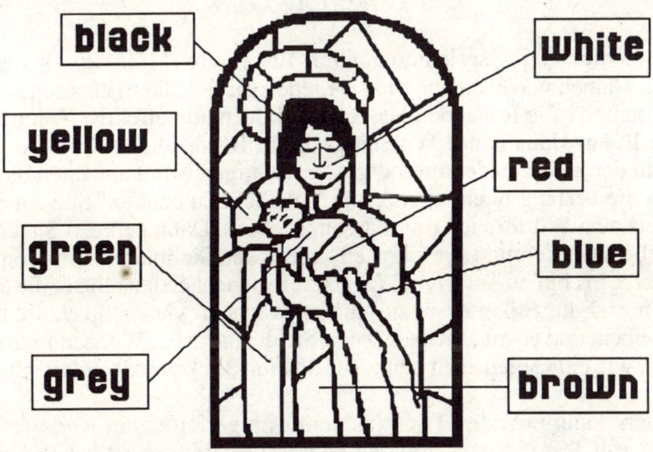

Der Wörterbuch-Trick

Dies ist ebenfalls eine Farb-Idee. Wie Sie bereits gemerkt haben, bin ich gegen Vokabel-Pauken; aber ich bin sehr wohl dafür, daß Sie Wörter durch Nachschlagen kennenlernen. So wird z.B. in einer Lektion nur Alkoholisches bestellt. Nun bin ich jedoch Kaffeeholiker, also möchte ich wissen, wie man einen "normalen" Kaffee oder Tee bekommt (auch im Tee ist bekanntlich Koffein). Oder: Wenn Sie beginnen, andere Texte als die Lektionen zu lesen, werden Sie ebenfalls öfter zum Wörterbuch greifen. Nun haben wir in der Schule gelernt, daß solche nachgeschlagenen Wörter sofort gelernt werden sollten. Wer mit Lernkartei arbeitet, wird angewiesen, sofort ein Kärtchen anzulegen! Ich bin dagegen. Mein Vorschlag:

Wenn Sie ein Wort zum erstenmal nachschlagen, malen Sie es *gelb* an. Sollten Sie später dieses Wort wieder einmal nachschlagen, dann erkennen Sie an der gelben Farbe, daß dies Ihr zweiter Versuch ist. Also geben Sie dem Wort einen kleinen *grünen* Punkt. Sollten Sie später ein Wort nachschlagen, welches sowohl gelb angemalt ist als auch einen grünen Punkt hat, dann geben Sie ihm einen kleinen *roten* Punkt und *notieren* das Wort! Sehen Sie, *dieses Wort scheint wichtig*; nun wird es weniger aufwendig, es zu lernen, als es ein viertes und fünftes Mal nachschlagen zu müssen! Aber viele Wörter werden mit einer einzigen (gelben) Markierung verbleiben. Das sind Wörter, die Sie sich entweder ohne besonderen bewußten Lernvorgang (quasi trotzdem) eingeprägt haben, oder aber Begriffe, die Sie nur ein einziges Mal brauchten. Kann irgendwer mir erklären, warum Sie *dieses* Wort hätten lernen sollen, wenn es danach nie wieder benutzt wurde?!

Der Etiketten-Trick

In der Sprachforschung spricht man vom "Etikettieren" (*labelling*), wenn wir Dinge mit Namen versehen, um über sie reden (nachdenken) zu können. Diese Tatsache gab mir die folgende Idee. Sie ist einfach und effektiv: Wenn Sie die Dinge in Ihrem Haus (Ihrer Wohnung, Ihrem Büro, Ihrem Auto etc.) gerne bei dem in der zu lernenden Fremdsprache richtigen Namen nennen möchten, brauchen Sie deshalb noch lange keine Vokabeln zu pauken! Suchen Sie die Wörter aus dem Wörterbuch (mit Farben, s. oben). Dann nehmen Sie hübsche Selbstklebe-Etiketten und "beschriften" alles, was Sie interessiert. Von *Wand* über *Fenster* bis hin zu *Sessel* und *Lampe*... Es macht erstens Spaß, die Wörter zu suchen und die Etiketten zu gestalten; es macht wieder Spaß, sie überall draufzukleben, und es macht Spaß, wenn Sie die nächsten Wochen immer wieder sehen, wie ein Gegenstand heißt, auf den Ihr Blick gerade gefallen ist!

Mit Kindern kann man den Trick (auch mit Fingerfarbe) auf *Köperteile* ausdehnen, zumindest ein paar Stunden lang... Das gibt eine Mordsgaudi, und gelernt wird auch dabei!

"Isolierte Wörter" lernen

Fallbeispiel 1 – Substantiva (Hauptwörter): Fertigen Sie eine Skizze an, (oder "klauen" Sie ein Bild aus einer Illustrierten) und beschriften Sie diese(s). *Der Prozeß des Beschriftens ist dabei der halbe* Lernprozeß; also selbst wenn ähnliche Vorbilder im Lehrbuch sind, machen Sie sich selbst noch eigene dazu, wobei Sie denjenigen Wörtern den Vorrang geben, die Sie persönlich am meisten interessieren!

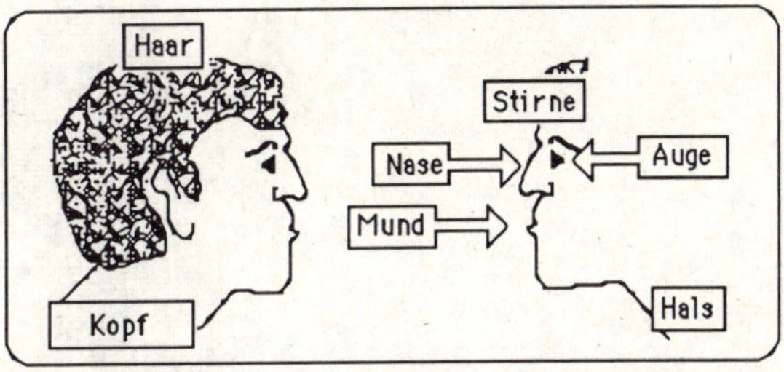

Sie können auch eine *sehr blasse Fotokopie* einer Vorlage (z.B. eines Fotos aus einer Zeitschrift oder einem Buch) anfertigen und dann farbig (zumindest schwarz) die Stellen hervorheben, zu denen Sie Wörter lernen wollen:

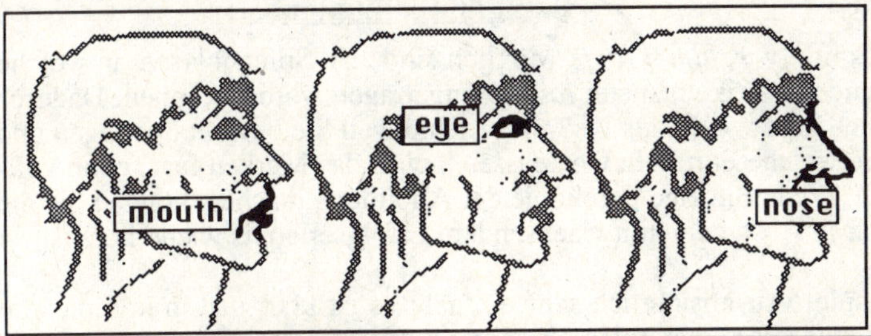

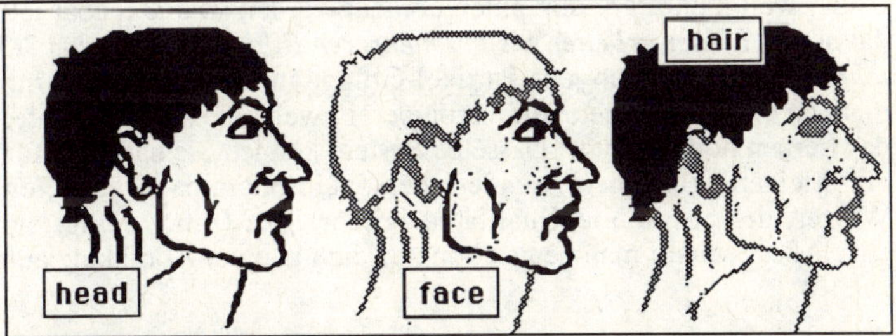

Sie sehen, dies ist weit interessanter als bloßes Pauken, wenn's mal sein muß...

Fallbeispiel 2 – Partikeln: Wie aus dem Zitat von BODMER (S. 15) bereits hervorging, sind dies Wörter (wie *in*, *auf*, *über*, *neben*, *mittels*, *links*,) die in modernen Sprachen ungeheuer wichtig sind, aber von den Grammatikern sträflich vernachlässigt werden. Nun behaupten die Lehrer ja gerne, man müsse Partikeln stur auswendig lernen. Aber es gibt intelligentere und kreativere Wege: Machen (oder "klauen") Sie wieder eine Zeichnung, in welche Sie die Partikeln eintragen können, *die in diesem Bilde sinnvoll sind*. Nehmen wir an, Sie hätten die Zeichnung auf der nächsten Seite angefertigt (gefunden): Welche Partikeln "passen" hier?

Wie wäre es mit: *vor, hinter, auf?* Möglich sind z.B. Sprechblasen, in welche die betreffenden Partikeln später *farbig* eingetragen werden können. Dadurch benutzen Sie Farbe wieder als *Verstärker*. Und weil Sie bewußt überlegen und entscheiden, welche Partikeln wo "passen", wird das Merken fast schon vollautomatisch. Wenn Sie eine Fotokopie der Abbildung machen, können Sie die Übung sogar in Abständen mit wachsendem Erfolgserlebnis wiederholen!

Dieses Beispiel war absichtlich sehr einfach; es ist klar, daß in komplexere Bilder weit mehr Partikeln untergebracht werden *könnten*, aber ich rate Ihnen davon ab! *Lieber arbeiten Sie mit mehreren Bildern, die jeweils 3-5 Partikeln lehren*, weil sich dann jede Partikel-Gruppe in Ihrer *rechten* Hirnhälfte automatisch mit demjenigen Bild verbindet, in welchem sie auftauchte. Also wird das Lernen noch leichter! Dasselbe System können Sie natürlich für *alle* Arten von kleinen Wörtern verwenden: Personalpronomina (ich, du, er, wir) oder Wörter, die bestimmte Qualitäten beschreiben (rund, eckig, lang, kurz...) etc.! Alles, worauf man deuten könnte, kann in einer Abbildung auftauchen!

Mit Stift und Papier oder Schere und Klebstoff...

Mit Papier und einem Stift (oder mit Schere und Klebstoff) bewaffnet, kann man überhaupt viel besser lernen; dies gilt auch für muttersprachliche Informationen. Leider haben wir meist in der Schule auch nicht gelernt, wie wir Notizen effizient machen können.

Aber es gibt eine Idee von Tony BUZAN, die er Mind-Map (quasi eine Landkarte für den Geist) nennt: Sie besteht darin, daß man abstrakte Informationen, die ja nicht direkt ab-BILD-bar sind, über das ganze Blatt verteilt und die Struktur dieser Informationen durch Verbindungslinien und unterschiedliche Buchstabengrößen etc. sichtbar machen kann:

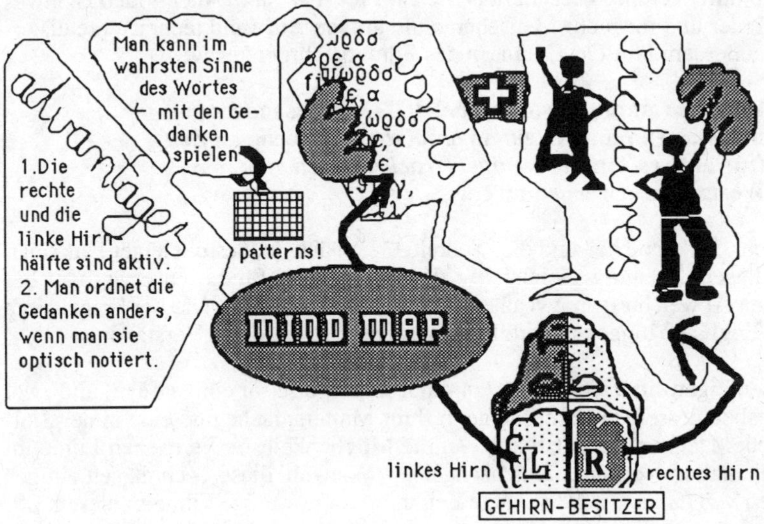

Ähnlich können Sie natürlich auch beim Fremdsprachenlernen vorgehen: Machen (oder zweckentfremden) Sie Bilder von beMERKenswerten Details, schreiben Sie wichtige abstrakte Begriffe im Sinne eines Mind-Map auf ,und schon haben Sie wieder einen aktiven Schritt auf diese Information zu gemacht, statt zu versuchen, sie "stur" auswendigzulernen.

Sie könnten auch einen Trick ausprobieren, welcher die Idee des *Bilder-Briefes* aufgreift.

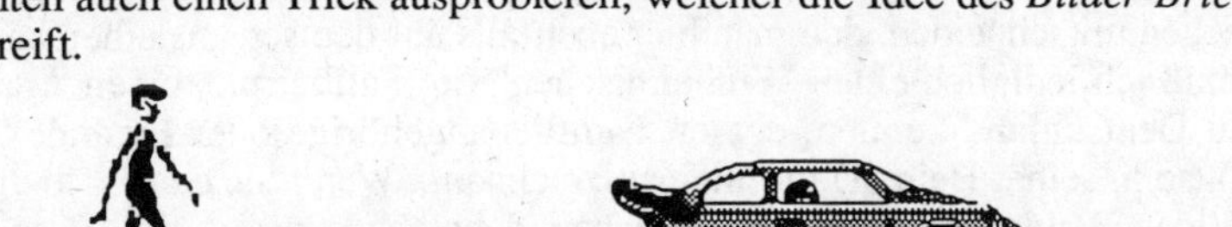

Warum durchsuchen Sie Ihre Texte nicht einmal daraufhin? Sie brauchen nur Stift und Papier (einfache Strich-Zeichnungen genügen vollkommen!). Oder aber Sie suchen sich ein wenig Bildmaterial zusammen und kleben! Sie lernen eine Menge beim Erstellen des Bild-Textes, und Sie haben hinterher Freude daran!

Video-Training

Alles, was ich im folgenden sagen werde, könnte genausogut mit Film statt Video durchgeführt werden, falls Sie ein Film-Fan sind. Aber Video ist etwas bequemer und für mehr Menschen ohne großen Aufwand technisch realisierbar (außerdem fällt das Geräusch des Filmvorführgerätes weg!).

> **Dieses Training ist so einfach, daß es insbesonders geeignet ist, wenn man in einem *absoluten Minimum an Zeit* (für aktives Tun) *in wenigen Wochen* einen *enormen Wortschatz* erwerben möchte.**

Je mehr die "Spreche" und die "Schreibe" sich ähneln, desto leichter kann man mit diesem Training gleichzeitig den Wortschatz für Lesen erwerben; bei starken Abweichungen zwischen (Schrift)-Bild und Ton (wie bei Französisch oder Englisch) hingegen verhilft dieses Training zum Hör-Verständnis.

Sie benötigen ein Video-Gerät (zumindest leihweise für einige Tage) und zwei Ausgaben desselben Filmes, eine in Ihrer Muttersprache und eine in der Zielsprache. Denken Sie dabei auch an die Möglichkeit, im Fernsehen Filme im Zweikanalton-Verfahren mitzuschneiden. Wiewohl diese Technik seit einigen Jahren *möglich* ist, wurden lange Zeit nur extrem wenige Filme in diesem Stil gesendet (und die ausgewählten waren fast alle von drittklassiger Qualität). Aber langsam ändert sich das! Außerdem können Sie mittels Kabel oder Parabolantenne immer mehr ausländische Sender "life" bekommen und aufzeichnen. Wenn Sie das Fernsehprogramm nach "großen" oder berühmten Filmen durchstöbern, finden Sie garantiert einen, den Sie in einer Videothek auch auf deutsch bekommen können. Wenn ich eine Sprache lerne, die in beiden genannten Varianten so gut wie nicht zu "bekommen" ist (z.B. Arabisch), dann lasse ich mir von jemandem im Zielland einen "großen" Film dort im Fernsehen mitschneiden, den man hier ebenfalls auf deutsch ausleihen kann. Dazu muß ich lediglich einen "Einheimischen" (im Fallbeispiel einen Araber) hier in Deutschland kennen, dessen Familienangehörige oder Freunde "drüben" (also in seiner Heimat) für mich aufzeichnen... Wenn Sie dann also die beiden Video-Bänder (bzw. Versionen) haben, dann geht's los:

1. Sehen Sie sich den deutschen Film mehrmals an, bis Sie bei jeder Szene ganz genau wissen, *wer was sagt* (und tut). Dabei lernen Sie unbewußt nebenbei, gewisse Geräusche mit bestimmten Szenen zu assoziieren. Zum Beispiel die Stelle, an der jemand Kaffee eingießt, oder die Musik in einer Szene etc.

2. Ziehen Sie eine Kopie des Tons auf eine normale Audio-Kassette. Falls Ihr Fernseher keine Buchse für den Direkt-Anschluß des Kassettengerätes hat, können Sie den Ton "über die Luft", d.h. mit dem Mikrophon des Kassettenrecorders, aufnehmen. Optimal ist es, wenn der Fernseher relativ laut läuft und der Recorder ziemlich nahe am Gerät steht. Übrigens sollen Sie den deutschen

Ton *erst dann* mitschneiden, wenn Sie den Film bereits sehr gut kennen. So können Sie bestimmte Stellen, die Ihnen *mißfallen*, jetzt weglassen; Sie editieren die Aufnahme also. Kampf- oder Kriegsgeräusche oder laute Schreie, gehen Ihnen später, bei mehrmaligem Hören auf die Nerven; deshalb ist es besser, den Ton nicht gleich zu Anfang des Projektes aufzunehmen. Später wissen Sie sehr gut, was Sie weglassen wollen. Das kann eine ganze Szene sein, die Ihnen inhaltlich nicht gefällt - spielen Sie ruhig ein wenig *Regisseur*!

3. Nun lassen Sie die Audio-Kassette mit dem deutschen Ton *einmal* durchlaufen, um zu überprüfen, ob Sie zu jeder Szene eine klare Vorstellung haben. Sollte Ihnen irgendeine Stelle unklar sein, dann müßten Sie auf dem Video noch einmal nachsehen.

4. Jetzt können Sie die deutsche Version beiseite legen und die Zielsprachen-Kassette das erste Mal sehen (bzw. bei Zweikanalton auf die Originalsprache umschalten). Ihre erste Aufgabe besteht nun darin, den *Ton dieser Version* auf Audio-Kassette aufzunehmen, wobei Sie lediglich darauf achten müssen, daß Sie etwaige Weglassungen auf der deutschen Ton-Kassette jetzt ebenfalls herausschneiden. Diese Aufgabe bewältigen Sie spielend, denn Sie haben ja bereits ein hervorragendes Zeitgefühl für den Film entwickelt.

5. Nun beginnen Sie abwechselnd mit der Audio- und der Videokassette in der Zielsprache zu arbeiten, und zwar wie folgt: Wenn Sie Zeit haben, sich vor den Fernseher zu setzen und *bewußt* hinzuschauen, dann sehen Sie das Video in der Zielsprache. Haben Sie hingegen keine Zeit dafür, dann lassen Sie das Audioband *so oft wie möglich im Hintergrund* laufen!

(Variation: Wer gut mit Parallel-Lernen zurechtkommt (s. Kap. 5), kann natürlich auch das Video "nebenher" laufen lassen, insbesondere wenn er damit niemanden stört.) *Jetzt "passiert" folgendes:*

1. Nach kürzester Zeit "verstehen" Sie jede Szene, auch wenn es noch viele Wörter gibt, die Sie nicht im einzelnen begreifen! (Die Lesetechnik des Dr. TEICHMANN (s. Kap. 6), die ja vorschlägt, ohne Wort-Verständnis zu lesen, bewirkt ähnliches).

2. Sie schaffen sich hiermit ein enormes passives Vokabular, denn so ein Spielfim "enthält" mindestens 1800 verschiedene Wörter. Wenn Sie nun nach einer Weile bereits ca. zwei Drittel verstehen, dann ist das eine große Menge für die kurze Zeit! Es dürfte klar sein, daß ich von Spielfilmen ausgehe, in denen viel geredet wird.

3. Wenn Sie den Film noch weiter hören und ab und zu sehen, werden Sie auch das restliche Drittel fast vollkommen erschließen können. Sie können aber auch schon mit dem nächsten Film beginnen.

4. Falls Sie dieses enorme passive Vokabular später **aktivieren** wollen, gilt: Sie brauchen den Ton nur einige weitere Wochen überwiegend passiv zu hören (das entspricht Lernschritt 3). Dann passiert nämlich folgendes: Gewisse Redewendungen, die häufig auftauchen (weil sie im täglichen Leben ebenfalls geläufig sind), prägen sich Ihnen dermaßen gut ein, daß Sie in einer vergleichbaren Situation quasi *vollautomatisch mit diesen Formulierungen "herausplatzen"* werden. Als mir das zum ersten Mal passierte, war ich so erstaunt, daß ich ausrief: "Habe *ich* das gesagt?" Ich konnte es gar nicht glauben. Das heißt: mit dieser Technik werden gerade die *Idioms*, also diejenigen Redewendungen, die in jeder Sprache etwas "anders funktionieren", für Sie so vertraut, daß Sie diese "wie ein Einheimischer" anwenden. Außerdem registrieren Sie unbewußt viele Details, die normalerweise besonders viel Schwierigkeiten machen können. Wir haben in Kap. 2 und 3 schon einmal darüber gesprochen. Zum Beispiel:

- das grammatikalische Geschlecht häufig benutzter Wörter (*der* oder *die* Sonne?)
- die Partikeln (*auf* oder *in* der Straße?)
- unregelmäßige Formen von Verben (*schwimmte* oder *schwamm*?)
- Partikeln, die es in Ihrer Muttersprache nicht gibt (wie im Japanischen: Mensch) **WA** Japan Sprache **OO** sprechen-tun)

und vieles mehr!

Übungen selber "basteln"

Grundsätzlich: Übungen können schriftlich oder mündlich absolviert werden (s. Kap. 6). Wenn Sie nach meiner Methode lernen, *müssen* Sie überhaupt *keine* Übungen durchführen! Aber viele Menschen *würden* gerne üben, wenn... ja wenn die folgenden Hinderungsgründe nicht wären:

• Übungen ohne Auflösungen motivieren nicht! Denn jede richtige Antwort macht Freude! Wenn es aber keinen Schlüssel zu den Übungen gibt, dann fehlt eben dieser lustauslösende Faktor!

• Manche Lehrbücher bieten zwar einen Schlüssel an, aber der ist hinten im Buch, meist in entsetzlich kleinen Buchstaben abgedruckt. Hinzu kommt, daß sie die Auflösungen oder nur das fehlende Element abdrucken, so daß die Erfolgskontrolle ziemlich mühselig wird, z.B.: Ü.23:

a) do
b) don't
c) does
d) do

• Die meisten Lehrbücher bieten keine oder zu wenige Übungen an. Ob dann aber die *Art* von Übung dabei ist, die *Ihnen* Spaß machen würde, ist fraglich. Denn wer gerne übt, möchte oft mehr "Material"!

Deshalb plädiere ich dafür, sich die Übungen selber zu "basteln". Das ist heute weit einfacher als früher, da wir uns der modernen Technik bedienen können, wobei ich Ihnen zwei Versionen vorschlagen werde: In diesem Kapitel geht es zunächst um die einfache Version. Falls Sie jedoch bereits "elektronisiert" sind, dann interessieren Sie sicher die phänomenalen Möglichkeiten, Ihre Übungen mit dem Computer zu erarbeiten (s. Kap. 10). Bitte sehen Sie die folgenden Ideen nur als erste Anregungen an. Die Erfahrung hat ganz klar gezeigt, daß Menschen, die gerne üben, sehr schnell eigene Variationen erfinden!

Grundsätzlich gilt, daß unsere Übungen erstens nur *die* Aspekte trainieren sollen, die besonders interessieren! Sie sind der Boß! Sie bestimmen selbst! Dadurch macht das Üben noch mehr Spaß, zum einen, weil Sie die Übungen selber kreiert haben, und zum anderen, weil Sie bei schwierigen Aufgaben aufgrund der "eingebauten" Lösung zwangsläufig sehr schnell von einem Erfolgserlebnis zum nächsten schreiten. Und das macht nun mal so ziemlich jedem Menschen Freude, denn:

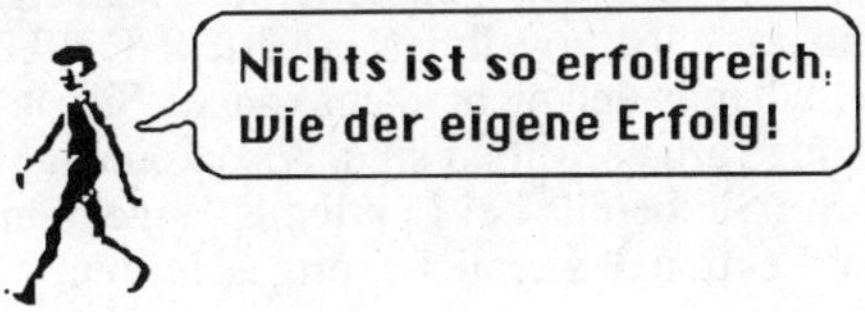

Fill-in-Übungen

Es gibt, wie schon in Kap. 6 angedeutet, sogenannte *Fill-in-Übungen*, bei denen *etwas fehlt*, was mündlich oder schriftlich *eingesetzt* werden soll. Diese Art von Übungen ist kinderleicht zu erstellen: Fotokopieren Sie den Text mehrmals (falls er ziemlich klein ist, gleich in Vergrößerung). Und nun bemalen Sie einige Wörter mit einem *Filzstift* (Leuchtmarker), und zwar dem dunkelsten, den Sie finden können (z.B. das sogenannte "hellblau"). Wenn Sie nun den Text mit einer *farbigen Folie* abdecken, dann *verschwinden die bemalten Stellen optisch*. Aber Sie können die Folie Zeile für Zeile herunterrutschen lassen, haben also nach jeder Zeile sofort die Kontrolle über Ihre Antworten! Daher mein Vorschlag: Schneiden Sie sich die Folie so zu, daß sie so breit wie Ihre Vorlage und nur ca. 5 cm lang ist. Dann können Sie dieses Folienstück leicht zum Abdecken verwenden.

Nun können Sie entweder den Text (laut) lesen und die fehlenden Stellen mündlich (denkend) ergänzen. Oder Sie notieren die fehlenden Wörter bzw. schreiben den ganzen Text inkl. der fehlenden Wörter ab.

Noch etwas: Da Sie den Text *aufmerksam* lesen, um zu entscheiden, welche Wörter Sie "streichen" wollen, ist das *Erstellen der Übung selbst ebenfalls ein gutes Training*! Hier sind einige der Kriterien, nach denen man die Auslassungen planen könnte:

1. Willkürlich: Hier planen Sie gar nicht. Sie nehmen einfach einige Wörter heraus.
2. Alle besonders leichten Wörter: Diese Übung ist anfangs gut, wenn Sie sich schnell ein schönes Erfolgserlebnis verschaffen wollen.
3. Begriffe, die noch ein wenig schwerfallen: Ist auch klar oder?
4. Grammatik: Diesmal wählen Sie gezielt Begriffe bestimmter grammatikalischer Kategorien, z.B. alle *Substantive*, *Verben*, *Adjektive* etc., um sie zu"löschen" bzw. zu übermalen.

Fragen selbstgemacht!
Diese Übung ist besonders hilfreich, wenn Sie Ihren Schwerpunkt auf Konversation legen wollen; hierbei üben Sie nicht nur selber zu fragen, sondern Sie erwerben auch die Grundlage dafür, daß Sie später Fragen Ihrer Gesprächspartner verstehen werden. Merke: Es sind vor allem die Deutschen, die sich mit dem Fragen schwertun. (Vgl. meine Bücher *Psycho-logisch richtig verhandeln* und *Fragetechnik, schnell trainiert.*). So hilft diese Übung vielleicht auch die psychologische Barriere abbauen; denn die Menschen, deren Sprache Sie gerade lernen, werden möglicherweise später viel fragen und dasselbe von Ihnen erwarten! Die Übung ist in manchen Lehrbüchern enthalten; wenn nicht, dann können Sie sie selber "basteln", *falls* Sie schon ein wenig fortgeschritten sind. Also können Sie Übungen zu Lektion 3 erstellen, wenn Sie bereits bei Lektion 8 "angekommen" sind, weil Sie dann, bezogen auf Lektion 3, ziemlich "fortgeschritten" sind!

Nehmen Sie eine Fotokopie des Textes, und bemalen Sie mit einem Leuchtschreiber alle Sätze, zu denen eine Frage (deren Antwort der Satz ist) sinnvoll erscheint. Nehmen wir an, der Lektionstext erzählt von Mary, die einkaufen ging. Dann könnten zu dem Satz *Tuesday Mary went shopping* verschiedene Fragen formuliert werden, z.B.

- *Who went shopping?* (Wer ging einkaufen?)
- *Where did Mary go?* (Wohin ging Mary?) oder
- *When did Mary go shopping?* (Wann ging Mary einkaufen?).

Diese wenigen Anregungen sollten nur drei Dinge zeigen:

1. Man ist keinesfalls "hilflos" darauf angewiesen, ob das Lehrbuch auch Übungen anbietet; man kann selbst tätig werden.
2. Die intellektuelle Stimulierung des "Bastelns" einer Übung ist dem Rätsel-Raten ähnlich. Wer also geistig aktiv lernen will, hat hieran Freude.
3. Wenn man Übungen selber macht, lernt man zweimal: Einmal beim Erstellen der Übung und zum zweiten Mal, wenn man sie ausführt! Und zwar lernt man jedesmal unterschiedliche Aspekte; schon deshalb ist das Selbermachen von Vorteil, selbst wenn das Lehrbuch einige Übungen enthält.

Grammatik - wenn ja, dann wann?

Es folgen einige Hinweise, die natürlich für Grammatik-*Fans nicht* gelten:

• Lesen Sie die Grammatik immer erst hinterher! Das heißt: Beginnen Sie die grammatikalischen Erklärungen zu Lektion 1 erst zu lesen, wenn Sie diese (nach Durchlaufen aller vier Lernschritte) wirklich voll "im Griff" haben. Denn nun sind Sie ja schon ein ganzes Stück weiter (z.B. beim De-kodieren bei Lektion 7 und beim *Hören/Passiv* bei Lektion 4), so daß jede Erklärung zu einem inzwischen sehr vertrauten Text immens leicht zu begreifen ist.

• Hängen Sie die Grammatik an vertrauten Sätzen auf. Häufig bieten die Autoren zur Erklärung einer Grammatik-Regel *neue* Sätze und Wendungen an. Hier wird oft neues Vokabular eingeführt, so daß Form *und* Inhalt des Satzes gleichzeitig neu sind! Dadurch wirkt die Grammatik "schwierig", während es eigentlich eher die Form der Darstellung ist, nicht aber die "Grammatik" selbst! Da Sie den Lektionstext inzwischen sehr gut kennen, können Sie im Text selbst Beispiele finden. An denen "hängen" Sie die Regel dann auf. Außerdem werden Sie jetzt, da Sie ja die Grammatik "im nachhinein" lesen, wahrscheinlich sogar die zusätzlichen Beispiele auf Anhieb verstehen können! Wenn nicht, dann sind Sie einem Autor zum Opfer gefallen, der laufend neue Vokabeln einmal kurz vorstellt, diese aber nicht häufig genug wieder benutzt (sonst hätten Sie sie ja in den vorhergehenden Lektionen bereits in den Haupttexten kennenlernen müssen). Diese Art von Sprachkurs ist ausgezeichnet für jemanden, der alte Vorkenntnisse wieder auffrischen will, nicht aber für einen absoluten Einsteiger, insbesondere für einen Selbst-Lerner. So ein Buch gehört aufs Bücherregal, *bis Sie weiter sind.* Nehmen Sie es in einem halben Jahr wieder zur Hand, dann wird es Ihnen (wahrscheinlich) Spaß machen!

• Finden Sie weitere Beispiele! So banal dies klingen mag, so oft wird diese immense Hilfe von Autodidakten "vergessen", während Lehrer ihre Schüler im Unterricht in der Regel dazu anhalten. Also, *wenn* Ihnen eine Regel wichtig oder interessant erscheint, dann notieren Sie einige eigene Beispiele. Diese können Sie aus den Lektions-Texten herausfiltern (insbesondere, wenn Ihre Zielstellung vor allem das Verstehen-Können ist). Aber Sie können natürlich auch selbst welche bilden. Letzteres bietet sich natürlich an, wenn Sie *aktiv* sprechen (schreiben) lernen wollen! Dies gehört technisch bereits in den Bereich der Sprech-Übungen (s. auch Kapitel 6).

Das sogenannte Sprachgefühl kreativ erwerben!

Da die Seitenzahl dieses Büchleins begrenzt ist, will ich Ihnen nur drei erste Anregungen geben, in der Hoffnung, daß diese viele Assoziationen bei Ihnen auslösen werden!

1. Ganzhirniges dreidimensionales Vorgehen! Denken Sie an Papier- und Stift-Techniken, wie sie weiter oben bereits vorgeschlagen wurden. Zum Beispiel: Besorgen Sie sich MINIATUR-KARTEIKÄRTCHEN in verschiedenen Farben (wenn Ihr Schreibwarenladen keine hat, reden Sie mit einem Drukker!). Nun könnten Sie z.B. Hauptwörter auf gelbe Karten schreiben, Tätigkeitswörter auf rote, Eigenschaftswörter auf blaue, Umstandsbestimmungen auf grüne und "alles andere" auf weiße Kärtchen.

Nun LEGEN SIE SÄTZE auf dem Tisch, indem Sie die Kärtchen hin- und herschieben. So simpel dies klingt, es hilft auf phantastische Weise, weil der Tastsinn (rechtes Hirn) sowie das Gefühl für die Stellung innerhalb der Satz-Struktur (auch rechts) mit aktiviert werden. Außerdem *tun* Sie etwas dabei; das ist automatisch ganzhirnig! In dem folgenden Beispiel aus dem Esperanto sehen Sie, daß es kein Geschlecht gibt, (*la* steht dann für unser der/die/das). Außerdem sehen Sie, daß die Wortstellung der unseren entspricht:

wo	ist	der/die/das	Schlüssel	?
kie	**estas**	**la**	**ŝlosilo**	**?**

Wenn Sie hingegen den folgenden arabischen Satz legen würden, und zwar in Lautschrift, dann sähen Sie ganz klar, daß es kein Wort für "ist" gibt, sowie, daß *al* für *der* oder *die* stehen kann, denn es gibt nur zwei Geschlechter im Arabischen (im Gegensatz zu drei im Deutschen):

wo	ist	der/die	Schlüssel	?
aina		**al**	**miftah**	**?**

Aber genausogut können Sie mit der fremden Schrift arbeiten:

?	Schlüssel	der/die	ist	wo
؟	مفتاح	...ال		أين

Sie sehen, daß *al* nicht alleine steht, sondern mit dem folgenden Wort verbunden wird. Wenn Sie hingegen ohne deutsche Kärtchen arbeiten, fällt die Lücke für *ist* weg:

؟	مفتاح	ال...	أين!

2. Machen Sie sich doch ein Bild! Erinnern Sie sich an die Idee des Mind-Map weiter oben? Wenn man die Struktur von abstrakten Gedanken durch die Art des Schreibens *sichtbar* machen kann, warum dann nicht auch sprachliche Strukturen?

Das folgende Beispiel sah ich in einem Arabischkurs (der leider nur isolierte Sätze anbietet), aber diese Idee des Autors ist phantastisch: er zeigt rechts auf, daß bei den sogenannten "Sonnenbuchstaben" der erste Konsonant verdoppelt werden muß (darum ist der Name des früheren ägyptischen Präsidenten nicht *al-Sadat*, sondern *aS-Sadat*). Und, indem er den Artikel (Bildmitte) "ausgehöhlt" geschrieben hat, zeigt er bildlich auf, daß bei einer Liaison dieser Art das "l" des Artikels in der Aussprache "verschwindet"! Das ist gehirn-gerecht und macht diese Aspekte für jemanden, der Arabisch lernen will, sehr leicht!

Quelle: ARABISCH: BASIS für MANAGER und TOURISTEN, von Sami Tabbara. 1978

العَرَبِيَّة أَساسٌ لِرِجالِ الأَعْمالِ وَالسُّيّاحِ

3. Von der Hand zum Ohr! Sie erinnern sich vielleicht (s. Kap. 6) an die Aussprache von Wörtern, die im Deutschen auf *-ologie* oder *-osophie* enden. Der Rhythmus dieser Wortgruppe im Englischen ist nicht PA PA PA **PAM!**, sondern: PA **PAA!** PA PAM. Sie können sich einen für Sie zunächst eigenartigen Wort- oder Satzrhythmus leicht durch Klopfen oder Klatschen erschließen.

Als ich in den USA das erste Mal das Wort *Katastrophe* verwendete, sprach ich es so "deutsch" aus, daß kein Mensch begriff, was ich meinte; ich mußte es buchstabieren. Dann rief einer: "Ah, *ca-**TAS**-troph-y*". Ich klatschte den Rhythmus und begriff, daß er dem oben erwähnten entsprach. Damit war "das Problem" ein für alle Male behoben!

Kapitel 8
Die häufigsten Fragen...

Wenn man gewisse Informationen Tausenden von Seminar-Teilnehmern angeboten hat, dann kristallisieren sich mit der Zeit bestimmte Fragen heraus, die häufig auftauchen. Die meisten dieser Fragen habe ich beim Schreiben des Haupttextes bereits berücksichtigt. (Sie hätten die ellenlange Checkliste sehen sollen, aus der laufend Stichwörter gestrichen wurden!) Aber einige sind doch "übrig geblieben". Dreien davon ist das neunte Kapitel gewidmet: Es geht dabei um den *fortgeschrittenen Lerner*, der auf (teilweise jahrzehntelang) verschütteten Kenntnissen aufbauen will, sowie um die spezielle Problematik von *Schülern* und letztlich um die *Materialien*, mit denen man arbeiten kann. Aber es gibt noch einige Punkte; sie sind Thema *dieses* Kapitels. Springen Sie von Frage zu Frage, und lesen Sie nur diejenigen Antworten, welche *Sie* interessieren...

Kann man im Schlaf lernen?

Diese Frage wird in *jedem* Seminar gestellt. Die Antwort ist ein eindeutiges Jein! Warum? Nun, das sogenannte Schlaflernen ist dann am effektivsten, wenn Ihr Gehirn die sogenannten Alpha-Wellen produziert. (Das ist der Bereich: 7-13 Hz.) Dies ist bei *einer* der vier Schlaf-Phasen der Fall, die Sie jede Nacht mehrmals "durchlaufen". Aber nach dieser ersten Schlaf-Phase folgen andere, die mit anderen Hirnwellen einhergehen. Versuche haben eindeutig ergeben, daß die Schläfer am nächsten Tag unruhig, nervös, gereizt sind, wenn während der anderen Schlaf-Phasen ebenfalls Lerninformationen zu vernehmen waren. Deshalb hat sich das Schlaflernen ja nie durchgesetzt, wiewohl man vor Jahrzehnten bereits damit zu experimentieren begann. Man könnte natürlich mit Elektroden am Kopf einschlafen und das Kassetten-Gerät mit einem EEG (Elektro-Encephalographen, dem Hirnwellen-Meßgerät) in einer Weise koppeln, daß das Gerät *nur während der Alpha-Phasen* läuft. Aber wer will das schon?

Aber Sie können die Tatsache, daß die *erste* Schlafphase ja immer eine Alpha-Phase ist, nutzen! Lassen Sie die Kassette *bis zum Einschlafen* laufen. Es macht nichts, wenn Sie vor Bandende einschlafen; falls Sie aber noch wach sein sollten, könnten Sie das Band ja einmal wenden, so daß Sie dann spätestens während des Ablaufs der Rückseite einschlafen. Sollten Sie an Schlaflosigkeit leiden, dann könnten Sie die Zeit zum *Hören/Aktiv* nutzen, statt nur herumzuliegen und auf den Schlaf zu warten... Wenn Ihr Gerät "leise" abschaltet, dann können Sie also doch *bedingt* schlaflernen. Sollte Ihr Gerät jedoch mit einem lauten Klick abschalten, dann können Sie auch dieses Problem lösen, ohne ein neues Gerät zu kaufen: Nehmen Sie ein 90-Minuten-Band und schalten Sie eine Zeituhr zwischen Gerät und Steckdose, welche Sie auf 40 Minuten programmieren. Dann geht dem Gerät der "Saft" aus, ehe es nach Ende der ersten Seite (45 Minuten) offiziell ausgeschaltet hätte! Und wenn Sie mit einem Partner im selben Raum schlafen, dann könnten Sie mit einem Kissen-Lautsprecher (vgl. Kap. 3) arbeiten, ohne ihn (sie) zu stören. (Kopfhörer sind zum Einschlafen natürlich wenig geeignet.)

Soll man Latein lernen?

Die Antwort lautet Jein; das hängt nämlich von Ihrer ganz speziellen Situation ab: Angenommen, Sie sind ein eher analytischer Lese-Typ, dann könnte Latein Ihnen Freude machen, und es würde gleichzeitig die Basis für alle romanischen Sprachen (plus: Englisch!) legen! Sie können Latein ebenfalls nach meiner Methode lernen, wenn Sie sich jemanden suchen (z.B. einen Seminaristen der katholischen Kirche), der Texte für Sie auf Band liest.
Übrigens gibt es schon Lateinbücher mit kleinen Stories statt üblicher Lektionstexte, außerdem kann man mit Asterix und Wilhelm BUSCH, dem Struwwelpeter u.v.a. quasi lateinischen Spaß haben. Und dann gibt's natürlich die alten Texte, die alle in Übersetzungen vorliegen.

Aber die Antwort oben lautete "jein", es spricht nämlich für den Nicht-Analytiker einiges dagegen. Falls Sie Latein beruflich (später) benötigen, dann lernen Sie *zuerst* Englisch (oder Italienisch); damit erwerben Sie bereits eine "solide Basis" für Latein, ehe Sie damit beginnen. Und wer lediglich Latein lernen wollte, um Fremdwörter besser erkennen zu können, der wird durch *jede romanische Sprache* (bzw. Englisch) dazu befähigt.

Soll man ausländische Zeitungen lesen?

Wenn Sie auch im Deutschen (relativ) viel Zeitung lesen, also mit dem typischen Zeitungsstil vertraut sind, dann ist es sinnvoll. Denn erstens weicht diese "Schreibe" vom normalen Sprachgebrauch stark ab; das beginnt schon bei den Satzfetzen in den Überschriften! Wem diese Art, Sprache zu verstümmeln, nicht vertraut ist, der findet sich in einer fremden Sprache vor einer (zunächst) unüberwindlich scheinenden Barriere. Zweitens: Je vertrauter Ihnen einige wichtige Nachrichten *aus deutschen Presseberichten* sind, desto eher begreifen Sie Informationen darüber in einer fremden Sprache. Das beginnt bei *Namen*, die in Sprachen ohne Großbuchstaben (arabisch, hebräisch, persisch, urdu, hindustani, japanisch, chinesisch etc.) zunächst gar nicht als solche erkennbar sind, sofern sie einem nicht als solche *vertraut sind,* und das hört bei Spezialbegriffen (Minus-Wachstum, Krieg der Sterne) noch lange nicht auf. Nur wer *in seiner Muttersprache* mit Zeitunglesen vertraut ist, kann relativ schnell fremdsprachliche Zeitungen lesen; er wird auch Nachrichtensendungen in Radio und Fernsehen sehr bald verstehen können.

Sind Video-Sprachkurse für Autodidakten geeignet?

Auch hier muß ich "jein" sagen: Diese Kurse sind zunächst einmal unglaublich teuer. Zum zweiten wurden sie in der Regel fürs Fernsehen erstellt, d.h. für Menschen, die einmal pro Woche einen Abschnitt einmal sehen. Daher enthalten Sie viele *Wiederholungen,* die dem Heimbenutzer, der ja jederzeit zurückspulen kann, um eine Stelle mehrmals zu sehen, bald auf die Nerven gehen. Wenn Sie bedenken, daß Sie einen hohen Preis für zweieinhalb Stunden Spielzeit bezahlen müssen, dann bezahlen Sie diesen Preis für ca. *eine* Stunde Neu-Material. Davon geht wieder einiges ab für die schriftliche Darstellung grammatikalischer Strukturen (die im Begleitbuch ebenfalls enthalten sind!). Daher rate ich Ihnen, wenn Sie den Kurs selbst finanzieren müssen, gilt: Drum prüfe, wer sich ewig bindet! Wenn Sie hingegen zu mehreren sind und sich den Preis teilen (bzw. wenn Geld keine Rolle spielt) oder wenn Sie solche Kurse in der Firma benutzen oder ausleihen können, dann haben Sie sicher "etwas" davon. Aber ich meine, daß Sie weit mehr erreichen, wenn Sie das Video-Training (Kap.7) durchführen. Da haben Sie sehr viel mehr Material; und sehen noch dabei Ihre Lieblings-Schauspieler.

Wie kann man im Zielland üben, wenn jeder dort automatisch gleich deutsch oder englisch mit uns spricht?

Hinter dieser Frage steckt eine traurige Erfahrung vieler meiner Seminar-Teilnehmer, nämlich die, daß sie im Zielland sofort als "Touristen" eingestuft wurden. Das hat zur Folge, daß die Einheimischen glauben, besonders nett zu sein, wenn Sie versuchen, den Lernwilligen in dessen Muttersprache anzusprechen. Also können Sie weder üben, Ihr Hotelzimmer auf spanisch zu buchen, noch Ihren Kaffee auf italienisch bestellen, noch auf französisch einkaufen etc. Was nutzt es dann, wenn Sie alles, was die Personen in den Lektionen können, auch können, wenn man Ihnen von Anfang an gar keine Chance gibt?! Das kann unheimlich frustrieren, wenn man hofft, endlich ein wenig "echt üben" zu können, insbesondere, wenn man noch nicht flüssig genug sprechen kann, um sich *in der Zielsprache zur Wehr zu setzen.* Mein Vorschlag:

Bereiten Sie sich zuhause darauf vor! Lassen Sie sich notfalls von einem Bekannten aus dem Zielland (oder einem Dolmetscher) helfen, drei Sätze in die Zielsprache zu übersetzen, die Sie möglichst auswendig lernen. Aber im Notfall können Sie den Zettel mit je einem dieser Sätze dem potentiellen Gesprächspartner im Zielland auch zu lesen geben, wenn es nicht gerade ein Analphabet ist; deren gibt es in manchen Ländern ja bis zu 90%! Der erste Satz könnte so lauten:

BITTE HELFEN SIE MIR: ICH MÖCHTE IHRE SPRACHE LERNEN – DAS GEHT ABER NICHT, WENN SIE DEUTSCH (ENGLISCH) MIT MIR SPRECHEN.

Erfahrungsgemäß *stutzt* der andere, *lächelt* Sie an, und jetzt ergießt sich ein Fluß von Wörtern, schnell, mundartlich, *jedenfalls für Sie weitgehend unverständlich* über Sie. Nun, Sie sind auch hierauf vorbereitet. Also sagen Sie Ihr nächstes, zuhause ebenfalls vorbereitetes Sprüchlein auf, wobei Sie überdeutlich und sehr langsam sprechen (oder zücken Zettel Nr.2):

BITTE SPRECHEN SIE SEHR, SEHR LANGSAM.

Nun gibt es zwei Möglichkeiten. Entweder der andere schaut Sie an, als ob Sie nicht mehr alle Tassen im Schrank hätten – belassen Sie ein "Gespräch" mit ihm bei einigen wenigen Sätzen und verabschieden Sie sich. Oder aber Ihr Partner wird (wie die meisten Menschen) positiv reagieren. *Sowie der andere seinen ersten langsamen Satz von sich gegeben hat*, verstärken Sie sein Verhalten positiv mit Ihrem dritten und letzten zuhause vorbereiteten Zettel:

ICH DANKE IHNEN FÜR IHRE GEDULD,
SIE HELFEN MIR SEHR.

Mit diesem Patent-Rezept haben meine Teilnehmer es immer wieder geschafft, einige "gute" Gesprächspartner zu finden, mit denen sie sich dann natürlich länger bzw. öfter unterhalten. Das bringt uns zur zweiten Frage, die in diesem Zusammenhang immer gestellt wird:

Wo kann man (im Zielland) am besten üben?

Natürlich da, wo Menschen sind, die erstens Zeit haben und die zweitens bereit sind, sich zu unterhalten! Ein Ober, der sowieso schon am "Rotieren" ist, wird nicht viel Geduld aufbringen, um mit Ihnen langsam zu sprechen oder zu warten, bis Sie einen Begriff endlich im Wörterbuch gefunden haben! Also, wo finden wir die richtigen Leute? Hier einige erste Ideen, die Sie im Hinblick auf Ihre *Wesensart* prüfen sollten!

1. Natürlich finden Sie potentielle Gesprächspartner auch im **Café**, aber *an den anderen Tischen*, wenn Sie der Typ sind, der es wagt, Fremde anzusprechen. Bitte bedenken Sie, daß in südlichen Ländern die Leute nicht so "steif" und distanziert sind wie wir. Und daß die meisten Menschen recht hilfsbereit sind, wenn wir ihre Hilfe erbitten. So könnten Sie z.B. in Ihrem Wörterbuch blättern und dabei immer wieder etwas "verzweifelt" umherblicken, ehe Sie jemandem endlich die erste Frage stellen. Wenn Sie die drei Sätze (s. oben) griffbereit haben, kann nicht mehr viel schiefgehen.

2. Am **Strand**, aber *weiter hinten*! Je näher jemand sich ans Wasser legt, desto eher will er regelmäßig schwimmen; das sind selten Partner, die uns die nötige Geduld entgegenbringen werden. Aber weiter hinten, da sitzen die *Eltern* von halbwüchsigen Kindern, die man noch nicht ganz alleine gehen läßt, die aber stundenlang in der Nähe herumlaufen (oder schwimmen) dürfen. Diese Personen sind meist gerne zu einem Gespräch bereit. Beobachten Sie genau, daß Sie

keine deutschen Touristen erwischen; aber die erkennt man ja schnell... Schlendern Sie *langsam* herum, und suchen Sie ein potentielles "Opfer"; vielleicht lassen Sie etwas im Vorbeigehen fallen, dann heben Sie es auf und entschuldigen sich mit Augenkontakt, und schon merken Sie, ob der Mensch auch irgend etwas sagt. Merke: Antworten auf rituelle Redewendungen (Grüße, Entschuldigungen und deren Beantwortung) werden meist unbewußt, schnell gegeben! Dann aber hat der andere bereits etwas gesagt; die erste Hürde ist genommen.

3. Gehen Sie zum **Bahnhof** und "hängen" Sie da herum, wo *Einheimische* auf *Vorortszüge* warten. Wenn der Zug noch 15 Minuten auf sich warten läßt, können Sie garantiert ein kleines Gespräch mit jemandem führen. Sie können aber auch einen Schritt weitergehen:

4. Reisen Sie **in dem Vorortszug** ca. 25 km mit (und kehren anschließend wieder zurück). Sie können einen netten Kontakt vom *Bahnsteig* weiterführen oder einen weniger netten, durch Einsteigen in einen anderen Wagen, "verlieren". Im Zug redet es sich besonders leicht mit Fremden!

5. Gehen Sie zu **Behörden**, vor allem im **Hinterland**, wo nicht zu erwarten ist, daß der Beamte versuchen wird, auf deutsch oder englisch auszuweichen. Merke: Diese Leute sind dazu da, Ihre Fragen zu beantworten. Wenn er Probleme hat, Ihre Fragen zu verstehen, dann ergibt sich zwangsläufig ein Gespräch, in dessen Verlauf Sie beiläufig erwähnen können, daß Sie seine Sprache lernen wollen. Das schafft automatisch mehr Sympathie, als wenn er glaubt, Sie "kämpften" nur aus der Not mit seiner Sprache. Wenn Sie nicht gerade in einer Schlange von Wartenden stehen (was im Hinterland in der Regel nicht der Fall ist), wird man sich Zeit für Sie nehmen!

6. Achtung: Der letzte Hinweis ist definitiv **auch für Nicht-Camper** relevant: Auf **Campingplätzen**, vor allem auf *Inlandsplätzen* (ohne Strand) müssen Sie es unbedingt versuchen! Die Leute hier sind oft Dauercamper und froh um jede Abwechslung. Parken Sie den Wagen außerhalb, und fragen Sie an der Rezeption, ob Sie durchlaufen dürfen, um sich den Platz zu besehen. (Im Notfall auch deutsch oder englisch, aber bereits das Personal an der Rezeption könnte einem Gespräch nicht abgeneigt sein, wenn gerade nicht viel zu tun ist.) Genehmigung wird meistens erteilt (es kostet manchmal einen kleinen Obulus). Nun *schlendern* Sie herum und beobachten: Je offener ein Stell-Platz ist, desto offener für Gespräche sind die Bewohner in der Regel. Sitzen Sie direkt am Wagen oder zwei Meter entfernt (also näher an Vorbeigehenden)? Schauen sie "nur so" herum oder sind sie beschäftigt? Wenn *Sie* langsam genug gehen, ein wenig freundlich dreinblicken und vor einem potentiellen Partner stehenbleiben, *werden Sie selbst in der Regel sogar angesprochen.* Dann ist das Eis schnell gebrochen. Die ersten Themen hier sind immer: Wo kommt man her? Wo will man hin? Wie lange will man bleiben? Urlaub oder beruflich? Familie? etc.

Wann ist man zu alt, um mit dem Sprachenlernen zu beginnen?
Im Prinzip nie! Selbst wenn Sie mit nur einer einzigen Sprache schon "ziemlich" alt geworden sind, gilt: Wenn Sie im Eingangsquiz die vier Fragen (überwiegend) bejahen konnten, dann steht Ihrem Wunsch (so Sie den haben!) nichts entgegen. Einige meiner Seminar-Teilnehmer waren in den Siebzigern und haben inzwischen erfolgreich eine (z.T. sogar mehrere) Sprachen gelernt!

Soll man Radiosendungen in der Zielsprache hören?
Ja und Nein. Ja, wenn Sie schon ca. 70% beim ersten Hören verstehen, dann ist jede Sendung auch interessant. Nein, wenn Sie noch am Anfang stehen. Mein Vorschlag: Schneiden Sie eine (einige) Radiosendung(en) auf Kassette mit; dann können Sie diese so oft hören, wie Sie wollen. *Aktiv* oder *passiv*, ganz wie Sie gerade Lust und Laune haben. Aber wenn Sie eine bestimmte Sendung mehrmals in beiden Hör-Varianten "hinter sich" haben, werden Sie auf alle Fälle weit mehr verstehen als beim ersten Durchgang!

Kann es sein, daß man eine der vier Grundfertigkeiten (Hören, Sprechen, Lesen, Schreiben) in der Zielsprache besser beherrschen lernt als in der Muttersprache?
Ja, allerdings müssen bestimmte Voraussetzungen gegeben sein. Entweder man kommt als junger Mensch ins Ausland, oder aber man befaßt sich besonders intensiv mit einer dieser Fertigkeiten, so daß man langsam tatsächlich besser wird. Aber das ist rar. Was schon eher passiert, ist, daß man in einer anderen Sprache ein größeres Vokabular erwirbt, als man es in der Muttersprache hatte. Das bedeutet dann, daß für diese Dinge die Fremdsprache quasi zur *Muttersprache* wird, denn man kennt ja nur *einen* Begriff, aber eben nicht den deutschen. So lernte ich in den sieben Jahren in USA sehr viele Wörter, zu denen mir im Deutschen buchstäblich die Worte fehlten. Ich brauchte Monate, um hier wieder "gleichziehen" zu können, insbesondere bei Fachbegriffen, aber auch Wörtern, welche Ideen beschrieben, mit denen ich mich vorher im Deutschen noch nicht befaßt hatte. Sie erinnern sich an den Hinweis (in Kap.1), daß der Erwachsene *in der Regel* die Konzepte kennt, zu denen er jetzt nur das Wort lernen muß. Wenn aber die Konzepte selbst noch unbekannt waren, dann wird die Vokabel aus der anderen Sprache die *einzige* sein, die man für diese Idee kennengelernt hat.

Wie lernt man eigentlich, in der Zielsprache zu denken?
Einfach, indem man es tut! Üben Sie täglich, einige Minuten in der Zielsprache zu denken (oder Selbstgespräche zu führen), wobei dies anfänglich durchaus in "Zeitlupe" (mit langen Denkpausen) ablaufen kann. Denken Sie urprünglich nur, was Sie derzeit schon denken *können,* erst später werden Sie denken, was Sie denken *wollen!* Wenn Sie anfangs 10 Minuten schaffen (die

Ihnen in den ersten zwei Wochen schwerfallen werden) und später, wenn es leichter geht, auf 15 oder 20 Minuten verlängern, werden Sie zwangsläufig bald in der Zielsprache denken können. Es geht gar nicht anders! Übrigens habe ich dieses Programm, als ich in zwei Monaten holländisch lernte, stur durchgehalten; sonst hätte ich nicht sofort mit Seminaren beginnen können! Inzwischen haben mir auch Seminar-Teilnehmer, vor allem Manager, die im Zielland verhandeln müssen, bestätigt, daß es ihnen ähnlich ergangen ist. Seit sie mit den Denk-Übungen begonnen haben, hat sich ihre Fähigkeit, sich in der Zielsprache auszudrücken, innerhalb der ersten drei Wochen bereits drastisch erhöht! Bitte bedenken Sie auch: Wenn Sie Auto fahren, zum Einkaufen gehen, auf einen Bus warten – das sind doch immer Zeiten, in denen Sie solche Übungen absolvieren könnten, ohne "Extra-Zeit" zu investieren, oder?

Ist die Vier-Schritt-Methode auch für angehende Dolmetscher geeignet?

Ja, aber: Will jemand später *schriftliche Übersetzungen* anfertigen, wobei es darum geht, Satzteil für Satzteil sinngemäß *ohne besonderen Zeitdruck* zu übertragen, dann ist nichts gegen meine Methode einzuwenden, *wenn* er alle Lektionstexte nicht nur de-kodiert, sondern sie (ca. fünf Wochen später) auch in "gutes Deutsch" übertragen lernt. Wieder zwei Wochen später kann dann die "gute Übersetzung" in die Zielsprache rückübersetzt werden. Somit wird das Übersetzen von Anfang an gleich mitgeübt! Diese Übersetzungen können als Teil der vierten Phase gesehen werden.

Will die Person jedoch *Simultandolmetscher* werden, sollte sie eine Zusatzübung (quasi einen fünften Lern-Schritt) mit jeder Lektion machen, wobei ich voraussetze, daß auch der angehende Simultan Dolmetscher die Übersetzungs-Übungen (oben) gemacht hat. Jetzt kommt der fünfte Lernschritt: Man erstelle eine Kopie der Kassette, auf welcher nach jeweils drei bis vier Sätzen eine kleine Pause ist; denn Sprecher, die simultan übersetzt werden müssen, machen später auch solche Mini-Pausen, sei es, weil sie nachdenken, sei es, um dem Dolmetscher eine Chance zum Übersetzen zu geben. Während diese Version der Kassette läuft, übt man jetzt, die Übersetzung laut zu sprechen. Da man diese ja schriftlich bereits (mehrmals) geübt hat, trainiert man jetzt hauptsächlich die *Vorgehensweise*, damit diese Art zu sprechen (trotz Weiterlaufens der Originalstimme), geübt wird!

Normalerweise arbeiten Übersetzer beider Gruppen nur von der Ziel- in ihre Muttersprache; sollte die Person jedoch beide "Richtungen" lernen wollen, so kann sie natürlich die "gute deutsche Übersetzung" ebenfalls auf Band lesen und dann "rückwärts" dasselbe Training absolvieren!

Warum soll man eigentlich Sprachen lernen?

Nun, abgesehen davon, daß man vielleicht in anderen Sprachen lesen oder sich unterhalten möchte, gibt es *Gründe*, die sich auf die *Muttersprache* beziehen.

Wie schon einmal angedeutet (Kap.2), kann die Auseinandersetzung mit anderen Sprachen völlig neue Einsichten liefern, also unser Sprachgefühl allgemein verbessern. Wer z.B. erfährt, daß *alle* Wörter im Japanischen sowohl Einzahl als auch Mehrzahl sind (so daß HON *Buch* oder *Bücher* heißen kann), dem fällt vielleicht ein, wie sehr wir oft auf unserem *einen* Weltbild beharren. Aber auch das *Weltbild* oder die *Wirklichkeit*, ja sogar die *Wahrheit* sind im Japanischen Konzepte, die niemals so EIN-deutig ausgelegt werden können wie in indo-europäischen Sprachen. Sind die Japaner deshalb weit flexibler im Denken? Können sie daher Einflüsse von überall (China oder dem Westen) integrieren, ohne sich klar für den einen oder anderen Weg zu entscheiden, wie wir das eher versuchen? Solche und ähnliche Fragen haben sich mir durch das Fremdsprachenstudium zuerst aufgetan...

Wollen wir uns einem letzten Frage-Komplex zuwenden, der *immer* auftaucht und dessen Beantwortung einige kleine (erste?) Einsichten in verschiedene Sprachen und Sprach-Systeme erlaubt. Es geht um Fragen wie die folgenden:

• Sind Sprachen wirklich "verwandt" miteinander?
• Kann auch ein Laie solche Zusammenhänge begreifen?
• Gibt es leichte Sprachen?

Je weiter "entfernt" eine Sprache von der (den) Sprache(n), die Sie bereits kennen, ist, desto schwerer ist sie (zunächst) *für Sie*. Dies bezieht sich sowohl auf die Grammatik als auch auf das Vokabular. Die grammatikalischen Strukturen von Chinesisch und Japanisch sind einerseits beide "total anders" als unsere indogermanischen Sprachen. Andererseits sind sie sich trotzdem so unähnlich, daß die Japaner das Chinesische als "genau so schwierig" empfinden wie wir. Falls Sie sich von der Schrift irreführen lassen und daher meinen, die beiden Sprachen *müßten* eigentlich viel gemein haben, dann bedenken Sie:

Seit der großen Reform des Kemal ATATÜRK (1928) wurde in der Türkei die arabische Schrift durch die lateinische ersetzt. Aber Türkisch ist weder eine semitisch-hamitische Sprache (deren Schrift es zuerst benützte) noch eine indogermanische und daher für uns ebenfalls "ziemlich schwer". Genauso hat das Japanische die Schrift der Chinesen teilweise übernommen. Dabei erfolgte die erste "Übernahme" vor mehr als tausend Jahren. Sie brachte die sogenannten KANJI-Zeichen (komplette Wort-Zeichen) ins Japanische ein. Die zweite "Übernahme" vor ca. sechshundert Jahren führte zur Entwicklung der beiden Silbenschriften HIRAGANA und KATAKANA, wobei eine ursprünglich eine "Frauenschrift" war, denn im alten Japan waren einige der größten Dichter und Denker nämlich Frauen gewesen! Trotzdem haben die Japaner nur wenig echte Wörter übernommen, somit blieb ihre Sprache "ganz anders" als die chinesische! Übrigens sind die übernommenen Wörter auch nicht leicht, denn genauso, wie wir die Ziffern im Englischen "schreiben" können, müssen wir die Zahlwörter selbst erst lernen. So ist das chinesische Zeichen für *Mensch* in beiden Schrift-Systemen sehr ähnlich geblieben, aber der Chinese sagt (ungefähr) REN, während der Japaner es entweder HITO oder JIN ausspricht.

Anders sieht es bei Sprachen aus, die wirklich miteinander verwandt sind. So gibt es z.B. "verwandtschaftliche Beziehungen" zwischen Ungarisch und Finnisch. Man nimmt an, daß eine Gruppe von Ur-Ungarn auf der Flucht vor Attila dem Hunnen bis zu dem heutigen Finnland ausgewandert ist. Demnach können Ungarn leicht Finnisch lernen, und umgekehrt. Aber diese Sprachfamilie ist nur klein, wiewohl manche Sprachforscher die Türk-Sprachen noch hinzurechnen! (Es gibt sogar eine schwer umkämpfte Theorie, derzufolge es zumindest einige Elemente geben soll, welche das Ungarische mit dem Japanischen verbinden, sowohl sprachlich als auch in der Musik!) Will man gleich mehrere "leichte" Sprachen lernen, so sollte man eine *große Sprach-Familie* wählen, z.B. die romanische (inkl. Englisch), weil diese Sprachen Teil der indo-europäischen Obergruppe sind.

Alle romanischen Sprachen sind also leicht, wenn man einmal den Einstieg gefunden hat. (Vgl. auch das BODMER-Zitat, unten). Wenn man sich einmal etwas bewußter mit Sprachen befaßt, lernt man hochinteressante Dinge, so z.B., daß das Englische dermaßen viele romanische Ausdrücke übernahm, daß Englisch sogar eine Brücke zu *Latein* schlagen kann! Zum Beispiel: Alle Wörter, die auf *--ion* enden, sind fast unverändert geblieben. Ja, wir kennen sie (als Fremdworte) im Deutschen auch: Information, Kommunikation, Integration, Nation, Prävention etc. Ebenso alle Worte auf *--ologie* oder *--osophie* (die bereits erwähnt wurden). Noch ein kleiner Vergleich:

Italienisch	Englisch	Deutsch
poeta	poet	Poet
persona	person	Person
regione	region	Region
problema	problem	Problem
periodo	period	Periode
forma	form	Form
concerto	concert	Konzert
classe	class	Klasse
lista	list	Liste
moderno	modern	modern
monumento	monument	Monument
etc.		

Quelle: Italian Made Simple

Wenn Sie jetzt ein wenig Appetit bekommen haben, dann sollten Sie einen Autor lesen, der davon viel mehr versteht als ich. Die Gelegenheit sollen Sie sofort bekommen! Hinweis: Das bereits erwähnte hervorragende Buch *Die Sprachen der Welt* (BODMER) kann beim Weltbild Verlag bestellt werden (Weltbild Verlag GmbH, Steinerne Furt 70, 8900 Augsburg 100).

Der ausgewählte Text gibt Hinweise zu den romanischen Sprachen. Immer, wenn BODMER "jetzt" oder "heutzutage" sagt, bezieht sich diese Aussage auf die *frühen sechziger Jahre*, so daß genannte Zahlenangaben darüber, wie viele Menschen eine bestimmte Sprache "heute" sprechen u.ä., nicht mehr ganz *up to date* sind; heute sind diese Zahlen in der Regel eher höher anzusetzen – mit einigen Ausnahmen.

Die Sprachen der Welt - Auszüge

Frederic BODMER

Zitat, Seite 362 ff:

LATEIN

Wenn wir vom Latein als dem gemeinsamen Vorfahren der modernen romanischen Sprachen reden, so meinen wir die lebende Umgangssprache, die im römischen Gallien, im römischen Spanien und in Italien zur Zeit des Imperiums gebraucht wurde. Während fünf Jahrhunderten gab es zwei Sprachen im römischen Reich, beide Latein genannt. Während die Umgangssprache ständig im Fluß war, blieb die Literatursprache über eine Zeitspanne statisch, die so lang ist wie die, die Hartmann von Aue und Wolfram von Eschenbach von Leibniz und Lessing trennt. Natürlich gab es auch innerhalb des sermo urbanus, der verfeinerten Kultursprache, Abstufungen, genauso, wie es Abstufungen gab innerhalb des sermo rusticus, sermo usualis oder sermo pedestris, wie die Umgangssprache abwechselnd genannt wurde. Die eine klassische Prosa war gekünstelter als die andere, der eine klassische Stil volkstümlicher als der andere.

Leider besitzen wir nur wenig Material, das uns erlauben würde, uns ein zufriedenstellendes Bild der lebenden lateinischen Sprache zu machen. Einige technische Abhandlungen, wie die Mechanik des Vitruvius, liefern uns Wörter und Wendungen, die in den Schriften der Dichter und Rhetoriker fehlen. Auch Inschriften, die von einfachen Leuten verfaßt wurden, geben einigen Aufschluß, sowie die Proteste der Grammatiker, die damals wie heute die Hüter seltener Altertümlichkeiten waren. In den Komödien von Plautus (264 - 194 v. Chr.) kommen oft umgangssprachliche Wendungen vor; klassische Autoren machten gelegentlich Fehler, die aufschlußreich sind. Gemeinsame Merkmale mehrerer romanischer Sprachen von heute geben ebenfalls nützliche Hinweise.

Aus allen diesen Quellen können wir mit Sicherheit schließen, daß das Vulgärlatein, das sich nach der Annahme des Christentums allmählich in der Literatur durchsetzte, schon vor der christlichen Ära die Umgangssprache der Bürger des römischen Reiches war. Das Christentum half, den Bruch zwischen der lebenden und der geschriebenen Sprache zu heilen, und gab damit dem Latein neue Lebenskraft. Die lateinische Bibel, die Vulgata, ... die am Ende des 4. Jahrhunderts von Hieronymus zusammengestellt wurde, ermöglichte es dem Latein, die Anstürme der Barbaren zu überleben.

Natürlich entwickelte das Latein, als es sich über Nordafrika, Spanien und Gallien ausbreitete, örtliche Unterschiede. Diese gingen zum Teil auf die Sprachgewohnheiten der Urbevölkerung zurück, die das Latein übernahm; zum Teil kann man sie aber auch den Dialektunterschieden der römischen Ansiedler zuschreiben ...

Die romanischen Sprachen weisen zahllose gemeinsame Züge auf. Sie stimmen in ihren grammatischen Merkmalen auffallend überein und gebrauchen die gleichen, nur verhältnismäßig wenig voneinander abweichenden Wörter für die alltäglichen Dinge und Tätigkeiten. Deshalb ist es verhältnismäßig leicht, eine weitere romanische Sprache zu lernen, wenn man schon eine beherrscht; und ein Erwachsener lernt leicht mehr als eine gleichzeitig. Französich hat sich am weitesten vom Latein entfernt. Was Französich hauptsächlich von Italienisch und Spanisch unterscheidet, ist der weitgehende Zerfall der Flexionen in der gesprochenen Sprache. Von beiden trennt es sodann die radikale phonetische Veränderung, die es oft unmöglich macht, ein französisches Wort als ein lateinisches zu erkennen, ohne daß man seine Geschichte kennt. Als geschriebene Sprache hat Spanisch die lateinischen Flexionen am treuesten bewahrt, aber es ist von Italienisch und Französich durch lautliche Sonderheiten und einen stark veränderten Wortschatz weit getrennt. Während der acht Jahrhunderte dauernden maurischen Besatzung drangen sehr viele arabische Wörter in den spanischen Wortschatz ein. Im großen und ganzen hat sich das Italienische am wenigsten geändert. Es stand zur Zeit, als Dante die Divina Commedia schrieb, dem Latein noch verhältnismäßig nah; und die späteren Veränderungen in Schreibweise, Aussprache, Struktur und Wortschatz sind verschwindend gering, verglichen mit den Veränderungen, die das Englische von Chaucer bis Shaw durchgemacht hat.

Seite 396 ff:

DIE IBERISCHEN DIALEKTE

Auf der Iberischen Halbinsel währte die römische Herrschaft mehr als 600 Jahre. Schon Jahrhunderte vor dem Zusammenbruch hatte die Sprache des Eroberers die des Eroberten verdrängt. Die letzte Erwähnung einer vorrömischen Sprache findet sich in Tacitus' Annalen. Nach ihm soll ein tarragonischer Bauer unter der Folter in der Sprache seiner Vorväter geschrien haben. Sonst aber war um jene Zeit Spanien vollständig romanisiert. Berühmte Römer wie Seneca, Quintilian und Martial stammten aus Spanien.

Ein Überrest der Ursprache ist das Baskische, das noch auf französischem und spanischem Boden beiderseits der westlichen Pyrenäen gesprochen wird. Bevor die Flugzeuge Hitlers und Mussolinis dem Baskenvolk Unheil brachten, wurde Baskisch von ungefähr einer halben Million Menschen gesprochen. Das spanische Latein hat alle Eroberungen der Vergangenheit überdauert. Zuerst wurde Spanien von germanischen Stämmen überrannt. Im 5. Jahrhundert brausten die Vandalen durch Spanien. Sie gaben der südlichen Provinz Andalusien ihren Namen. Dann herrschten während mehr als zwei Jahrhunderten die Westgoten mit Toledo als ihrer Hauptstadt. Auf sie folgten die Araber und Mauren aus Afrika. Die Mohammedaner, die das ganze Land mit Ausnahme des asturischen Berggebietes unterwarfen, mischten sich nicht in Sprache und Religion der Einwohner ein. Mischehen waren häufig unter ihrem gnädigen Regime. Der spanische Nationalheld Rodrigo Diez de Bivar, gewöhnlich Cid genannt, kämpfte sowohl für die Ungläubigen als auch für die Christen. Grausamkeit und Intoleranz folgten erst der reconquista durch die katholischen Fürsten des nicht unterworfenen Nordens.

Die katholische Eroberung des verlorenen Gebietes breitete sich langsam fächerartig gegen Süden aus, bis sie im Jahre 1492 mit dem Erwerb von Granada durch Ferdinand und Isabella ihren Abschluß fand. Während der maurischen Herrschaft war die Sprache der Halbinsel noch eine Mischung von Dialekten, die alle auf das Vulgärlatein zurückgingen. Im Osten wurde Katalanisch gesprochen, das dem Provenzalischen Südfrankreichs besonders nahe verwandt war; im Norden Leonesisch, Aragonessisch und Aturisch; im Zentrum Kastilisch und im

Westen, das heutige Portugal eingeschlossen, Galicisch. Portugal war schon im 11. Jahrhundert eine halb selbständige Provinz, die später unter Heinrich dem Seefahrer zu einer Seemacht aufstieg. Von Portugal aus wurde der ursprünglich galicische Dialekt nach Madeira und den Azoren und später nach Brasilien getragen. Heute wird Portugiesisch von ungefähr 54 Millionen Menschen gesprochen, wovon 44 Millionen Einwohner Brasiliens sind, das im Jahre 1822 ein selbständiger Staat wurde.

In Spanien selbst entwickelte sich schon früh eine Hochsprache. Auf Vorschlag Alfons' X. erklärten die Cortes im Jahre 1253 den Dialekt von Toledo als das korrekte Spanisch. Wie Madrid und Burgos liegt Toledo in Kastilien. Kastilisch, das ursprünglich die Mundart einer kleinen Gemeinschaft in den kantabrischen Bergen an der baskischen Grenze war, wurde schließlich zur Amts- und Hochsprache von rund 110 Millionen Menschen. Davon leben 25 Millionen in Spanien, 20 Millionen in Mexiko, 13 Millionen in Argentinien, 52 Millionen in den übrigen süd- und zentralamerikanischen Staaten, Westindien, den Philippinen und Nordafrika. Das amerikanische Spanisch weist einige andalusische Züge auf, teilweise, weil die Einwanderer hauptsächlich aus dem Süden stammten, und teilweise, weil Càdiz das Handelszentrum für die Kolonien war.

Der Wortschatz eines Landes, das so oft von fremden Eroberern überflutet wurde, muß unvermeidlich fremde Bestandteile aufweisen. Die germanischen Stämme hinterließen weniger Spuren als im Französischen. Die wenigen germanischen Wörter stammen aus der Terminologie des Krieges und der feudalen Einrichtungen. Hunderte von arabischen Wörtern aber legen Zeugnis ab für das, was Spanien der maurischen Zivilisation verdankt, die der ihr folgenden katholischen unendlich überlegen war. . .

Doch geht der spanische Wortschatz in der Hauptsache auf das Vulgärlatein zurück, dem noch eine Schicht klassisch-lateinischer Wörter aufgepfropft ist. Dies gilt auch für das Portugiesische, das weniger baskische, dafür aber mehr französische Lehnwörter aufweist. Sonst ist der Wortschatz der beiden iberischen Dialekte fast gleich. Es braucht nicht besonders hervorgehoben zu werden, daß gerade einige sehr gebräuchliche Dinge andere Namen haben. Wir kennen dies ja auch vom Deutschen her, wo gewisse häufige Wörter auf einzelne Gebiete beschränkt sind, vgl. Pferd/Roß; Wiese/Matte usw.

Hier folgen einige spanische und portugiesische Beispiele:

deutsch	SPANISCH	PORTUGIESISCH
Kind	**niño**	**criança, menino(a)**
Hund	**perro**	**cão**
Knie	**rodilla**	**joelho**
Fenster	**ventana**	**janela**
Straße	**calle**	**rua**
Hut	**sombrero**	**chapéu**
Messer	**cuchillo**	**faca**

Wer eine der iberischen Sprachen gelernt hat und weiß, wie verwandte, obgleich auf den ersten Blick unähnlich scheinende Wörter identifiziert werden können, wird es nicht schwer finden, eine in der anderen Sprache geschriebene Zeitung zu lesen. Dies gilt jedoch nicht für ein Gespräch. Die lautlichen Unterschiede zwischen Spanisch und Portugiesisch sind beträchtlich. . .

Die grammatischen Unterschiede zwischen den beiden Sprachen sind geringfügig. Das Portugiesische schaltete haver (spanisch haber) schon früh als Hilfsverb aus. Höchstens noch in stehenden Ausdrücken kommt es vor. Die moderne Entsprechung ist ter (spanisch tener), z.B. tenho amado (ich habe geliebt), tenho chegado (ich bin angekommen) für das Spanische he amado und he llegado. Beide Sprachen haben eine große Vorliebe für Verkleinerungsformen. Die wichtigste spanische Form ist -ito, die wichtigste portugiesische -inho. In einer Hinsicht steht das Portugiesische noch hinter dem Spanischen, Französischen und Italienischen zurück, nämlich in der Verschmelzung des Infinitivs mit habere zur Bildung des Futurums und Konditionals. In einer bejahenden Aussage kann das Personalpronomen zwischen den Infinitiven und das Hilfsverb treten, z.B. dir-me-as (wörtlich: zu sagen mir hast du = du wirst mir sagen), dar-vos-emos (wörtlich: zu geben euch haben wir = wir werden euch geben).

FRANZÖSISCH

Die erste romanische Sprache, die eine bemerkenswerte Literatur entwickelte, war der Dialekt des Midi, d.h. des Südens von Frankreich. Das Provenzalische, wie diese Sprache genannt wird, besaß eine blühende Poesie, die stark von der maurischen Kultur beeinflußt war. Die modernen südfranzösischen Dialekte sind Nachkommen des Provenzalischen. Ihnen am nächsten verwandt ist der Dialekt der spanischen Provinz Katalonien mit der Hauptstadt Barcelona.

Das heutige Französisch nahm seinen Ausgang als Mundart des Pariser Bürgertums. Dank der politischen, kulturellen und wirtschaftlichen Vormachtstellung der Hauptstadt breitete sich der Pariser Dialekt über das ganze Königreich aus, überflutete die örtlichen Mundarten und drängte das Bretonische (eine keltische Sprache) und das Flämische (eine germanische Sprache) zurück. Französisch ist heute die tägliche Umgangssprache von halb Belgien und einem beträchtlichen Teil der Schweiz und Kanadas. Im Jahre 1926 sprachen 41 Millionen Menschen in Europa Französisch als Muttersprache, davon 37 Millionen in Frankreich selbst, wobei die zweisprachigen Bretonen, Elsässer und Korsen *nicht* mitgezählt sind, drei Millionen in Belgien und nahezu eine Million in der Schweiz. Außerhalb Europas ist Französisch die Verwaltungssprache des französischen Kolonialreiches und die tägliche Umgangssprache der drei Millionen zählenden Kanadier von Quebec. Das kanadische Französisch hat archaische und mundartliche Eigenheiten, die auf lange sprachliche Isolierung und den Einfluß der zahlreichen Einwanderer aus der Normandie zurückgehen.

Das Französische hat sich zweimal eines außerordentlichen Ansehens erfreut. Zum erstenmal im 12. und 13 Jahrhundert, als die siegreichen Kreuzfahrer es nach Jerusalem, Antiochien, Zypern, Konstantinopel, Ägypten und Tunis trugen. Das zweitemal im 17. und 18. Jahrhundert. Fünf Jahre vor der Französichen Revolution stellte die Kgl. Akademie in Berlin die folgenden Themen als Preisfrage: "Was ist es, das die Französische Sprache zu einer Universal-Sprache in Europa gemacht hat? Wodurch verdient sie diesen Vorzug? Ist zu vermuten, daß sie ihn beibehalten werde?" Der Preisträger war ein geistreicher chauvinistischer Franzose namens Rivarol. Seine Antwort auf die ersten beiden Fragen ging dahin, daß Französisch das Ansehen seinen charakteristischen Vorteilen verdanke, nämlich der Klarheit und dem Satzbau ("Was nicht klar ist, ist nicht Französisch. Was nicht klar ist, ist immer noch Englisch, Italienisch, Griechisch oder Latein").

Dies ist Unsinn, genauso wie die Forderung gewisser Befürworter einer internationalen Hilfssprache, darunter Havelock, Ellis, Französisch wieder zur Weltsprache zu machen. Als Mittel der Diplomatie kam es z.T. deshalb in Mode, weil es eine schon weitgehend vereinheitlichte Sprache war, aber noch weit mehr dank einer Reihe von äußeren Umständen. Vom Westfälischen Frieden (1648) bis zum Zusammenbruch des napoleonischen Kaiserreiches war Frankreich gewöhnlich in der Lage, die Friedensbedingungen zu diktieren. Vor der Aufklärung, die der Französischen Revolution unmittelbar voranging, war der Hof von Versailles die kulturelle Hochburg des Absolutismus. Die französischen Enzyklopädisten verbreiteten den englischen Rationalismus auf dem Kontinent; die Revolutionskriege trugen den Ruhm der französischen Kultur in neue Schichten der europäischen Gesellschaft und verliehen ihr neuen Glanz. Das Kaiserreich führte zu einem neuen Höhepunkt, aber rief gleichzeitig in ganz Europa eine nationalistische Gegenströmung hervor. Nach der Niederlage Bonapartes ging der Einfluß des Französischen in den skandinavischen Ländern, in Rußland, das die offizielle Auslandskorrespondenz bis etwa 1840 auf französisch führte, und in Ägypten wegen des wachsenden britischen Imperialismus stark zurück. Obschon es heute noch seinen gesellschaftlichen Wert hat, gilt derjenige, der nicht Französisch spricht, keineswegs mehr als von vornherein ungebildet. ...

ITALIENISCH UND RUMÄNISCH

Die drei bisher behandelten romanischen Sprachen haben sich über ihre ursprünglichen nationalen Grenzen hinaus verbreitet. Italienisch und Rumänisch dagegen sind sozusagen ausschließlich Nationalsprachen...

Lautlich steht Italienisch dem Latein näher als Spanisch und Französisch, sein Wortschatz enthält weniger fremde Bestandteile. ... (Italienisch) hat sich seit Dantes Zeit bemerkenswert wenig verändert. Im Jahre 1950 sprachen 45 Millionen Menschen Italienisch, wovon fast alle in Italien (Halbinsel, Sizilien, Sardinien) lebten. Weniger als eine viertel Million entfällt auf Italienisch sprechende Minderheiten in Korsika und in der Südschweiz.

Rumänien deckt sich ungefähr mit der römischen Provinz Dacia zur Zeit des Kaisers Trajan. Von einem Gesichtspunkt aus kann Rumänisch als das Englisch oder Persisch (...) der romanischen Sprachfamilie angesehen werden. Sein Wortschatz ist nämlich sehr stark mit fremden Bestandteilen vermischt. Seltsam anmutende Wörter vulgärlateinischer Herkunft sind vermengt mit bulgarischen, albanischen, ungarischen, türkischen und griechischen Wörtern. Die slawischen Lehnwörter überwiegen. Aber abgesehen von diesem Mischcharakter des Wortschatzes, läßt es sich nicht mit dem Englischen oder Persischen vergleichen. Seine Grammatik hat keine große Vereinfachung erfahren. Im östlichen Römerreich bevorzugte das Vulgärlatein die Nachstellung des Artikels, z.B. homo ille anstatt des westlichen ille homo. Aus diesem Grunde ist heute der Artikel bei vielen Wörtern hinten agglutiniert, z.B. omul = homo ille (der Mann), lupul = lupu ille (der Wolf), câinele = cane ille (der Hund)... Heute wird Rumänisch von 16 Millionen Menschen gesprochen.

Kapitel 9
Fortgeschrittene, Schüler und Materialien

In diesem Kapitel wird auf drei Themenbereiche eingegangen: Erstens, *Tips für Fortgeschrittene*; sei es, daß Sie mit Grundkenntnissen "einsteigen" wollen, sei es, daß Sie diese Kenntnisse bereits mit meiner Methode erworben haben... Zweitens, *Hilfestellungen für Schüler*, die, wenn schon nicht *wegen*, dann doch zumindest *trotz* Schulunterricht eine (oder mehrere) Fremdsprachen erlernen wollen (müssen). Es geht dabei hauptsächlich um die Frage: Unter welchen Voraussetzungen können Schüler *mit dem Schulbuch* meine Methode anwenden, wobei sie natürlich die an vielen Schulen üblichen Vokabel- und Grammatikprüfungen bestehen können müssen. Drittens: Einige wenige Gedanken zu den *Materialien*, d.h. zu den *Lehrbüchern* oder *Kursen*, mittels derer Sie die Sprache lernen wollen.

Der fortgeschrittene Lerner

Es gibt zwei Möglichkeiten: Entweder Sie wollen irgendein "normales" Lehrbuch (mit Kassetten!) durcharbeiten, was bei (noch) geringen Vorkenntnissen durchaus sinnvoll ist; oder aber Sie wollen *ganz neue* Wege gehen (s. bitte: Materialien, unten). Zunächst zur ersten Möglichkeit:

Fortgeschrittenen-Kurse: Wenn Sie einen Fortgeschrittenen-Kurs durcharbeiten wollen, vielleicht, weil Sie in der Volkshochschule oder in Ihrer Firma an einem Lehrgang teilnehmen möchten, dann können Sie die Vier-Schritt-Methode natürlich ebenfalls anwenden, allerdings wird für Sie alles leichter: Beim *De-Kodieren* sind es für Sie ja weit weniger (zunächst) unverständliche Textstellen, welche de-kodiert werden müssen. Die Phasen *Hören/Aktiv* und *Hören/Passiv* beanspruchen ebenfalls weniger Zeit u.s.w. Sie sollten allerdings überlegen, auf welchem Niveau Sie einsteigen wollen: Bei ziemlich verschütteten Kenntnissen kann es nämlich durchaus interessant sein, erst einmal im Alleingang einen Anfänger-Kurs durchzuarbeiten. Dabei gewöhnen Sie sich zum einen an das Vorgehen des gehirn-gerechten Lernens, zum anderen frischen Sie Ihr Wissen ausgesprochen schnell auf. Vieles wird Ihnen vage vertraut erscheinen, denn *Wieder-Lernen* (exakter: *Weiter-Lernen) ist immer leichter als Neu-Lernen*! Dabei ergeben sich zwangsläufig viele Erfolgs-Erlebnisse, was Sie für den Aufbau-Kurs positiv motiviert! Denn, wenn man *weiß*, daß man (trotz früherer Vorurteile, (s. Kap. 1) doch relativ "schmerzlos" eine neue Sprache erlernen kann, dann geht man natürlich wesentlich selbstsicherer in den neuen Lernabschnitt hinein.

Neue Wege für Fortgeschrittene: Sie haben die Phase 3 (*Hören/Passiv*) als einen Lernschritt kennengelernt, der nach dem Motto "Ich lasse lernen" vorgeht. Wir hatten gesagt, daß die rechte Hirnhälfte bestimmte Aspekte "alleine" weit besser bewältigt, als wenn der Gehirn-Besitzer mit seinem bewußten Denken (und der linken Hirnhälfte) dabei "mitmischen" wollte! Wenn nun Vorkenntnisse vorhanden sind, kann man weit mehr Lernarbeit (bis zu ca. 80% nämlich) ans Unbewußte delegieren! Diese Art ist vielen Menschen, die *gerne fernsehen*, die liebste. Sie wurde in Kap. 7 (Stichwort Video) beschrieben. Falls Sie sie dort noch nicht gelesen haben sollten, tun Sie es bitte (Seite 106). Auch wenn Sie (noch) kein Video-Gerät besitzen: Sie benötigen es nur kurzfristig. Dann fahren Sie mit normalen Ton-Kassetten fort.

Speziell für Schüler

Ich war versucht, diesen Abschnitt "Für Schüler und andere Unterdrückte" zu nennen, denn was in unseren Schulen passiert, ist in vielen Fällen dermaßen hinderlich, daß Lernen nicht nur *nicht gefördert*, sondern teilweise sogar systematisch *verhindert* wird. Dies gilt natürlich nicht nur für das Sprachenlernen, sondern ganz allgemein, insbesondere für Volksschulen. (Wer sich dafür interessiert: In meinem Buch *Stichwort: Schule* bin ich darauf eingegangen, mit Hilfestellungen für Eltern jüngerer Kinder.)

Jedenfalls sind viele Schüler ganz "arme Würstchen", weil die Schule nicht nur das Lernen erschwert, sondern dabei auch gleichzeitig das Selbstwertgefühl enorm angreift! Ich kann mich bei *manchen* (Sprach-)Lehrern des Gefühles nicht erwehren, daß sie aufgrund eigener innerer Unsicherheit ihre Schüler besonders gerne "hilflos" machen, (sicher meist unbewußt, versteht sich). Das äußert sich dann so: Bei jedem kleinsten Fehlerchen wird sofort eingehakt, und/oder der *Schwerpunkt* liegt auf dem sturen Pauken isolierter Details (Vokabeln, Grammatik). Solche Lehrer gibt es natürlich auf allen Gebieten (wie es solche Menschen in allen Berufen gibt), aber da so viele Kinder bezüglich des Sprachenlernens zu falschen Vorurteilen gelangen, welche ihr gesamtes späteres Leben maßgeblich hindern können (s. Kap.1), wirkt sich dieses selbstherrliche Vorgehen hier besonders drastisch aus!

Wenn man nämlich in Hauptfächern (und das sind Fremdsprachen ja meist) versagt, dann erlebt man dies zwangsläufig als eigene Unfähigkeit, welche bedrückt. Aber das gilt für andere Fächer natürlich auch. (Wie hoch ist der Prozentsatz an Menschen, die Mathematik, Algebra oder Logik "beherrschen"?) Das heißt, wir "erziehen" hier eine Generation von Kindern, die noch weniger als frühere Generationen lernen, sich Informationen selbständig zu erarbeiten. Denn: Je angegriffener das Selbst-Bild, desto weniger Energie hat man "für sowas"; das äußert sich dann in "Langeweile" oder "Unlust" bei geistigen Tätigkeiten verschiedenster Art. Und wenn wir überlegen, wie viele unserer jungen Leute nach acht oder zehn Jahren Schule kaum wirklich flüssig sprechen, lesen, schreiben und/oder rechnen können, dann könnte man schon Angst bekommen. (Übrigens bin ich in *Stroh im Kopf?* auf gehirn-gerechtes Lernen im allgemeinen eingegangen.) Daher lautet mein Motto, daß wir den Schülern (die betroffen sind, das sind ja nicht alle!) helfen müssen, wenn schon nicht *wegen*, dann doch zumindest *trotz* der Schule zu lernen; zum Beispiel eine Fremdsprache! Übrigens werde ich im folgenden davon ausgehen, daß die geneigte Leserin (der geneigte Leser) ein Elternteil ist; sollten Sie selbst ein Schüler sein, dann können Sie Ihre Entscheidung zwar selber treffen, aber es *könnte* auch hilfreich sein, den Eltern die eine oder andere Textstelle zum Lesen zu geben. Zum Beispiel, weil ich für den Kauf von Kassetten plädiere, die Sie ja wahrscheinlich nicht unbedingt vom Taschengeld finanzieren wollen... Außerdem: Wenn ich im folgenden immer nur "der Schüler" sage, dann nicht, weil ich die *Schülerinnen* vergesse, sondern weil es zu umständlich ist, immer "der Schüler bzw. die Schülerin" zu schreiben bzw. zu lesen. Ich bitte um Ihr Verständnis.

Nicht wegen - sondern trotz Schulunterricht! Die meisten Sprachlehrbücher werden heutzutage *mit Kassetten* angeboten; das gilt auch für Kurse, die im Schulunterricht verwendet werden (z.B. vom Klett-Verlag). Das verschweigen allerdings manche Lehrer, die wegen ihrer schlechten Aussprache gar kein Interesse daran haben, daß die Kinder diese Kassetten besitzen. Dort sprechen nämlich Engländer englisch, Franzosen französisch etc. Wie schon (in Kap. 1) erwähnt, halte ich Sprachlehrer, die nicht ihre Muttersprache unterrichten, heute im Zeitalter des "vereinigten Europa" für einen unglaublichen Anachronismus, insbesondere wenn man einmal hört, wie "dick" der deutsche Akzent mancher Lehrer ist! Daher ist es *unbedingt notwendig*, daß Sie Ihren Kindern die Kassetten zum Lehrbuch kaufen. Sollte es zum Kurs Ihres Kindes doch keine Kassette geben, dann können Sie ja dafür sorgen, daß die Lektionstexte korrekt auf Band gelesen werden. Gottseidank gibt es ja überall genügend Ausländer, wobei wir die Bewohner der EG ja nicht ganz so "ausländisch" finden wie andere, welche wegen der ausgeprägten Ausländerfeindlichkeit in Deutschland kaum Kontakt zu uns aufnehmen können. Sie finden also bestimmt jemanden. Und falls Sie andere Eltern von Kindern derselben Klasse kennen, könnten Sie die Kosten sogar umlegen...

Des weiteren ist festzuhalten, daß es zu den Übungen der Lehrbücher in der Regel eine Hilfestellung gibt. Manche Verlage bieten nämlich ein sogenanntes "Lehrerheft" mit den Lösungen an, das jedoch nicht an "Schüler" verkauft werden soll/darf! Es wäre ja entsetzlich, wenn Schüler etwas autonomer würden! Wenn sie sogar Erfolgs-Erlebnisse haben könnten, weil sie jetzt sofort feststellen können, ob sie die Aufgabe korrekt gelöst haben! (Vgl. auch, was in Kap. 6 und 9 zum Stichwort "Übungen" steht.) Vielleicht können Sie das Thema einmal im Elternbeirat aufgreifen? Falls Sie jetzt Angst haben, die Schüler würden dann nur noch abschreiben, so möchte ich hierauf entgegnen:

- *Selbst das Abschreiben der korrekten Lösung* bringt mehr als das Abschreiben von Klassenkameraden, deren Lösungen vielleicht nicht alle korrekt sind; wer unbedingt abschreiben *will*, der findet in der Regel einen Weg!

- *Wenn man automatisch davon ausgeht, daß Kinder sowieso nur schauen, wo sie betrügen können*, dann *macht* man sie langsam, aber sicher "genau so", das ist die selbsterfüllende Prophezeiung! Wenn Sie dieser Aspekt interessiert, dann vergleichen Sie bitte auch das 7. Kap. in meinem Buch *Erfolgs-Training* (mvg-Taschenbuch).

- *Wenn ein Schüler in Zukunft die Vier-Schritt-Methode anwendet und gehirn-gerecht vorgeht*, läßt eine eventuell vorhandene Tendenz zu kneifen sowieso nach, denn jetzt wird Sprachenlernen ja leicht und ist mit *Erfolgs-Erlebnissen* verbunden. Das ist nicht nur gut für den Notendurchschnitt, das ist auch gut fürs Selbstwertgefühl. Hier bekommt man doch endlich eine Möglichkeit zu beweisen, daß man gar nicht so "doof" oder "unbegabt" ist!

<u>Die Vier-Schritt-Methode trotz Schule</u>: Sie "funktioniert" genauso, wie sie bereits beschrieben wurde (Kap. 2 - 7), allerdings gilt es, *eine einzige Regel* zu beachten. Das wird aufgrund der Tatsache, daß die Methode für Selbstlerner konzipiert wurde, nicht schwierig sein. Notfalls könnte ein Nachhilfelehrer hier *sinnvoll* helfen, wenn sowieso einer vorhanden ist. Denn die Regel lautet:

Der Schüler muß der Schule immer um drei Lektionen v o r a u s sein!

Das klingt schlimmer, als es ist, wie die Eltern zahlreicher Schüler mir inzwischen bestätigt haben. Der Erfolg ist garantiert, wenn mindestens vier der folgenden fünf Voraussetzungen erfüllt sind:

1. Der Schüler ist gewillt, einen neuen Weg zu gehen, welcher es ihm ermöglicht, mit weit weniger Zeitaufwand für *aktives Lernen* in Zukunft doch wesentlich effizienter zu lernen!

2. Der Schüler hat nichts gegen Erfolgs-Erlebnisse einzuwenden; das heißt, er kann sich noch freuen, wenn ihm etwas gelingt!

3. Der Schüler hat Interesse daran, seine Noten zu verbessern.

4. Der Schüler ist bereit, einen Teil seiner Zeit dem *Hören/Passiv* zu widmen, wobei er dies im Sinne des *Parallel-Lernens* (vgl. Kap. 5) teilweise sogar neben anderen Hausaufgaben tun kann (statt Radiohören zum Beispiel).

5. Der Schüler ist grundsätzlich daran interessiert, die Zielsprache(n) später zu beherrschen! Das heißt, daß ihm die Idee, sich später auf Englisch (oder Französisch) unterhalten zu können, Spaß macht. Diese Voraussetzung ist zwar bei Latein fast nicht und bei Altgriechisch nur bedingt gegeben, aber diese beiden Sprachen liefern den *Schlüssel* zu zahlreichen "deutschen" Fremdwörtern, so daß man sicherer im Gebrauch des sogenannten "gebildeten" Deutsch wird, was ebenfalls von Vorteil ist. (Denn wir haben diese Sprachen als Hauptfach ja vor allem an Gymnasien und "weiterführenden" Oberschulzweigen, wo auch die Anforderungen in Deutsch Jahr für Jahr steigen.)

Weitere Vorteile sind, daß junge Leute in der Regel sowieso zu Parallel-Lernen neigen (das berühmt-berüchtigte Radiohören während der Hausaufgaben), so daß das *Hören/Passiv* für sie quasi eine "normale" Tätigkeit ist. Außerdem darf man nicht vergessen, daß jedes Kind zunächst gehirn-gerecht vorgeht, bis ihm diese Arbeitsweise verboten wird. Daher finden Schüler weit leichter zu einer gehirn-gerechten Methode, als der Erwachsene (der ja viel mehr Jahre halbhirnigen Vorgehens hinter sich hat) sich im ersten Ansatz vorstellen kann. Last not least bewirkt diese Technik, daß der Schüler für Prüfungen "alles" weiß, was möglicherweise gefragt werden kann:

• <u>Er kann die Vokabeln</u>, denn er hat sie im Sinnverband und ganzhirnig gelernt. Also besteht er jedes Vokabel-Quiz zu Lektionen, bei denen er bereits den Schritt 3 durchlaufen hat.

• <u>Er kann die Grammatik</u> (vgl. auch Grammatik-Tips, Kap.7) anwenden, aber er kann auch Grammatik-Übungen korrekt lösen, und zwar mit *wenig* intelligentem Üben. Er wird eine sehr hohe Sicherheit erreichen, wenn die Schritte 1-3 durchlaufen worden sind! Dies klingt für viele Eltern zunächst unglaublich, aber bitte bedenken Sie: Wenn Sie von der Vergangenheit auf die Zukunft schließen, dann ist dieser Schluß unzulässig. Denn mit "alten" Methoden ist der Zeitaufwand zwangsläufig *bis zu drei Viertel höher,* bei *unsicheren* Resultaten. Das liegt im herkömmlichen System, nicht an der (Un-)Fähigkeit des Schülers!

• <u>Er kann Diktate</u> mit sehr wenig Aufwand schreiben. Erstens kann er bei *Hören/Aktiv* nach dem Mitlesen des De-Kodierten (also wenn er bereits jedes

Wort versteht) noch einige Male *aktiv* hören, diesmal aber den englischen (oder französischen) Text *bewußt* mitlesen. Zweitens kann er, da er ja auf alle Fälle Kassetten besitzt, auch das Diktat zuhause üben!

• Er kann eigene Sätze bilden, nämlich solche, die in ihrer Struktur den Sätzen der Lektionen ähneln (Parallel-Sätze). Außerdem habe ich bereits darauf hingewiesen: Alles, was die Personen in den Lektionen sagen oder denken können, kann der Lernende durch meine Methode auch. Und zwar mit Sicherheit! Damit ist die Basis für Aufsätze gelegt; der Rest ist Phantasie und Wissen, was man schreiben will, also kein Fremdsprachen-Problem.

Wie gesagt: Es ist möglich, *wenn* Kassettenmaterial zu den Lektionstexten vorhanden ist! Das gilt auch für Latein und Altgriechisch! Und im übrigen – vielleicht lernen Sie gleich mit? Statt irgendeinen anderen Kurs (oder erst eine andere Sprache) zu beginnen, könnten Sie ja vielleicht als echter Lernpartner mitmachen. Falls Sie noch irgendwelche Reste von Vorkenntnissen "hervorkramen" können, schaffen Sie in der Regel den Anschluß auch, wenn Ihr Kind schon im 2. oder 3. Jahr ist. Na, ist das nicht ein faszinierender Gedanke?

Materialien

Sie benötigen entweder einen **Kurs**, so daß Sie einen *Text* (oder ein Textbuch) mit sogenanntem Tonträger (Kassetten, Schallplatten, Tonbänder etc.) dazu besitzen. Oder Sie arbeiten mit selbstgewählten Materialien. Ich wiederhole: Die meisten der Lehrbücher, auch für den Schulbetrieb, bieten heutzutage Kassetten mit den Lektions-Texten an.

Falls Sie jedoch mit selbstgewählten Texten arbeiten wollen, dann suchen Sie sich bitte eine Person, deren Muttersprache Ihre Zielsprache darstellt, und lassen sich die Texte auf Kassette vorlesen! Und zwar am besten einmal langsam und überdeutlich (auf die A-Seite der Kassette) und ein zweites Mal im Normaltempo (auf die B-Seite der Kassette). Das kostet oft gar nichts, insbesondere, wenn Sie ein Programm auf Gegenseitigkeit ausarbeiten: Sie helfen dieser Person, ihr Deutsch zu verbessern, während die Person Ihnen mit Bandlesungen und später, falls Sie *Konversation* erlernen wollen, auch mit Gesprächen entgegenkommt... Wenn Sie jedoch kein Geschäft auf Gegenseitigkeit machen können oder wollen, suchen Sie eine(n) Studenten (Studentin), und zahlen Sie ein kleines Honorar. Wenn Sie bedenken, daß Sie bei selbstgewählten Texten keinen Lehrgang kaufen, dann ist das Honorar allemal "drin".

Des weiteren gehe ich von der Annahme aus, daß Ihr Textbuch (bzw. der selbstgewählte Text) *ganze Zusammenhänge* anbietet, also kleine *Geschichten*,

Szenen, lebendige Dialoge, fachlich interessante Informationen etc. Ein Buch, das nur isolierte Sätze enthält, ist *völlig ungeeignet!* Falls Sie mit so einem Buch arbeiten *müssen*, besorgen Sie sich bitte unbedingt Zusatztexte (als "flankierende Maßnahme"), welche den Sinn-Zusammenhang bieten!

Zwar sind die meisten modernen Sprachkurse bereits auf komplette kleine Geschichten, Dialoge etc. "umgestiegen", aber selbst Neuerscheinungen können heute noch im Stile der Einzelsatz-Methode angelegt sein. Diese Methode war ursprünglich zur grammatikalischen Analyse entwickelt worden, nämlich in einer Zeit, als man nur mit einer Grammatik und einem Wörterbuch "bewaffnet" arbeiten mußte. Diese Methode war oft die einzige, um eine *neu entdeckte* Sprache zu lernen (wurde also überwiegend von kirchlichen Instituten verwendet, ehe man die Missionare in entlegene Gebiete, deren Sprache noch nicht offiziell erforscht war, schickte). Zu diesem Zweck war die Methode auch "geeignet", denn der Missionar hatte erstens einige Wochen oder Monate lang sehr viel Zeit zum "hauptamtlichen" Lernen; er war zweitens ganz anders motiviert als ein Normalmensch heute, der *nebenbei* lernen will; und er hatte ja bald genug sehr viel Gelegenheit zu üben! Wenn aber auch heute noch Kurse im Einzelsatz-Stil auf dem Markt erscheinen, und zwar für Sprachen, die keinesfalls "neu entdeckt und unerschlossen" sind, dann finde ich das schon sehr traurig.

Außerdem nehme ich an, daß es eine Übersetzung der Texte oder zumindest eine Vokabel-Liste und ein Wörterbuch gibt, damit Sie de-kodieren können. Auch hier gilt natürlich: Im Notfall einen Einheimischen als "Dolmetscher" zu Hilfe nehmen! Seien Sie vorsichtig, falls Sie sich einem "normalen" Sprachlehrer anvertrauen wollen, denn zu viele dieser Menschen werden entsetzt die Hände über dem Kopf zusammenschlagen, wenn sie merken, daß Sie "anders" lernen wollen, als man normalerweise vorgeht! Ich habe Hunderte von Lehrern, davon viele Sprachlehrer, geschult und weiß, daß viele außer *Ja, aber...!* nicht viel zu sagen haben!

Was die *Auswahl* der "freien" Texte angeht, so finden Sie in Kap. 6 unter dem Stichwort "Lesen" einige Hinweise. Was hingegen "offizielle Kurse" betrifft, die auf dem Markt erhältlich sind, so wenden wir uns diesen jetzt zu.

Mit welchem Kurs soll man lernen? Wenn Sie mit Null Vorkenntnissen beginnen, dann wählen Sie einen Kurs, der das De-Kodieren so leicht wie möglich macht. Im folgenden werde ich einige Bemerkungen zu einigen auf dem deutschen Markt befindlichen Systemen sagen. Fassen Sie dies bitte so auf, daß diese Bemerkungen Ihnen helfen sollen, Ihre spätere Entscheidung zu erleichtern...

Linguaphone und Assimil: Diese Kurse bieten Ihnen auf alle Fälle für *jeden Satz eine Übersetzung an*, bis zur letzten Lektion! Außerdem finden Sie in diesen Kursen immer eine *Lautschrift*, was umso wichtiger ist, je fremdartiger die Schriftzeichen für Sie anfangs sind (z.B. bei Russisch, Chinesisch, Arabisch u.s.w.). Dabei ist die Lautschrift dieser beiden Systeme nur eine leichte Abwandlung der normalen lateinischen Buchstaben, so daß Sie das doch recht schwierige international gültige Phonetische Lautsystem *nicht* beherrschen müssen.

Allerdings sollten Sie, wenn Sie auch die *Schrift* lernen wollen, *vorher* feststellen, ob der Kurs, den Sie kaufen wollen, diese mit anbietet. Bei "exotischen" Sprachen verzichten nämlich einige Verlage darauf, so daß der gesamte Kurs in einer Art Lautschrift präsentiert wird. Zwar finde ich eine *ergänzende* Lautschrift hervorragend für den Einstieg, und ich finde es auch akzeptabel, wenn der eine oder andere Lernende die Schrift selbst nicht lernen will. Aber ich ärgere mich unglaublich, wenn ein Kurs für Hunderte von Mark (z.B. Linguaphone, *Japanisch*) die Lektionen *nur* in dieser Lautschrift anbietet, so daß *keiner* der Käufer die japanischen Wörter richtig schreiben lernen kann! Hinzu kommt, daß es im Japanischen drei Schrift-Systeme gibt (Hiragana, Katakana und Kanji), so daß man als Einsteiger *nicht* in der Lage ist, die Umschrift-Texte selbständig ins Japanische zu übertragen! Aber trotzdem kann man im allgemeinen davon ausgehen, daß diese beiden Systeme für Einsteiger sehr geeignet sind, insbesondere, weil sie ja *speziell für Selbstlerner* entwickelt wurden.

Andere Systeme: Wenn Sie sich einmal in einem gut sortierten Buchladen umsehen, finden Sie *zahlreiche* Angebote, insbesondere für die vier Hauptsprachen Europas (Englisch, Französisch, Italienisch und Spanisch). In der Regel gilt: Kurse, die auf Volkshochschulen benutzt werden, sind meist didaktisch und inhaltlich recht gut aufgebaut, bieten aber meist keine Übersetzungen der Lektionstexte an, so daß man gezwungen ist, Wort für Wort selbst zu erarbeiten. Natürlich gehen die Autoren davon aus, daß Sie einen Abendkurs (mit Lehrer) besuchen, aber mit etwas gutem Willen und der Hilfestellung eines "Einheimischen" (unserer Zielsprache) kann man diese Bücher meist auch zum Selbststudium verwenden. Selbst übersetzen müssen sie auch bei den meisten Langenscheidt-Lehrbüchern, inklusive derer, bei denen ausdrücklich vermerkt ist, daß sie *auch* zum Selbststudium benutzt werden können!

Zwar fehlt solchen Büchern die Übersetzung, aber dafür bieten sie *immer* ein ausführliches Vokabelverzeichnis *zu den einzelnen Lektionen* an. Natürlich meinten die Autoren, daß Sie diese Vokabeln einzeln pauken würden; aber das tun Sie eben nicht! Sie benutzen diese Listen nämlich nur zum *Nachschlagen*, damit Sie den Text de-kodieren können!

Noch zu erwähnen ist, daß manche Systeme zu Übungen auch die Auflösungen (meist im Anhang oder in einem separaten Arbeitsbuch oder Schlüssel) anbieten, andere hingegen offerieren entweder keinen Schlüssel oder überhaupt keine Übungen. Sie müssen selbst entscheiden, welche Art von Kurs für Sie wichtig ist. Wenn Sie gerne *üben* möchten, dann sind Systeme mit Auflösung für den, der sich selbst unterrichtet, natürlich geeigneter. Manche Verlage bieten auch ein sogenanntes "Lehrerheft" mit den Lösungen an, das jedoch nicht an "Schüler" verkauft werden soll! Vielleicht können Sie trotzdem eins ergattern? Außerdem finden Sie in den Kap. 6 und 10 Anleitungen zum Selbermachen von Übungen, so daß Sie ein ansonsten ansprechendes Lehrbuch nicht deswegen ablehnen sollten.

Linguaphone und Assimil sind zwar keine deutschen Systeme, doch sind sie weltweit vertreten. Anders ist es bei kleineren (z.T. sogar recht preiswerten) Kursen im Ausland. Bei einem gut sortierten Buchladen, der eine gute (Fremd-)Sprach-Abteilung hat, kann man auch solche Kurse finden. Erwähnenswert sind zum Beispiel aus dem Englischen die (ursprünglich in den USA entwickelte) hervorragende MADE SIMPLE Serie, in der es außer Sprachkursen noch jede Menge anderer Themen für Selbstlerner gibt! Hier erhalten Sie erstens wieder *eine Übersetzung jeden Satzes*; zweitens sind die Lektionen so aufgebaut, daß Sie bereits im dritten Kapitel einen Menschen kennenlernen, der *auch Ihre Zielsprache lernt.* Er (in manchen Kursen ist es eine Dame) hat einen Lehrer, der einmal pro Woche zu ihm (ihr) ins Haus kommt. Sie verfolgen jetzt die *Dialoge zwischen Lehrer und Schüler(in)*, welche zunehmend komplexer werden. Dabei werden alle möglichen Themen (bis zu Kunst, Theater, Filme) abgehandelt. Außerdem gibt es Übungen (mit Auflösung im Anhang), so daß dieser preiswerte Kurs einen ausgezeichneten Einstieg für Selbstlerner (die des Englischen bereits mächtig sind) darstellt. (Es gibt derzeit FRENCH, SPANISH, LATIN und ITALIAN zu kaufen und natürlich GERMAN, d.h. deutsch!)

Einige meiner Seminar-Teilnehmer in englischsprachigen Ländern arbeiten auch gerne mit Kursen, die von der BBC entwickelt worden waren. Allerdings gilt hier: während die Lektionen didaktisch gut aufbereitet und die Kassetten absolut professional besprochen sind (wie ausgezeichnete Hörspiele!), bieten diese Kurse oft große Schwierigkeiten im Entschlüsseln der Texte. Da werden die Vokabeln teilweise im Plauderton (d.h. im laufenden kommentierenden Text!) vorgestellt. Das bewirkt natürlich, daß das Suchen eines Begriffes extrem erschwert wird. Solche Kurse sind für Fortgeschrittene, die nicht jedes Wort analysieren müssen, sicher hervorragend geeignet; aber einem Einsteiger, der alleine lernt, würde ich zur Vorsicht raten, denn auch diese Autoren meinen, Sie würden alle Vokabeln sofort bei Auftauchen derselben unverzüglich auswendig lernen. Da Sie bei unserer Methode jedoch die Vokabeln erst in den Lernschritten 2 und 3, also nach dem De-Kodieren, "lernen" wollen, benötigen Sie klare Vokabel-Listen, wenn keine Übersetzungen der Sätze mitangeboten werden!

Auch bei den sogenannten BREAKTHROUGH-Kursen (die im Deutschen von Hueber verlegt werden) ist Vorsicht geboten. Dort (wie auch bei den Mini-Kursen der BBC-Serie) gibt es eine Art von *Fremdenführer*, der Sie durch den Kurs führt. Wenn Sie z.B. die deutsche Version dieses Englisch-Kurses benutzen, dann hören Sie l*aufend deutsche Kommentare* zwischen den extrem kurzen englischen Szenen. Ich habe den BREAKTHROUGH-Griechisch-Kurs mit der Stoppuhr überprüft und dabei festgestellt, daß die Redezeit des sogenannten Führers insgesamt *fast genauso lang* ist wie die der griechischen Sprecher! Außerdem wird *immer wieder* erzählt, was Sie jetzt *tun* sollten (z.B. "Lernen Sie die Vokabeln!"), was Sie spätestens beim dritten Durchgang anöden wird! Man müßte sich also die Mühe machen, so einen Kurs beim Überspielen zu "redigieren", d.h., alle Kommentare des Führers herauszuschneiden; da dieser aber laufend dazwischenspricht, ist dies eine schier unmögliche Aufgabe, ehe man den Kurs gut genug kennt, um aus dem Gedächtnis zu wissen, wann man das Band wieder stoppen muß! Allerdings gilt: Man kann hierüber natürlich geteilter Meinung sein! Wenn Sie meinen, daß es Ihnen Freude macht, andauernd etwas in Ihrer Muttersprache zu hören, wenn Sie Spanisch oder Griechisch lernen wollen, dann ist das Ihr gutes Recht. Ich persönlich glaube, daß es dem Denken in der Zielsprache (s. auch Kap.8) hinderlich ist, wenn Sie laufend Deutsch dazwischen hören; aber vielleicht machen Sie da andere Erfahrungen...?

Ich hoffe, daß diese teilweise auch recht subjektiven *ersten Hinweise* Ihnen ein wenig zeigen, worauf Sie bei der Auswahl Ihres Kurses achten wollen. Falls die obige Diskussion in Ihnen den Gedanken ausgelöst hat, daß man vielleicht gleich mehrere Kurse kaufen sollte, dann ist diese Idee überhaupt nicht schlecht.

<u>Mehr als einen Kurs kaufen?</u> Ich meine, es lohnt sich durchaus, mehr als einen Kurs zu kaufen, insbesondere wenn man *ohne Vorkenntnisse* und *allein* einsteigen will bzw. wenn man Kurse kauft, die "eigentlich" für den Unterricht mit Lehrer geschrieben worden waren. Wenn man im ersten Kurs nicht weiterkommt (oder sich aufgrund der Inhalte "tödlich zu langweilen beginnt"), geht man zum zweiten über. Wenn auch hier der Punkt erreicht ist, an dem Sie sich hilflos zu fühlen beginnen, starten Sie mit dem dritten Kurs (oder gehen zum ersten zurück). Denn:

> **Kein Autor kann alle Details "am besten" erklären; immer wird ein Kurs Stärken und Schwächen aufweisen. Wenn Sie also mit unterschiedlichen Materialien arbeiten, bekommen Sie quasi " automatisch das Beste aus allen Sprachlern-Welten".**

Außerdem haben Sie insgesamt *mehr Lektionstexte* (und Dialoge) sowie *mehr Sprecher*, so daß Sie eine größere Vielfalt an Tonfall, Sprachmelodie, regionaler Färbung, Sprechtempo etc. angeboten bekommen. Da manche Verlage aus Kostengründen nur zwei oder drei Sprecher pro Kurs nehmen, ist dieser letzte Punkt durchaus wichtig. Merke:

> **Je vielfältiger das Material ist, mit dem Sie arbeiten können, desto eher finden Sie einige *Passagen, die Ihnen besonders gefallen.* Vielleicht wird über ein Thema gesprochen, das Ihnen am Herzen liegt? Oder es wird in einem Text ein Hotelzimmer bestellt, was Sie weniger interessiert, weil Sie Camper sind, während ein anderer Abschnitt Ihnen Interessanteres bietet. Wenn Sie dann einige Texte gefunden haben, die Ihnen besonders zusagen, kopieren Sie diese auf eine Lieblings-Kassette. Dieses Band werden Sie lieber (und weit öfter) hören als die normalen Lektionen, in denen sich auch Textstellen befinden, die Sie weniger interessieren oder sogar ärgern. Ärgern? Ja, lesen Sie weiter!**

Intelligente Inhalte? Es ist sehr zu bedauern, daß viele Kurse rein inhaltlich so "langweilig" sind, daß man kaum Lust hat, diesen Text wirklich zu begreifen, geschweige denn, ihn immer wieder von der Kassette zu hören. Da wird einem intelligenten Lerner oft eine Menge zugemutet. Aber selbst Kurse, deren Texte im großen und ganzen interessant aufgebaut sind (d.h. so, daß Sie *Ihnen* interessant erscheinen, denn das ist ja eine subjektive Wertung), werden immer wieder Schwachstellen aufweisen. Das sind Momente, in denen man merkt, wie verkrampft die Autoren ein bestimmtes Wort unbedingt einbauen wollen, ohne Rücksicht auf Verluste! Da wird z.B. ein Deutscher einem Japaner vorgestellt. Was glauben Sie, fragt er *den ihm Unbekannten sogleich*? Er fragt: "Sind Sie **Lehrer**?" Ähnlich ist die Frage eines Reisenden an seinen *ihm unbekannten* Sitznachbarn im Flugzeug: "Sind Sie **Arzt**?" Solche Sätze werden angeblich aus "lernpädagogischen Erwägungen" heraus in die Lektion "hineinkomponiert", auch wenn es dem Autor nicht gelingt, eine halbwegs intelligente Verbindung im restlichen Text dieser Lektion herzustellen. Ich meine: Wenn es so schwer ist, dieses Wort "sinnvoll" einzubauen, muß man es denn dem Lernenden unbedingt (zu diesem Zeitpunkt) aufzwingen??

Noch ein Beispiel aus einem Arabisch-Kurs. Dort erleben wir, wie eine Frau ein Café betritt und ausdrücklich nach *kalten* Getränken fragt, weil es heute sehr heiß ist. Der Ober zählt jetzt bereitwillig sieben solche Getränke auf (das ist natürlich verstecktes Vokabel-Training, ha ha). Nun, jetzt könnte sie ja bestellen, aber was sagt sie: "Nein, ich will kein kühles Getränk, haben Sie auch heiße Getränke?" Und jetzt werden natürlich diverse heiße Getränke aufgezählt! Diese Masche, heimliches Vokabelpauken in sogenannten Lektionstexten zu verbergen, ist heute gottseidank nicht mehr weit verbreitet.

Allerdings könnte im letzten Beispiel neben dem "didaktischen" Hintergrund auch ein kultureller (psychologischer) eine Rolle spielen. Vielleicht kann oder will der arabische (männliche!) Autor (möglicherweise auch *unbewußt*) eine Frau im Café (welches in den arabischen Ländern traditionell den Männern vorbehalten ist) gar nicht *intelligent handeln lassen* ?!

Zusammenfassung:

1. Die Texte sollten möglichst viel *Hilfestellung zum De-Kodieren* bieten, und zwar umso mehr, je...

- weniger Vorkenntnisse Sie besitzen oder je
- weniger Lust zum Entschlüsseln (als geistiges Abenteuer) Sie haben!

2. Die Kurse, die mehr Geld kosten, liefern oft auch mehr "Ware" für den Preis! Wenn Sie es sich leisten können, sollten Sie das in Betracht ziehen.

3. *Mehrere Texte* helfen Ihnen weiter, wenn Sie in einem Kurs gerade nicht vorwärtskommen können oder wollen. Man könnte z.B. einen teureren und einen oder zwei preiswerte Kurse sinnvoll ergänzend "bearbeiten".

4. Stellen Sie *Lieblings-Kassetten* her. Hierbei können Sie auch Wiederholungen von Textstellen, die Ihnen ganz besonders gut gefallen, programmieren. So habe ich z.B. eine Lieblings-Kassette für Arabisch, die einige Lektions-Ausschnitte sowie einen kleinen Teil einer Radiosendung enthält, und zwar habe ich diesen Radio-Ausschnitt zwischen die einzelnen Lektionen geschnitten; er wird also wiederholt, während die Lektionen nur einmal zu hören sind. Da in dem Radio-Ausschnitt auch ein Lied enthalten ist, ist diese Kassette besonders gut zum (halb-)bewußten Hören geeignet, z.B. auf Spaziergängen (die ich grundsätzlich zum Sprachen-Hören nutze!). Ich freue mich dann jedesmal, wenn das Lied auftaucht.

5. Beschaffen Sie sich, sobald wie möglich, auch *Extra-Texte* (als flankierende Maßnahmen), welche sich ganz speziell mit Themen, die Sie faszinieren, befassen (vgl. Abschnitt *Lesen* in Kap. 6).

Wir halten fest: Die Kurse sind für Sie nur eine *Basis*, von welcher aus Sie *starten* werden. Aber sowie Sie die ersten Schritte gehen können, werden Sie diese parallel zu oder ganz *außerhalb* der Kurse machen.

Kapitel 10
Sprachenlernen mit Computer?

In diesem Kapitel soll es um zwei Aspekte gehen: Erstens möchte ich Ihnen einige Gedanken zu kommerziellen Sprachlern-Programmen, die bereits auf dem Markt sind, anbieten. Und zweitens erhalten Sie Vorschläge, wie Sie mit dem Computer als Denk-Werkzeug Ihr Sprachenstudium (genaugenommen jedes Studium) optimieren können.

Lernprogramme auf Diskette?

Ich finde es maßlos traurig, daß sämtliche bisher erschienenen Sprachlern-Programme in der Regel nur extrem einfache *Programme zum Pauken von Vokabeln oder Grammatik-Aspekten sind*! Das stört mich nicht nur, weil diese halbhirnige Art und Weise vorzugehen den Erfolg besonders *teuer* macht (wie Kap. 1 und 2 aufgezeigt haben), da der Einsatz an Zeit und Energien unverhältnismäßig hoch ist. Es stört mich vor allem auch, weil der Computer dermaßen *phänomenale Möglichkeiten* bietet, daß ich absolut nicht begreife, warum man noch nicht begonnen hat, diese auszuschöpfen. Dabei gäbe es sehr wohl einen Markt für gehirn-gerechte Sprachprogramme per Computer!

Ich glaube, daß die bisher erschienenen Lernprogramme deshalb so schlecht sind, weil der typische Programmierer mit Lernen und Lehren von *Nicht-Computer-Themen* normalerweise nicht befaßt ist, während didaktisch interessierte Menschen selten professionell (in Assembler, C oder einer ähnlich Bit-effektiven Sprache) programmieren. Natürlich muß es Ausnahmen geben, deshalb wird das Problem in der Zukunft gelöst werden!

Aber gerade der Heimcomputer-Bereich ist interessant; nicht nur für Schüler. Denn wenn es wirklich gute gehirn-gerechte Sprachkurse für den C64 geben würde, dann könnte man diesen im Notfall ja sogar wegen des Kurses anschaffen; das wäre bei ca. DM 300.- (für ein neues Gerät!) wirklich zu überlegen...

Die Übungswerkstatt: Der Computer

Vorbemerkung: Im folgenden gehe ich davon aus, daß Sie bereits einen Computer besitzen bzw. einen zur Verfügung haben, mit dem Sie umgehen und arbeiten können. So daß Begriffe wie "Textfile" oder ähnlich als bekannt vorausgesetzt werden können. Falls Sie jedoch an einer gehirn-gerechten Einführung in die Computerei interessiert sind, können Sie in jeder Buchhandlung meine gehirn-gerechte Hinführung (Kassette plus Text, DM 39.80) bestellen: *Von Null Ahnung zu etwas EDV* (VBU-Verlag).

Es gibt grundsätzlich zwei Möglichkeiten, die Lernarbeit per Computer zu optimieren: einerseits können Sie mittels Textverarbeitung das "Basteln" von Übungen (vgl. Kap.6) wesentlich effizienter gestalten. Das heißt, Sie tippen den Lektions-Text nur *einmal* ein, um anschließend mit diesem Textfile Hunderte von Übungen fast ohne weiteren Aufwand zu erstellen! Aber es gibt noch eine weitere Möglichkeit, den Computer einzusetzen, nämlich als Denk-Werkzeug; darum soll es anschließend gehen.

Kinderleicht: Die Übungs-Schneiderei
Nehmen wir an, Sie haben den Text einmal eingetippt, wobei diese Tipparbeit für jemanden, der regelmäßig mit Textverarbeitung arbeitet, ja schnell von der Hand geht. (Natürlich könnte man diese Aufgabe auch delegieren und dann mit dem Grundtext weiterarbeiten.) Lassen Sie mich die unzähligen Möglichkeiten andeuten, damit Sie (hoffentlich) auf den Geschmack kommen! Der Text des folgenden Beispiels (Latein) ist dem Kurs *Latin made simple* (s. HENDRICKS, Lit.Verz. S. 162) entnommen; es handelt sich um die ersten fünf Verse aus dem Evangelium des Johannes, erstes Kapitel:

1. In principio erat Verbum et Verbum erat apud Deum,
et Deus erat Verbum.
2. Hoc erat in principio aput Deum.
3. Omnia per ipsum facta sunt,
et sine ipso factum est nihil quod factum est:
4. In ipso vita erat,
et vita erat lux hominum;
5. et lux in tenebris lucet,
et tenebrae eam non comprehenderunt.

Angenommen, Sie wollten de-kodieren, dann drucken Sie den Text einfach mit Leerzeilen aus, damit Sie handschriftlich arbeiten können, oder aber Sie tippen die De-Kodierung auch am Computer ein, was Ihnen bei den neueren Systemen mit WYSIWYG (What-You-See-Is-What-You-Get) wie Atari, Amiga, Mac bzw. GEM und WINDOWS auf IBM (+ Compatiblen), GEOS auf Commodore etc. besonders leicht gemacht wird. Das könnte dann in etwa so aussehen wie das Fallbeispiel (italienisch) im dritten Kapitel (Seite 56).

• Fill-in-Formulare: Übungen, bei denen später fehlende Worte eingetragen (oder mündlich geübt werden können), hatten wir ebenfalls schon in Kap. 6 vorgestellt. Nur: Mit dem Computer ist es weit leichter, solche Texte zu produzieren. Wir hatten erwähnt, daß man die Auslassungen nach verschiedensten Kriterien planen kann; hier nur zwei Beispiele, wobei Sie mit dem Befehl: Replace (Ersetzen) den Strich gegen das Wort mit einem Tastendruck austauschen können. Außerdem stellen Sie den Ausdruck auf *doppelzeilig*, damit der Abstand zwischen den Zeilen groß genug wird, wenn Sie später schriftlich üben wollen.

1. Fill-in für alle Hauptwörter

In ____________ erat ____________ et ____________ erat

apud ____________, et ____________ erat ____________.

2. Fill-in für alle Verben (inkl. Hilfszeitverben):

Hoc ____________ in principio apud Deum.

Omnia per ipsum ____________ ____________, et sine ipso

factum ____________ nihil quod ____________ ____________ etc.

Ebenso könnten Endungen, Partikeln, Bindewörter etc. durch den Leerstrich ausgetauscht und später handschriftlich eingetragen werden.

• Hervorhebungen optisch anzeigen: Durch **Fettdruck** können Sie Textstellen hervorheben, zum Beispiel Wörter, die Ihnen vom Deutschen (inkl. Fremdwörter) her bereits bekannt/vertraut sind:

1. **In principio** erat **Verbum** et **Verbum** erat apud **Deum**, et **Deus** erat **Verbum**. 2. Hoc erat **in principio** apud **Deum**. 3. Omnia **per** ipsum **facta** sunt, et **sine ipso factum** est **nihil** quod **factum** est: 4. **In ipso vita** erat, et **vita** erat **lux hominum** ...

Na, ahnen Sie, was man mit Textverarbeitung alles machen kann? Aber es gibt ja noch andere Programme, die man "zweckentfremden" kann:

Der Computer als Sprach-Trainer
Es gibt heutzutage hervorragende Programme, die uns helfen, unsere Gedanken zu organisieren, Gliederungen zu erstellen, Übersichten anzulegen etc. (z.B. THINK TANK, MORE etc.). Das folgende Beispiel wurde mit THINK TANK erstellt; Sie sehen die *Screen-Prints*, denn mit der folgenden Idee können Sie *am Bildschirm selbst* lernen. (Natürlich *könnten* Sie auch einen Ausdruck machen, aber das dynamische Lernen am Bildschirm ist ja hier der große Vorteil)! Der "Witz" an der folgenden Idee ist folgender: Sie erstellen quasi Überschriften, unter welchen Sie dann Eintragungen machen können. Wenn Sie den Befehl "collapse" geben, verschwinden die Unter-Kategorien und die "Überschrift" (hier: jeweils eine Zeile Latein) bleibt sichtbar.

```
+ LATIN   c o l l a p s e d:
   + Evangelium Secundum Iohannem I, i-x
      + IN PRINCIPIO ERAT VERBUM
      + ET VERBUM ERAT APUD DEUM
      + ET DEUS ERAT VERBUM
```

Nun stellen Sie sich vor, Sie sitzen am Bildschirm und drücken eine Taste (oder klicken mittels Mausknopf), und schon *öffnet* sich eine jede Zeile und zeigt an, was sich darunter verbarg; denn daß sich etwas verbarg, zeigt das Plus-Zeichen vor einer Zeile an. Der Befehl, den Sie jetzt verwenden, heißt "expand", weil Sie ja "expandieren" (ausweiten) wollen:

```
+ LATIN   e x p a n d e d:
   + Evangelium Secundum Iohannem I, i-x
      + IN PRINCIPIO ERAT VERBUM
         - In the beginning (there) was The Word
      + ET VERBUM ERAT APUD DEUM
         - and The Word was with God
      + ET DEUS ERAT VERBUM
         - and God was The Word.
```

Somit können Sie Ihr Wissen testen und haben sofort die Erfolgskontrolle, ohne ein Blatt oder eine Folie zeilenweise herunterschieben zu müssen wie bei unserer Idee in Kap. 6! Falls Sie anderen Lernstoff bewältigen wollen, bei dem Sie eine Zeichnung unter der "Überschrift" unterbringen wollen, so geht dies mit einem grafikfähigen Computer ebenfalls. Das folgende Beispiel zeigt die arabische Schrift, aber genauso könnte *jede Zeichnung* unter der Überschrift auftauchen:

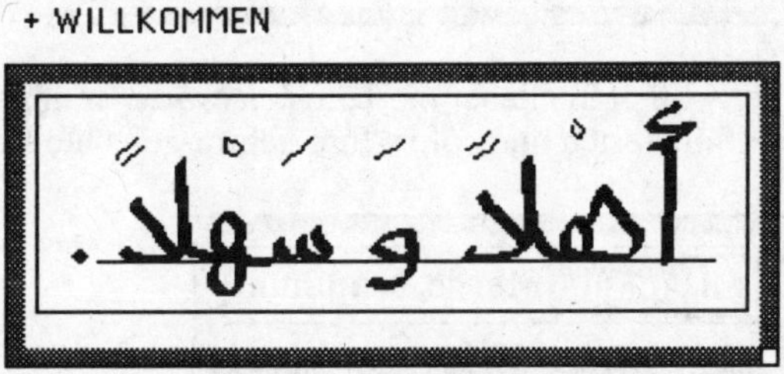

Aber, Sie müssen gar nicht zeichnen! Mit einem graphikfähigen Computer kann man ganz anders vorgehen. Im Grafik-Modus kann man z.B. *einzelne Worte besonders gut hervorheben*! Angenommen, Sie wollen diesen kleinen Dialog nach diversen Gesichtspunkten analysieren:

G. Scusi, signore, come si chiama?
S. Mi chiamo Marco Bragadin.
G. E' di Milano?
S. No, sono di Venezia.
G. E' qui in vacanza o per lavoro?
S. No, sono qui in vacanza.
G. Grazie.
S. Prego

Nehmen wir weiter an, es ginge Ihnen darum, die *Hauptwörter* zu erkennen: Dann verstecken Sie diese in eine "Unterzeile", welche auf Knopfdruck später sichtbar wird.

Oder wollen Sie lieber die *Tätigkeitswörter* trainieren? Dann könnten Sie sich ebenfalls testen und sofort Ihre gehirn-gerechte Erfolgskontrolle erhalten:

Es gibt unzählige Möglichkeiten:

Oder wollen Sie lieber eine Hilfestellung zur Aussprache vermerken? Nach meinem System brauchen Sie das zwar selten, aber wer z.B. in der Schule eine ziemlich falsche Aussprache gelernt hat, könnte sich einmal exakt vor Augen führen wollen, welche Buchstaben nun wirklich betont werden müssen:

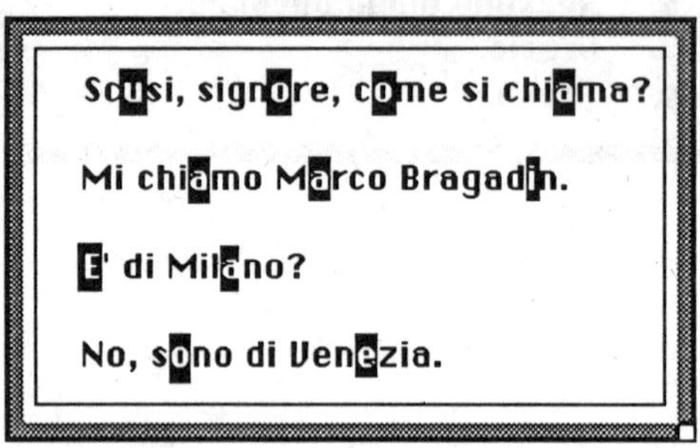

Sie sehen, *the sky is the limit* (der Himmel ist die Grenze), in anderen Worten: es gibt *keine Grenzen* für Ihre Kreativität. Wenn mir jetzt jemand erklären würde, daß kommerzielle Computer-Sprachlern-Programme nur Vokabelpaukerei *bleiben* müssen, dann kann ich nur laut lachen!

Der Computer als kreativer Helfer!
Die folgende Idee setzt ebenfalls einen grafikfähigen Computer voraus; Sie wissen ja, daß das Zeichnen am Bildschirm sehr einfach ist. Nicht nur, weil jeder Fehler mit UNDO so gelöscht werden kann, daß der Rest der Zeichnung unversehrt bleibt, sondern auch, weil der Computer in Bruchteilen einer Sekunde verschiedenste Operationen durchführen kann, welche mit Papier sehr aufwendig wären: Das FLIPPEN (seitlich oder vertikal wenden), das Kopieren, das Vergößern und Verkleinern, das Füllen von Flächen etc.

Das folgende Beispiel gibt Ihnen eine Ahnung, wie man z. B. Redewendungen aus der Zielsprache (hier Englisch) so verbildlichen kann, daß das rechte Hirn in seiner Arbeit des "Bildermachens" unterstützt wird. Aber die folgende Idee könnte auch von innovativen *Lehrern* aufgegriffen werden, welche interessante Unterrichtsmaterialien erstellen wollen! Dabei muß vor Beginn Ihrer Ausführungen noch gar nicht feststehen, was Sie genau zeichnen wollen. Beginnen Sie "irgendwo". Hier ist der Grundkopf, mit dem ich einmal begann:

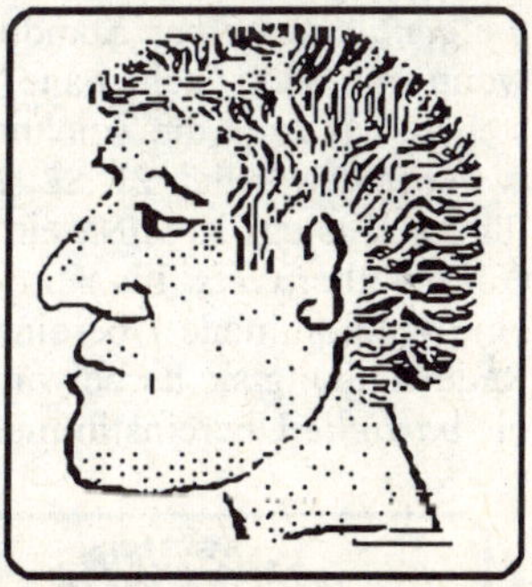

Nun wollte ich verschiedene Idioms gehirn-gerecht aufschlüsseln. Dabei wählte ich je eins aus und begann, mit dem Kopf zu spielen: Ich "fing" ihn mit dem "Lasso" ein, rotierte ihn, kopierte, flippte etc., bis sich plötzlich die zündende Idee *beim Zeichnen selbst* ergab! Das ist das Wesentliche, und deshalb nenne ich den Computer ein Denk-Werkzeug, das dem menschlichen kreativen *und* analytischen Denken in etwa zu einem ähnlichen *Quantensprung* verhelfen kann, wie die *Schrift* dies einst tat!

Die ersten beiden Redewendungen umseitig sind: *Looking down one's nose (at somebody)* = jemanden von oben herab behandeln, und SELF-AWARENESS, ein Begriff, der Deutschen oft Probleme bereitet: wörtlich de-kodiert, hieße er zwar SELBST-BEWUSSTSEIN, aber wir meinen mit Selbstbewußtsein eher ein starkes Selbstwertgefühl, also ausgeprägte innere Sicherheit, während der englische Ausdruck lediglich das Bewußt-Sein (sich seiner selbst bewußt sein) beschreibt, was die Zeichnung ver-BILD-licht!

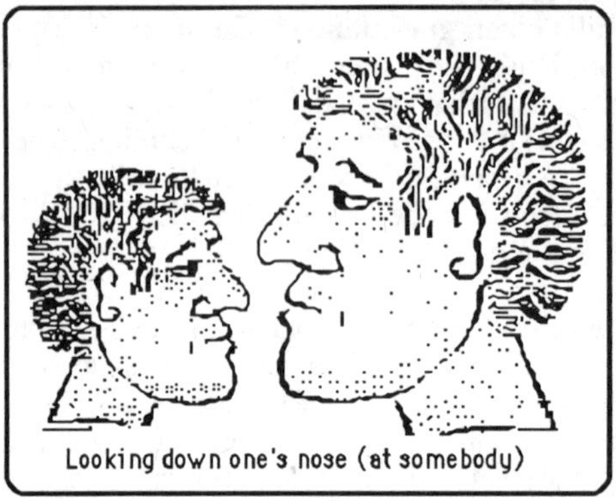

Looking down one's nose (at somebody)

SELF-AWARENESS

Im nächsten Beispiel zeigt die linke Seite die Redewendung *sharing a viewpoint*, wörtlich TEILHABEN [an] EIN[em] STANDPUNKT, aber man kann ja nie *genau denselben* Standpunkt einnehmen, wie ein anderer Mensch; selbst wenn man sich "sehr nahe" kommt, wird man immer ein wenig "daneben" stehen; das zeigt die Zeichnung sehr klar. – Und der rechte Ausdruck *to be of one mind*, wörtlich ZU SEIN VON EIN[em] GEIST ist ebenfalls problematisch für uns. Erstens ist MIND ein phänomenales *catch-all* (Universalwort), das von *Gehirn* über *Geist* bis zur *Seele* alles bedeuten kann. Zweitens ist auch hier eine vollkommene Übereinstimmung mit einem anderen Menschen, wie die Redewendung sie herbeiwünscht, letztlich unmöglich. Deshalb zeigt das Bild die *partielle* Übereinstimmung wieder gehirn-gerecht auf:

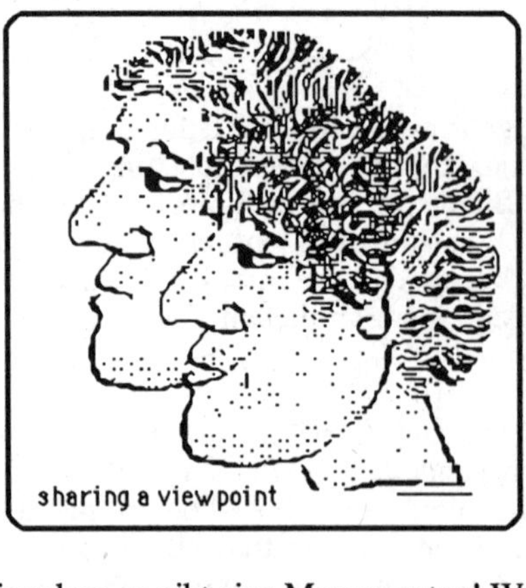

sharing a viewpoint

to be of one mind

Sie sehen, es gibt eine Menge zu tun! Wann packen Sie es an?

Schlüsselsätze zur Birkenbihl-Methode!

Anläßlich der 3. Auflage dieses Buches

Dieses Kapitel wurde zur 3. Auflage *neu* in das Buch aufgenommen. Es bietet Ihnen einige wesentliche Aussagen (noch einmal) an — je nachdem, ob Sie dieses Kapitel vielleicht bereits vorab lesen oder ob Sie es als Zusammenfassung der Kernpunkte betrachten.

Die folgenden Schlüsselsätze sind weitgehend identisch mit jenen auf der dritten Kassette des (gleichzeitig erschienenen) Kassetten-Kurses (Ton-Kassetten* — ideal für unterwegs!), in welchem meine Methode anhand eines **didaktischen Hörspiels** vorgestellt wird. Dem Kassetten-Kurs (*Anleitung zum Sprachenlernen nach der Birkenbihl-Methode*) liegt dieses Buch selbstverständlich bei! Das Hörspiel wurde als Ersatz meines gleichnamigen Seminars geschaffen, denn die Erfahrung hat immer wieder gezeigt, daß insbesondere diejenigen Menschen, die in anderen Sprachen vorrangig *sprechen/verstehen* wollen, oft wenig Lust verspüren, die Beschreibung der Lern-Methode zu *lesen*! Selbstverständlich werden in dem Kassetten-Kurs auch wesentliche Hintergrund-Informationen gegeben (z.B. über den Prozeß des Zuhörens) sowie Vorurteile "aufgebrochen", ehe die Methode selbst — Schritt für Schritt — erläutert wird.

Das Hörspiel läßt Sie Zeuge eines Beratungs-Gespräches werden (auf den Kassetten 1 und 2), wobei die Person, die beraten wird, zunächst *äußerst skeptisch* an die Sache herangeht. Somit ist dieser Kurs auch für jene Menschen besonders geeignet, die zunächst überhaupt nicht "glauben wollen", daß Sprachenlernen einfach und mit Freude verbunden sein könnte! Die dritte Kassette enthält sowohl einige Schlüssel-Aussagen als auch ein konkretes "Durchgehen" der vier Lernschritte, so daß diese Kassette im Optimalfall beim ersten Mal zuhause (im Büro) gehört wird (wobei auch dieses Buch griffbereit sein muß). Später kann man die dritte Kassette auch unterwegs "mal wieder laufen lassen", während die ersten beiden Kassetten gleich unterwegs gehört werden können.

Es folgen die Schlüsselsätze:

Es muß Millionen von Menschen geben, die in der Schule mehrere Jahre Fremdsprachen-Unterricht hatten. Und wie wenige können diese Sprache(n) später tatsächlich sprechen, wenn es darauf ankommt? *Ein paar Prozent* — mehr sind das doch nicht, was angesichts eines sich immer mehr zusammenschließenden Europas besonders schlimm ist...

Was die meisten Menschen nie bewußt registriert haben, ist die Tatsache, daß Lernen per Imitation mit Abstand der wichtigste Lernprozeß im Leben jedes Menschen ist. Deshalb sollten Eltern z.B. nicht verlangen, das Kind solle lesen und schreiben üben, weil das doch so wichtig sei, wenn in diesem Haus außer dem Fernsehprogramm nichts gelesen und außer dem Einkaufszettel nicht viel geschrieben wird. ... Oder denken Sie an Chefs, die von ihren Mitarbeitern *mehr Initiative fordern, während sie Management by Champignon*[1] betreiben! Wenn uns also klar wird, daß es ein natürlicher Impuls ist, per Imitation zu lernen, dann können wir diverse Lernprozesse, z.B. das Sprachenlernen, von einer neuen Warte aus betrachten.

So ist z.B. Vokabel-Pauken extrem kontra-produktiv, wie alle wissen, die dies jahrelang mit wenig Erfolg praktiziert haben und die dann auch noch fälschlicherweise glauben, sie hätten halt kein Talent zum Sprachenlernen, was ganz besonders bedauerlich ist. Aber **diesen Abermillionen könnte geholfen werden,** wenn sie es lernten, **gehirn-gerecht** vorzugehen. Wenn nämlich der Gehirn-Besitzer ein wenig über die Arbeitsweise dieses phänomenalen Instrumentes in seinem Schädel weiß, dann kann er **gehirn-gerecht** vorgehen, d.h., **dann** kann er auch ein effizienter **Gehirn-Benutzer** werden! Wobei das Sprachenlernen nur **einer** der Aspekte ist, bei dem dieses gehirn-gerechte Vorgehen enorme Vorteile bringt!

Übrigens: Alles Lernen ist letztlich Selber-Beibringen! Je besser man das begreift, desto weniger Zeit und Energien muß man (für Lernprozesse aller Art!) aufwenden.

---

[1] Alle Mitarbeiter im Dunkeln halten, regelmäßig Mist auf sie abladen und, sobald einer den Kopf herausreckt, sofort abschneiden!

Lernen durch Imitation ist der wichtigste Lernprozeß für jeden Menschen — auch für Erwachsene! Deshalb prägt uns das, was uns täglich umgibt: (stupide?) Fernsehprogramme, schlampige (Aus-)Sprache sowie läppisches Minimal-Vokabular vieler Mitmenschen usw... Was wir ständig hören/sehen, das werden wir ebenfalls sagen/tun... Deshalb motivieren Führungskräfte am besten, die "mit gutem Beispiel" vorangehen.

Wenn ich an den Sprachen-Unterricht in der Schule denke ... da wird doch nur *sehr wenig imitiert.* Im Gegenteil, man geht mit dem Stoff in der Regel viel zu schnell voran, so daß die Hauptlast des Lernens beim *Schüler* liegt, der ständig repetieren soll; aber *wiederholen* ist doch, genaugenommen, nicht dasselbe wie Imitieren, oder?

Und welche Modelle oder Vorbilder hat man in der Schule oder in einem Sprachkurs für Erwachsene? Richtig!! *Einen* Lehrer (bzw. *eine* Lehrerin) und (viele) Schüler, so daß die *meisten* Vorbilder eigentlich recht schlechte Modelle zum Imitieren darstellen. Dies ist vor allem dann der Fall, wenn die Schüler selbst möglichst viel sprechen sollen, und zwar in der Regel, noch *ehe* sie dazu fähig sind, so daß die *Mitschüler als schlechte Vorbilder* dienen, ohne das zu wollen.

Etwas begreifen heißt automatisch, daß wir zu diesem Begriff (be-*greifen* und Be-*griff*, dieselbe Wortwurzel!) bereits eine Vorstellung besitzen müssen, sonst können wir uns eben kein Bild davon machen. Das ist der Grundgedanke, der hinter der Technik des intensiven **Hören/Aktiv**, im Gegensatz zum normalen Hören, steht, wobei noch hinzuzufügen ist, daß wir uns die Bilder normalerweise unbewußt machen. (Vgl. bitte auch mein Buch: *Stroh im Kopf? - Gebrauchsanleitung fürs Gehirn.*) Erst durch das Beispiel (Denken Sie jetzt bitte keinesfalls an eine weiße Maus auf rotem Fahrrad!) wird den meisten Menschen klar, *daß* sie diese Vorstellung haben!

Leider wird den Kindern das intensive, mitdenkende Zuhören ausgetrieben, bei welchem sich automatisch bewußte Vorstellungen mit dem Gehörten verbinden bzw. bei welchem man sich aktiv vorstellt, worüber man nachdenkt... Erst wenn wir diese Fähigkeit wieder aktivieren, die — ich kann das nicht ausdrücklich genug betonen — jedes Kind zunächst entwickelt hatte, dann können wir wieder wirklich gut zuhören und während des Zuhörens erstens sehr viel mehr von dem Gehörten *merken* und zweitens *aktiv mitdenken, während* wir zuhören.

Sowohl auf der Hörspiel-Kassette als auch im Buch (S. 40ff) wird das *Mini-Training zum Zuhören/Aktiv* beschrieben, das Sie unbedingt durchlaufen sollten. Zumindest könnten Sie einmal ausprobieren, wie leicht oder schwer es Ihnen fällt... Darauf bezieht sich der nun folgende kurze Dialog-Ausschnitt:

Berater	Was aber, wenn der Minister nach **Khartoum** oder nach **Sierra Leone** geflogen wäre?
Willi	Jetzt haben Sie mich!
Berater	Aber was denken Sie denn normalerweise über Ihr sogenanntes schlechtes Gedächtnis, sagen wir mal, am nächsten Tag?
Willi	Daß ich gestern die Nachrichten gehört, heute aber **vergessen** habe, wohin der Minister geflogen war.
Berater	Und das ist falsch! Denn Sie hatten diesen Teil der Botschaft, genaugenommen, überhaupt noch **nicht begriffen**.
Willi:	Und Nicht-Begriffenes kann auch nicht ge-MERKT werden!
Berater	Eben. ... **Ein** Nutzen dieses Trainings ist das bewußte Bildermachen. Der **zweite** Nutzen ist das bewußte Registrieren aller Begriffe, zu denen Sie noch keine oder nur eine wischi-waschi Vorstellung besitzen.
Willi	Wenn ich also dieses Training durchlaufe, dann habe ich als Minimal-Nutzen einmal die Tatsache, daß ich ganz allgemein besser zuhören lerne und zweitens, daß ich mir, als *Nebeneffekt* sozusagen, weit mehr von dem Gehörten auch gleich merken kann. Richtig?
Berater	Richtig. **Drittens** werden Sie selbst sich besser ausdrücken, egal, in welcher Sprache Sie sprechen möchten.
Willi	Wieso denn *das*?
Berater	Weil jemand, der klare Vorstellungen vor seinem geistigen Auge hat, sich fast nie wischi-waschi ausdrücken kann, auch nicht aus Versehen. Und weil jemand, der gehirn-gerecht vorgeht, weit seltener als andere Menschen einen Teil seiner Botschaft vergessen wird bzw. einen unpassenden Begriff wählt usw.

Willi	Aah ja. Das leuchtet ein!
Berater	Und der **vierte** Vorteil ist natürlich, daß Sie nach Beherrschen dieser Technik die Birkenbihl-Methode zum mühelosen Erlernen von Fremdsprachen anwenden können!
Willi	(grinst) Das ist dann sozusagen ein Nebeneffekt der anderen Vorteile in der täglichen Praxis!

Der folgende Ausschnitt aus dem Hörspiel zeigt einige der Grundgedanken auf, die *hinter* meinem methodischen Ansatz stehen. Da ich in dem Hörspiel "meine Rolle" einem Profi-Trainer "gab", spricht er von "der Autorin", wenn er mich meint...

Willi	Und diese Methode ist sozusagen ein neuer Ansatz zur *Didaktik* des Sprachenlernens?
Berater	Genau. Die Autorin analysierte nämlich die Probleme des herkömmlichen Lernens (z.B. mit dem Vokabel-Pauken bzw. die Schwierigkeiten, die der Umweg über die Grammatik für die meisten Lerner bedeutet usw.). In Verbindung mit dem Denk-Modell der beiden Hirnhälften ergaben diese Schwierigkeiten plötzlich *einen ganz anderen Sinn*. Wenn nämlich die alte Vorgehensweise bestimmte Fähigkeiten des Gehirns nicht ausnutzt bzw. sogar gegen die Arbeitsweise des Gehirns gerichtet ist, *dann muß das Resultat zwangsläufig eine Menge Frust, vergeudete Mühe, Zeit und Energie bei nur mäßigem Erfolg sein!*
Willi	Deshalb ist der neue Ansatz gehirn-gerecht.
Berater	Genau. Halten wir fest: Die traditionelle Rolle des Lehrers ist, um ein mildes Wort zu wählen: äußerst *ungünstig*. Denn: Wenn man mit einem Lehrer arbeitet, dann sollte dieser *erstens* ein *native speaker* sein, d.h., er sollte in seine Muttersprache (hinein) arbeiten. *Zweitens* könnte der Lehrer z.B. bereits Gelerntes mit Rollenspielen verfestigen helfen. ... Würde der Lehrer nämlich Vorbild, also ein Modell zum Imitieren sein bzw. zum Freund und Spielpartner werden, dann würde der Lehrer eine ähnliche Funktion bekleiden wie diejenigen Menschen, von denen wir einst die Muttersprache gelernt haben.
Willi	Der Lehrer als Katalysator statt als großer Meister!
Berater	Genau. *Drittens*: Die Muttersprache lernt man in konkreten Situationen, also in einem sinnvollen Zusammenhang. Der jedoch fehlt im Klassenzimmer meist, außer man übt gerade Sätze wie "Hier ist eine Tafel, dies ist das Klassenzimmer" usw.
Willi	Da kann ich mir aber interessantere Themen zum Üben vorstellen. Zum Beispiel, wie ich in einem Bistro was bestelle, oder so was.
Berater	Genau. Solche Zusammenhänge könnten von Lehrer und Schüler im Rollenspiel gespielt werden. ... Das Spiel vermittelt ein Pseudo-Erlebnis, das für unser Unbewußtes genauso hilfreich ist wie tatsächlich Erlebtes. ...

Viertens muß der Lernende unbedingt Ton-Kassetten besitzen, damit er möglichst oft gute Modelle hört (und zwar weit mehr als nur die eine Lehrer-Stimme)... Dann erst kann Lernen durch Imitation — also *die leichteste Art des Lernens* — stattfinden. Wenn man ganz ohne Lehrer arbeitet, dann sind diese Stimmen auf Band die Modelle zum Imitieren, während man selbst sein eigener Lehrer wird. Und das ist, wie Sie noch sehen werden, weit leichter, als man zunächst meinen könnte. ... Das ist ja der Clou der Birkenbihl-Methode: Jeder lernt genau, was er lernen will, wenn er sein eigener Lehrer ist. *Da müssen ja keine Mitlernenden über denselben Kamm geschoren werden!* Also: Wer schreiben will, darf natürlich. Aber wer nicht will, braucht nicht! Wer Grammatik liebt, darf natürlich mittels Grammatik-Regeln lernen. Aber wer das nicht will, der braucht sich mit Grammatik überhaupt nicht zu befassen. Wer sprechen will, darf sprechen üben, aber wer überwiegend lesen oder verstehen lernen will, der braucht überhaupt nichts zu sprechen!

Willi: Das klingt ja immer **unglaublicher**.

Berater: Muß es ja, solange man die alten Vorurteile noch **glaubt**. Aber die können Sie ja bald *ad acta* legen, nicht wahr?

Ein Aspekt, der im Hörspiel sogar noch stärker herausgearbeitet wurde als im Buch (Seite 58/59) ist der des Sprachgefühls. Dabei geht es z.B. über die Konzepte, die "hinter den Worten stehen" und die uns beim De-Kodieren (= Lernschritt 1) besonders bewußt werden. (Fallbeispiel: Bis vor kurzem war *Frieden* für uns doch hauptsächlich die *Zeit zwischen den Kriegen*, nicht wahr? Die Idee, daß *Frieden* etwas ist, was man genauso zielstrebig planen kann wie einen Krieg, ist noch sehr neu.) Bezogen auf das sture Pauken von Vokabeln, heißt dies: Abgesehen davon, daß es der Art, wie unser Gehirn am effizientesten lernt, widerspricht, **kann Vokabel-Pauken kein wirkliches Sprachgefühl schaffen**. Weder für die Zielsprache noch für die eigene! Damit kann man nie in die Mentalität der Menschen, deren Sprache man lernt, eintauchen. Man kann nie *wirklich* in dieser Sprache denken, empfinden, reagieren. Man fühlt sich geistig sozusagen in der anderen Sprache nie zuhause! (Wobei man boshaft sagen könnte, daß so mancher sich in seiner Muttersprache auch kaum mehr auskennt als ein Tourist.)

Jetzt werden die vier Schritte noch einmal kurz angedeutet:

Berater **Erstens**: Durch das De-Kodieren eines Textes, dessen sogenannte gute Übersetzung vorliegt, begreifen Sie die Lektion weit vollständiger als durch mühseliges Selbst-Übersetzen! Angenommen, Sie stellen fest, daß der Araber nicht sagt: *ein Buch*, sondern: *Buch-ein* (weil das "ein" durch eine Endung zum Ausdruck gebracht wird). Wenn Sie dies durch die De-Kodierung des Textes bereits gemerkt haben, dann werden Sie später nie dastehen und verzweifelt das nichtexistierende Wort für "ein" suchen, wenn Sie sich aktiv ausdrücken (also sprechen oder schreiben) wollen!

Zweitens: Je absurder die wort-wörtliche "Übersetzung" ist, desto leichter erkennen Sie die Art und Weise, wie man in Ihrer Zielsprache Dinge anders ausdrückt, als dies bei uns der Fall ist. Mit dieser Methode fällt die Angst vor den sog. Idioms (das sind unübersetzbare Wortfolgen) weg! Beispiel: Im Deutschen können wir uns *einen Ast lachen*; diese Redewendung ergibt jedoch im Englischen überhaupt keinen Sinn. Haben Sie jedoch einmal de-kodiert: *Er lachte sich albern* (*he laughed himself silly*), dann werden Sie niemals sagen: *He laughed himself a twig*, was nämlich kein Angelsachse verstünde.

Drittens: Das De-Kodieren bringt Ihnen nicht nur Freude und Faszination beim Lernen, sondern Sie werden sehr bald bereits aktiv eigene Sätze analog zu gelernten bilden können, wobei Sie von Anfang an fast fehlerlos arbeiten werden! ...

Schritt 1 ist beendet, wenn Sie den fertig de-kodierten Text vor sich liegen haben, so daß Ihnen die Bedeutung jedes einzelnen Wortes sichtbar vor Augen geführt wird.

Willi Ab jetzt müßte es doch darum gehen, diese Bedeutung wirklich in mein Hirn hinein zu bekommen?

Berater Genau. Das geschieht durch

Schritt 2: Hören/Aktiv!

Willi Aha!

Berater Ich darf allerdings darauf hinweisen, daß Schritt 2 umso besser gelingen wird, je besser Sie ihn in Ihrer Muttersprache bereits beherrschen. Hierbei handelt es sich um die Technik des intensiven Zuhörens, über die wir vorhin sprachen.

(Vgl. im Buch: *Hörtraining*, S. 40ff)

Also angenommen, die erste Lektion spielt an der Rezeption eines Hotels. Ein Gast kommt herein und sagt: "Guten Tag, ich habe eine Reservierung."

PAUSETASTE.

Willi	Klar. Dann stelle ich mir den Gast vor.
Berater	Genau. Und die Person an der Rezeption, wenn diese jetzt den zweiten Satz spricht: "GUTEN TAG, IHR NAME BITTE?" oder so ähnlich.
Willi	Alles klar. Aber könnte ich das nicht auch mit der deutschen Übersetzung machen statt mit der De-Kodierung?
Berater	Bitte nicht! Die De-Kodierung zeigt Ihnen ja die Struktur der Zielsprache. Immer wenn diese vom Deutschen abweicht, merken Sie dies beim Mitlesen des de-kodierten Textes sehr bewußt!
	. . .
Berater	Lernschritt 2, also Hören/Aktiv eines Textes, bewirkt folgendes: Wenn Sie jedes Wort verstehen, im Sinne des gehirn-gerechten Hörens, dann ist es für Ihr Gehirn bereits völlig egal, ob Sie *diesen* Text auf deutsch oder in der Zielsprache hören, denn...
Willi	... denn ich sehe in beiden Fällen dieselben Bilder vor meinem geistigen Auge! Also zeigt Herr Rechts mir dasselbe Bild eines *Tisches,* wenn er *table* hört! Nicht wahr?
Berater	Ganz genau. Das heißt, am Ende des zweiten Lernschrittes verstehen Sie jedes Wort der Lektion, wenn Sie es hören, genauso gut, wie Sie denselben Text auf deutsch verstanden hätten.
Willi	Das ist ja phantastisch! Denn einerseits kann ich jede solcher Übungen als weiteres Training für gutes Zuhören im allgemeinen auffassen, ich tue also etwas für meine Weiterentwicklung, und zweitens macht es doch sicher Spaß, wenn ich von Mal zu Mal merke, wieviel besser ich begreife, bis ich den ganzen Text verstehe.
Berater	Damit haben Sie ein ganz wesentliches Element der Birkenbihl-Methode erfaßt: **Die Freude**, die bei **ständig wachsenden Erfolgserlebnissen** automatisch auftaucht!

Schritt 3 ist jetzt die andere Art des Zuhörens, also das Hören/Passiv. Nach dem Motto: **Wo lassen Sie lernen?** Antwort: **In meinem Unbewußten!**

Willi	Ich könnte also z.B. einen Krimi im Fernsehen ansehen und gleichzeitig die Lektionstexte passiv reinziehen?
Berater	Genau. Wobei Sie die Sprachkassette so leise einstellen, daß Sie diese kaum noch hören können. Sie konzentrieren sich also total auf den Film, Sie hören den Dialogen dort sehr intensiv zu...
Willi	... während ich der Sprachlektion eigentlich gar nicht zuhöre, richtig?
Berater	Genau. Das ist die Idee. Ihre rechte Hemisphäre speichert das für Sie Wesentliche ganz allein - ohne Ihr bewußtes Zutun! In dieser Phase Hören/Passiv gewöhnt sich Ihr Unterbewußtsein an Aspekte, die Sie später sowohl beim aktiven Sprechen als auch beim Verstehen erkennen und können müssen! Da Sie jedoch bewußt "nichts" dazu tun, nennen wir dies **Hören/Passiv!**
Willi	Also ist das eine Lernphase, die überhaupt keine Extrazeit kostet!

Berater Genau. Das ist der springende Punkt. Sie "lassen" wirklich lernen, Herr Willi! Im Gegensatz zu Schritt 1, De-kodieren, wenn Sie dies selber machen. Und im Gegensatz zu Hören/Aktiv, was Sie immer selbst tun müssen! Und zwar konzentriert, mit dem ganzen Hirn!

Willi Dieses passive Hören — was passiert da genau?

Berater Erstens lernt Herr Rechts die Tonalität, zweitens hören Sie laufend Ihre Vorbilder — unbewußt — was jedesmal in etwa einem *Mini-Aufenthalt im Land Ihrer Zielsprache* entspricht...

Willi Ja natürlich!! Man umgibt sich mit der Sprache und mit den richtigen Modellen! Man hört also immer wieder die richtige Aussprache, ohne daß man selbst aktiv laufend wiederholen müßte. Das ist großartig! Ich bin begeistert!

Berater Sie sind nicht der erste, Herr Willi!

Willi Also spricht man gar nicht von Anfang an selbst...?

Berater Eben. Das ist ein sehr wichtiger Aspekt der Birkenbihl-Methode! Je eher Sie sprechen — vor allem, wenn Ihnen die Tonalität noch gar nicht vertraut ist —, desto mehr deutschen Akzent werden Sie später haben! Hier haben wir noch einen weiteren Grund, der gegen das Vokabel-Pauken spricht. Denn wenn Sie die Vokabeln, die Sie pauken sollen, brav halblaut vor sich hin murmeln, dann sprechen Sie jede Vokabel viel zu früh aus — zu einem Zeitpunkt, an dem die fremde Tonalität noch nicht vertraut ist. Und diese schlechte Aussprache wirkt gleichzeitig als Modell für Ihren Herrn Rechts. Deshalb, eben weil Sie sich selbst ja zugehört haben, verstärken Sie die falsche Aussprache.

Willi Auch das leuchtet ein. Aber mein Gott, wenn ich jetzt an den Schulunterricht denke... Dann kommen dann noch die Mitschüler hinzu, die aus demselben Grund ähnlich falsch sprechen. Und dann die Lektionstexte selbst! Wir mußten immer *sofort* versuchen, einen neuen Text laut zu lesen. ... Also, jetzt habe ich mit meinem Lektionstext den Schritt 1 (De-Kodieren) sowie Schritt 2: Hören/Aktiv absolviert und mit Schritt 3 begonnen. Wie geht es jetzt weiter?

Berater Jetzt kommt es auf Ihre Ziele an, also ob Sie überwiegend **sprechen** und/oder **verstehen** bzw. ob Sie mehr oder auch **lesen** und/oder **schreiben** können wollen!

Willi Nun, ich will ja vor allem sprechen und verstehen können. Was könnte ich im vierten Lernschritt tun?

Berater Also, der **vierte Lernschritt** ist: **Aktivität**! Hier beginnen wir, aktiv mit der Sprache zu arbeiten! Wenn Sie also sprechen wollen, dann sprechen Sie Ihre Lektionstexte zunächst mit den Sprechern auf der Kassette gleichzeitig, also quasi im **Chor**!

Willi Moment mal! Früher hat man doch Latein und Griechisch dadurch gelernt, daß man die Texte im Chor rezitiert hat!

Berater Genau. Das war außerordentlich gut, also gehirn-gerecht, wurde aber leider abgeschafft!

Willi	Kann man, wenn der Kurs **Nachsprechpausen** hat, nicht auch hinterher sprechen?
Berater	Das müssen Sie ausprobieren. Einige Leute finden das Nachsprechen, also eine Art Echo-Effekt, wesentlich angenehmer, andere ziehen den Chor-Effekt vor. Wichtig ist vor allem, *daß man erst mit Schritt 4 beginnt, wenn einem der Klang bereits sehr vertraut ist.*
Willi	Während man früher immer viel zu früh sprechen mußte. Klar. Aber: Wie weiß ich, wann dieser Punkt erreicht ist?
Berater	(<u>lacht</u>) Oh, das *wissen* Sie. Das spüren Sie! Glauben Sie mir, es ist, als ob eine kleine innere Stimme sagen würde: *So, jetzt bin ich so weit, daß ich diesen Text einmal mit- oder nachsprechen möchte!*
Willi	Eigentlich einleuchtend, denn früher wußte ich ja auch, daß es zu früh war, wenn ich eine Lektion laut vorlesen oder Fragen dazu beantworten mußte!

Tja, jetzt müssen Sie nur noch eine Entscheidung treffen, liebe Leser: Ob Sie sich von liebgewonnenen "Einsichten" (wie: Ich bin halt unbegabt oder: es geht nur über Vokabel-Pauken etc.) trennen wollen! Wenn ja, dann probieren Sie meine Methode. Wichtig: Sie müssen überhaupt nicht daran glauben — wenn Sie es einfach einmal testen, dann wird Ihr Gehirn Ihnen zeigen, wozu es fähig ist. Und wenn Sie als Gehirn-Benutzer ein guter "Chef" Ihrer "Mitarbeiter im Kopf" sind, dann lassen Sie zu, daß "es" plötzlich ganz leicht wird...

Schließlich leben wir in einer Zeit, in der Europa immer mehr "zusammenrückt"; daher werden immer mehr Menschen gebraucht, die nicht nur Fachmann/frau sind, sondern die ihre Belange selbst vertreten können, wenn es gilt, andere Europäer zu informieren oder mit ihnen zu verhandeln.

Der Dolmetscherberuf wird zwar ebenfalls weiter Konjunktur haben, denn z.B. bei juristischen Situationen wird man sicherheitshalber auch in der Zukunft gerne Fach-Übersetzer dabeihaben; aber die "alltägliche" Unterhaltung in Europa wird in wachsendem Maße von *Europäern* getätigt, von *Polyglotten*! Oder glauben Sie wirklich ernsthaft, daß die sprachenbegabten Menschen alle rein zufällig in den Benelux-Ländern geboren wurden? Na also!

Viel Freude und Erfolg wünsche ich Ihnen.

P.S. zur dritten Auflage

Liebe Leser,

seit Erscheinen des Buches sind natürlich zahlreiche Reaktionen eingegangen. Da schreiben uns Menschen, daß sie durch diesen Text **neuen Mut** zum Sprachenlernen gefunden haben, daß sie jetzt damit **Erfolg** haben (und viel **Freude** dabei erleben), usw. Diese Briefe decken sich im Tenor mit der Reaktion von Seminarteilnehmern. Ganz besonders freue ich mich natürlich, wenn **Lehrer** sich "bekehren" lassen. Deshalb möchte ich Ihnen — stellvertretend für viele — *eine* solche Reaktion anbieten.

Allerdings fing alles "ganz anders" an: In seinem ersten Brief teilte Herr Koll mir einen groben Fehler im Buch (2. Auflage) mit, den er sehr wissenschaftlich (fast pedantisch) erläuterte, und den wir in der dritten Auflage selbstverständlich korrigiert haben. Nun lesen Sie, was er *jetzt* schreibt:

(Bezüglich des von ihm verfaßten Arabisch-Kurses, den er bisher in seinen Kursen eingesetzt hat):

Nachdem ich mich in den letzten Monaten intensiver mit dem Thema "Sprachenlernen" befaßt habe, mußte ich erkennen, daß ich sowohl im Unterricht als auch in meinem Lehrmaterial nicht eine einzige Möglichkeit, etwas falsch zu machen, ausgelassen habe. Ich werde dieses Material ... nicht mehr einsetzen. Das kann ich einfach nicht länger verantworten. Also werde ich so bald wie möglich daran gehen, etwas völlig Neues zu basteln.

Dabei will ich dann so vorgehen:
Auf jeden Fall möchte ich dabei bleiben, die Buchstaben (die übrigens alle meine Kursteilnehmer mitlernen wollen) teelöffelweise zu servieren. Versuche, hier nach der "Ganzheitsmethode" vorzugehen, sind bisher stets arg mißlungen. Die Teilnehmer verlieren dabei sehr schnell die Lust. Deshalb sollen pro Lektion nur wenige Buchstaben kennengelernt werden. ...
Von Anfang an sollen zusammenhängende Sätze als kleine Szenen oder bestimmte Themen die Texte darstellen.

Die Gegenbeispiele finden sich zur Genüge in meinem (alten) "Werk". Der König ist schön und die schöne Königin gehen mir selbst längst auf den Geist.

... Selbstverständlich sollen die Lektionen mit de-kodierten Texten beginnen, die mindestens in den ersten beiden Semestern zusätzlich auch die Lautschrift zeigen. ... Bisher habe ich immer sehr großen Wert auf die Grammatik gelegt. Nicht zuletzt durch die Lektüre Ihrer Bücher habe ich mich aber überzeugen lassen, daß es sehr wohl sinnvoll ist, die Regeln und Gesetze ein bißchen mehr auf Sparflamme zu kochen. Vielleicht kann man an strategisch wichtigen Punkten im de-kodierten Text mit Minihinweisen zunächst viel mehr erreichen als durch linguistische Klimmzüge. ... Ich (werde) radikal darauf verzichten müssen, stets zu versuchen, der staunenden Leserschaft mein profundes Wissen an Regeln und deren Ausnahmen zu demonstrieren. ...

Die allermeisten meiner VHS-Hörer wollen sprechen, verstehen und gelegentlich mal einen Brief schreiben. Das trifft in besonderem Maße zu auf diejenigen von ihnen, die einen arabischen Ehepartner besitzen. Daneben allerdings gibt es auch solche, die als frischgebackene Moslems religiöse Texte lesen wollen. Ich bin heute davon überzeugt, daß man auch diesen mit Ihrer Methode ganz ausgezeichnet die Grundbegriffe der arabischen Sprache vermitteln kann.

Bei dieser Gelegenheit will ich Ihnen nicht verhehlen, daß ich nach der Lektüre Ihrer Bücher zunächst der Meinung war, diese Methode (insbesondere das Dekodieren) ließe sich möglicherweise für eine Menge von Sprachen anwenden aber eben nicht für das Arabische. Dennoch habe ich Versuche gemacht, und heute bin ich überzeugt, daß dieser Weg ... zum Ziel führen wird. Allerdings wird man Ihre Methode ein winziges Bißchen der Materie anpassen müssen. Das aber ist wohl eine Selbstverständlichkeit.

Zurück zur Grammatik. Ich war bisher der Ansicht, vernünftige Texte könnten erst dann geboten werden,

wenn das exakte System der Konjugation mit allen ihren Formen bereits abgehandelt worden ist. Ich ging sogar so weit, Verben der abgeleiteten Stämme erst dann in die Texte aufzunehmen, wenn der betreffende Stamm vorher schon dargestellt wurde. Heute begreife ich, daß diese Art der Sprachenvermittlung, schlicht und ergreifend gesagt, falsch ist. Ich werde in Zukunft von Anfang an auch (neue) Verben verwenden... Der de-kodierte Text macht's möglich. ...

Tja, Herr Koll ist nicht nur bereit, sein arabisches Lehrmaterial vollständig neu zu schreiben, er will sogar einen weiteren Schritt gehen, den ich unglaublich ermutigend finde. Wie gesagt, sein Brief steht stellvertretend für andere, die inzwischen von Saulus zu Paulus wurden...

Natürlich muß ich auch meinen Unterricht ändern. ... Ich hoffe, daß ... auch genügend Zeit bleibt für Szenenspiele. Schließlich kann ich mich dann im "normalen Unterricht" darauf beschränken, Fragen zu beantworten....

Bleibt mir noch zu sagen, daß es mich sehr freuen würde, von Ihnen etwas zu hören.

Mit freundlichen Grüßen
gez. Heinz-Peter Koll

Abschließend möchte ich allen danken, die geschrieben haben! Viele von Ihnen haben mir von "kleinen Abweichungen" berichtet. Das entspricht vollkommen meiner Vorstellung, deswegen schlage ich Ihnen ja (auf S. 24) vor, daß Sie Ihre eigenen "Variationen" entwickeln. So wird meine Methode zur Basis, von der aus Sie "losmarschieren" können, weiter, und weiter und immer weiter... *Auf diesem Weg wünsche ich Ihnen, daß auch Sie die großartigen Hoch-Gefühle erleben, die mit einem intelligenten Einsatz des ganzen Gehirns zwangsläufig einhergehen.*

Literaturverzeichnis

ABEND, Bernhard:
Grundlagen einer Methodologie der Sprachbeschreibung, Würzburg, 1985

BIRKENBIHL, Vera F.:
- Freude durch Streß, 8. Auflage, Landsberg, 1991
- Gehirn und Gedächtnis, in: Enzyklopädie Naturwissenschaft und Technik, Jahresband 1983, Landsberg
- Der persönliche Erfolg, 6. Auflage, Landsberg, 1989
- MacThink – Increasing Intelligence and Creativity with the Macintosh Computer, London, 1985
- Erfolgs-Training, 4. Auflage, Landsberg, 1991
- Sprache als Instrument des Denkens, Kassette, Landsberg, 1987
- Stroh im Kopf? Oder: Gebrauchsanleitung fürs Gehirn, Speyer, 1983

BLAKEMORE, C.:
Mechanics of the Mind, Cambridge, 1977

BLAKESLEE, T.R.:
Das rechte Gehirn, Freiburg, 1982

BOCHOW, Peter/WAGNER, Hardy:
Suggestopädie/Superlearning - Grundlagen/Anwendungsberichte, Speyer, 1986

BODMER, Frederick:
Die Sprachen der Welt, Kiepenheuer & Witsch, 5. Auflage, Köln/Berlin, 1965
bei Weltbild-Verlag, Augsburg, erhältlich

BUZAN, T.:
- Use Both Sides of Your Brain, New York, 1976
- Kopftraining - Anleitungen zum kreativen Denken, München, 1984

CALDER, N.:
The Mind of Man, New York, 1970

CASTANEDA, Carlos:
Reise nach Ixtlan, 14. Auflage, Stuttgart, 1987

CHÉREl, A.:
RUSSISCH OHNE MÜHE, ASSIMIL-Sprachkurs

DELGADO, J.M.R.
Gehirnschrittmacher, Frankfurt, 1971

EDWARDS, B.:
Garantiert zeichnen lernen, Reinbek, 1982

FELIXBERGER, Josef/BERSCHIN, Helmut:
Einführung in die Sprachenwissenschaft für Romanisten, München, 1974

GAZZANIGA, M.:
The Split Brain in Man, in: Perception, Mechanisms and Models (Hrsg. HELD), San Francisco, 1972

HENDRICKS, R.A.:
LATIN MADE SIMPLE (Sprachkurs), London, 1982

HOLT, J.:
- How Children Fail, New York, 1967
- The Underachieving School, New York, 1969

JACKSON, Eugene/RUBIO, Antonio:
FRENCH MADE SIMPLE (Sprachkurs), London, 1984

JACOBS, Noah Jonathan:
Amerika im Spiegel der Sprache, Bern, 1968

JAYNES, J.:
The Orign of Consciousness in the Breakdown of the Bicameral Mind, Boston, 1976

KANTOR, Philippe:
LE CHINOIS SANS PEINE, ASSIMIL-Sprachkurs
LEVY, J.:
Psychobiological Implications of Bilateral Asymmetry, in: Hemisphere Function in the Human Brain, (Hrsg.: DIMOND/BEAUMONT), New York, 1974
LOZANOV, G.:
Suggestology and Outlines of Suggestopedy, New York, 1977
MALERBA, Luigi:
Storiette Tascabili, Torino, 1984
MARFELD, A.F.:
Kybernetik des Gehirns, Reinbek, 1973
MECACCI, Luciano:
Das einzigartige Gehirn, New York, 1986
MILLER, A.:
Am Anfang war Erziehung, Frankfurt, 1981
OSTRANDER/SCHROEDER:
Leichter lernen ohne Streß (Superlearning), 3. Auflage, München, 1980
PENFIELD, W.:
- *Memory Mechanisms* in: A.M.A.-Archives of Neurology and Psychiatry, USA, Vol. 67, 1952
- The Mystery of the Mind: A critical study of consciousness and the human brain, Princeton Univ. Press 1975

POPPER, K.R./ECCLES, J.:
Das Ich und sein Gehirn, Frankfurt, 1982
RESTAK, R.M.:
The Brain, Geheimnisse des menschlichen Gehirns, Landsberg, 1985
SCHMIDT, J.J.:
L'ARABE SANS PEINE, ASSIMIL-Sprachkurs
SCHMIDT, Dr., Paul:
Sprachen lernen - warum und wie?, Bonn, 1954
SPERRY, R.W./GAZZANIGA, M.S./BOGEN, J.E.:
Interhemisphere Relationship, the Neocortical Commissures, Syndromes of Hemisphere Disconnection, in: Handbook of Clinical Neurology, Amsterdam, 1969
TAYLOR, G.R.:
Die Geburt des Geistes, Fischer, 1979
TEICHMANN, Bernhard:
Teichmanns Praktische Methode - Französisch, Eine sichere Anleitung zum wirklichen Sprechen der französischen Sprache, Erfurt, 1892
VOSS, Bernd:
Slips of the Ear, Tübingen, 1984
WAGNER, Hardy:
- Persönliche Arbeitstechniken, Speyer, 1983
- Struktogramm-Analyse, Speyer, 1985

WOOLRIDGE, D.:
- The Machinery of the Brain, New York, 1963

Stichwortverzeichnis

GABAL

Wer sind wir, und was wollen wir?

Wir bestehen seit 1976 und sind ein **gemeinnütziger Zusammenschluß von Praktikern aus Wirtschaft und Hochschule**. Unsere Mitglieder sind Unternehmer und Führungskräfte - unternehmerisch denkende Manager - aus Wirtschaft und Verwaltung, Hochschullehrer sowie Trainer und Berater. Neben stimmberechtigten Voll-Mitgliedern gibt es korrespondierende Mitglieder sowie fördernde Mitglieder (Unternehmen bzw. Organisationen).

Unsere **Hauptaufgabe** sehen wir in der Förderung von Kommunikation und Kooperation zwischen Wirtschafts-Praxis und Hochschule sowie in der Entwicklung und Durchsetzung eines ganzheitlichen und **zukunftweisenden Weiterbildungs-Konzeptes** für unsere Zielgruppe: Mittelständische Unternehmer und Führungskräfte sowie Studenten/Absolventen der Hochschulen.

Schwerpunkte unserer Arbeit sind heute:

• **Förderung** der Publikation von preisgünstigen **arbeitsmethodischen** Schriften für Studierende / Lernende sowie von **praxisorientierten Schriften** für Führungskräfte.

Besonders erfolgreiche Beispiele der "Reihe für Ihre erfolgreiche Zukunft" sind "Stroh im Kopf?" - inzwischen in 8. Auflage im 35. Tausend erschienen - sowie "Das 1x1 des Zeitmanagement" - das in nur wenigen Jahren mit annähernd 500.000 Exemplaren in deutscher Sprache und 15 weiteren Sprachen das Standardwerk zum Thema Zeitmanagement geworden ist.

• **Weiterbildungs-Konzepte zur Persönlichkeits- und Unternehmens-Entwicklung für die 90er Jahre,** und zwar in enger Verbindung mit der GABAL-Akademie des Erfolgs (GAE).

• Förderung der bundesweiten **Umsetzung der Erkenntnisse des Modellversuchs der Bund-Länder-Kommission für Bildungsplanung und Forschungsförderung (BLK) "Praxisverbundenes Studium an der FH Wirtschaft",** insbesondere Initiierung von Lehrveranstaltungen im Sinne eines notwendigen und effizienten "Studium Generale, des Lernen-Lernens und der Arbeits-Methodik" einschließlich Angebot von Train-the-Trainer-Seminaren sowie entsprechender Trainer-Leitfäden zur Umsetzung des zukunftweisenden **STUFE**-Konzeptes - **STU**dium **F**undamentale et **E**fficiens.

• Hilfe bei der Einrichtung bzw. Kooperation mit Partnern im Hinblick auf eine Beirats-Börse sowie eine "Arbeits-Stipendiaten-Börse" zum bundesweiten Ausgleich von Angebot und Nachfrage bei Projekt-Diplom-Arbeiten.

Wir werden beraten durch ein Kuratorium, dem - neben Repräsentanten der Fachhochschule Rheinland-Pfalz - maßgebende Institutionen und Verbände der deutschen Wirtschaft angehören, z.B. das Institut der deutschen Wirtschaft (IW) in Köln, der Deutsche Industrie- und Handelstag (DIHT) in Bonn und das Rationalisierungs-Kuratorium der deutschen Wirtschaft (RKW) /Landesverband Rheinland-Pfalz in Mainz.

GABAL

Dudenhofer Str. 46
6720 Speyer
Tel. 0 62 32 / 96 67
Fax 0 62 32/ 9 86 09

Gesellschaft zur Förderung
Anwendungsorientierter
Betriebswirtschaft und
Aktiver
Lehrmethoden in Fachhochschule und Praxis e.V.

Sind Sie an weiteren Informationen interessiert?

Dann blättern Sie bitte um!

STUFE - Schritte zum Erfolg

Ein Lehr- und Lernkonzept zur Förderung fachübergreifender Fähigkeiten

Was ist das *STUFE*-Konzept?

STUFE bedeutet: ***STU**dium* ***F**undamentale* et ***E**fficiens*. Auch für einen "Nicht-Lateiner" ist damit erkennbar, was hier mit STUFE gemeint ist: ein Studium (Lernen allgemein und im besonderen) zum Erlernen grundlegender fachübergreifender Fähigkeiten und Methoden, um ein effizienteres (Weiter)-Lernen in unterschiedlichen Lebensbereichen zu ermöglichen. STUFE repräsentiert 5 Bausteine - 5 Schritte zum Erfolg:

1. **Persönlichkeits-Analyse -** Persönlichkeit erkennen und akzeptieren: Erfolgs-Potentiale nutzen
2. **Berufszielfindung** und Umsetzungsstrategie für Studium / Ausbildung / Weiterbildung
3. **Ganzheitliches Ziel-, Zeit- und Selbstmanagement** einschließlich grundlegender Lerntechniken
4. **Mit Bewußtheit zum Erfolg -** Bewußt leben mit dem Unbewußten - Bewußte Meditation, ein mentales Training: ***S**elbst*-***S**teuerungs*-***S**ystem* - Drei-S-Methode
5. **Moderations-Technik** am Beispiel der Methodik wissenschaftlichen Arbeitens

Ziel ist die Integration des STUFE-Konzeptes in die Leistungsangebote unterschiedlicher Bildungseinrichtungen. Zunächst werden Bildungseinrichtungen der Wirtschaft sowie die Universitäten/Fachhochschulen, aber auch Einrichtungen der Jugend- und Erwachsenenbildung angesprochen.

Eine Erweiterung ist möglich und geplant. So sollen in Zukunft alle anderen schulischen Einrichtungen in dieses Konzept einbezogen werden. Dazu gehört, möglichst viele Lehrer, Dozenten, Lehrbeauftragte, Ausbilder und Weiterbildner für die Umsetzung von STUFE zu begeistern.

Kompetenten Multiplikatoren vermitteln wir Ziele, Methoden und Inhalte der STUFE-Bausteine in Train-the-Trainer-Seminaren. Zu jedem STUFE-Baustein gehört - neben einem Trainerleitfaden mit Folien und Kopiervorlagen für Teilnehmer-Unterlagen - ein **GABAL-Teilnehmerarbeitsbuch**.

Weitere Informationen:

Weitere Bücher von Vera F. Birkenbihl

Birkenbihl-Reader,
(Band 39),
Vera F. Birkenbihl
Sammlung interessanter Veröffentlichungen zu verschiedenen Themen.

ISBN 3-923984-39-1
100 Seiten, br., **9,80 DM***

Stichwort Schule, (Band 23),
Vera F. Birkenbihl
Trotz Schule lernen! Lernen ist nur dann trocken, langweilig und schwierig, wenn die Arbeitsweise des Gehirns nicht berücksichtigt wird.

ISBN 3-923984-23-5
152 Seiten, br., **24,80 DM***

Die Birkenbihl-Methode - Fremdsprachen zu lernen,
(Band 21), Vera F. Birkenbihl
Eine verblüffend einfache Methode, mit geringem Zeitaufwand, ohne Vokabeln pauken, Fremdsprachen zu lernen.

ISBN 3-923984-21-9
162 Seiten, br., **24,80 DM***

NLP - Einstieg in das Neuro-Linguistische Programmieren
(Band 24), Birkenbihl/ Blickhan/Ulsamer
Die Entwicklung von NLP mit den wichtigsten Schlüsselbegriffen und Ihre Anwendung in der Praxis.

ISBN 3-923984-24-3
72 Seiten, br., **19,80 DM***

* unverbindliche Preisempfehlung

GABAL Die Reihe für Ihre erfolgreiche Zukunft

GABAL-Verlag GmbH · Dudenhofer Straße 46 · 6720 Speyer · Telefon 06232/9666

Die Reihe für Ihre erfolgreiche Zukunft

Erfolg und Methodik

Hardy Wagner
Praxisverbundenes Studium (Band 7).
ISBN 3-923984-02-2
164 S., br.,14,80 DM*

Hardy Wagner
Persönliche Arbeitstechniken. Grundlagen und Methoden erfolgreichen Selbstmanagements (Band 8).
ISBN 3-923984-68-5
120 S., br., 19,80 DM*

Lothar J. Seiwert
Das 1 x 1 des Zeitmanagement (Band 10). Das bekannteste Buch über Zeitplanung. In zahlreiche Sprachen übersetzt. Gesamtauflage über 500.000 Exemplare.
ISBN 3-923984-50-2
64 S., br., 14,80 DM*

Rudolf Straube
Lebensfreude (Band 15). Regeln für den Lebenserfolg. Durch positives Denken und geistiges Training seelische Verkrampfungen lösen.
ISBN 3-923984-15-4
86 S., br., 24,80 DM*

Hans Schmitz
Richtig Telefonieren (Band 17). Persönlichkeit und Techniken am Telefon erfolgreich nutzen.
Mit Checklisten, praktischen Tips und Anregungen für schwierige Gesprächssituationen
ISBN 3-923984-57-X
99 S., br., 24,80 DM*

Seiwert / Wagner
Management mit Zeitplanbuch plus PC (Band 22).
Eine aktuelle Marktübersicht mit 67 Zeitplanbüchern und 14 Zeitmanagement-Softwareprogrammen.
ISBN 3-923984-62-6
216 S., br., 29,80 DM*

Lothar J. Seiwert
Selbstmanagement (Band 25). Bedeutung und Funktion des Selbstmanagements – Zielsetzung – Planung – Entstehung –Realisation– Kontrolle – Information und Kommunikation.
ISBN 3-923984-25-1
60 S., br., 19,80 DM*

Graichen / Seiwert
Das ABC der Arbeitsfreude (Band 30). Techniken, Tips und Tricks für Vielbeschäftigte. Die 25 wichtigsten Arbeitstechniken von A-Z mit Checklisten zur erfolgreichen praktischen Umsetzung.
ISBN 3-923984-30-8
80 S., br., 19,80 DM*

Bertold Ulsamer
Exzellente Kommunikation mit NLP (Band 37). Besser kommunizieren mit NLP für Führungskräfte. Anschauliche Beispiele erläutern die Umsetzung in den Arbeitsalltag.
ISBN 3-923984-37-5
152 S., br., 24,80 DM*

Hardy Wagner
Zielorientiert und praxisverbunden studieren – erfolgreicher im Leben (Band 27). Dokumentation eines Modellversuchs.
ISBN 3-923984-27-8
160 S., br., 14,80 DM*

Wolff / Frank
Berufszielfindung und Umsetzungsstrategie für Studium/Ausbildung/Weiterbildung(Band41). Kybernetische Strategie. Leitfaden für Berufseinsteiger, Profis und Berufswechsler.
ISBN 3-923984-61-8
104 S., br., 24.80 DM*

Birker / Birker
Bewußt leben mit dem Unbewußten (Band 42). Bewußte Meditation – Drei-S-Methode.
ISBN 3-923984-42-1
160 S., br., 24,80 DM*

Anwendungsorientierte Betriebswirtschaft

Gottfried Giese
Unternehmensplanspiel ALPHATAU. Übungen am Kompaß der Unternehmens-Steuerung (Band 9).
ISBN 3-923984-59-6
40 S., br., 12,80 DM*

Oyen / Schlegel
Projektmanagement heute. Eine Führungsalternative unserer Zeit (Band 12).
ISBN 3-923984-12-X
154 S., br., 29,80 DM*

Donaubauer / Schoemen
Corporate Identity in Theorie und Praxis am Beispiel der Stadtsparkasse Marktredwitz. (Band 51).
ISBN 3-923984-51-0
40 S., br., 12,80 DM*

Achtung: Ab 1.7.92 neue Preise!

GABAL

GABAL-Verlag GmbH · Dudenhofer Straße 46 · 6720 Speyer · Tel. (06232) 9666 · Telefax (06232) 98609